CATALOGUE

DE LA MAGNIFIQUE ET PRÉCIEUSE COLLECTION

DE LIVRES,

MANUSCRITS, DESSINS ET ESTAMPES,

FORMANT LE

Cabinet de Mr R. Brisart,

RENTIER, A GAND.

GAND,

IMPRIMERIE D'AD. VAN DER MEERSCH, SUCCESSEUR DE J. BEGYN,

Pont aux Pommes.

CATALOGUE

DE LA MAGNIFIQUE ET PRÉCIEUSE COLLECTION

DE LIVRES,

MANUSCRITS, DESSINS ET ESTAMPES,

FORMANT LE

Cabinet de Mr R. BRISART,

RENTIER, A GAND;

Dont la vente publique aura lieu à Gand, par le ministère de F. VERHULST, Directeur de ventes, en la maison du propriétaire, rue longue des Violettes N° 10, le Lundi 10 Décembre 1849 et jours suivans, à neuf heures et demie du matin et à deux heures de relevée.

GAND,

IMPRIMERIE D'AD. VAN DER MEERSCH, SUCCESSEUR DE J. BEGYN,

Pont aux Pommes.

Le Catalogue se distribue chez les Libraires suivans:

à GAND , chez . . . . . { Ad. Van der Meersch , imprimeur-libraire. / Avanzo , marchand d'estampes , rue des Champs.

AIX-LA-CHAPELLE. .   Buffa , marchand d'estampes.

AMSTERDAM . . . . . { Buffa et fils , marchands d'estampes , Kalverstraat. / Sybrandi , libraire.

ANVERS . . . . { Tessaro , marchand d'estampes , rue des Tanneurs. / Schoof Van Straelen.

AUDENAERDE . . . .   Bevernaege-Hoornaert.

AUGSBOURG . . . . .   Tessari et c^{ie} , marchands d'estampes.

BERLIN . . . .   Rocca , marchand d'estampes.

BONN. . . . . ,   Ad. Marcus , libraire.

BRUGES . . . .   De Moor , libraire.

BRUXELLES . . . . . { Muquard , Place royale. *Reçoit les commissions pour l'Allemagne , le Nord et l'Ouest de l'Euro, e.* / Weber , marchand d'estampes. / Derobcker , marchand d'estampes , rue de la Montagne.

COLOGNE. . . . . . . { Weber , marchand d'estampes. / Avanzo , marchand d'estampes , vieux Marché N° 2.

DRESDE . . . .   E. Arnold , marchand d'estampes.

FRANCFORT s/MEIN .   Inghels , marchand d'estampes.

LA HAYE . . . . . . { Jacob , libraire , Hoogstraat. / Wygand et Beuster , marchands d'estampes.

IPRES . . . .   Lambin-Mortier , libraire.

LEIDE . . . .   Luchtmans , frères , libraires.

LEIPZIG . . . .   Rudolphe Weigel , libraire.

LIÈGE . . . . { Helbig , libraire. / Van Marck , marchand d'estampes.

LILLE . . . .   Castiaux , libraire.

LONDRES . . . . . . { Dominique Conaghi , marchand d'estampes , Pall-mall East. / Smith , marchand d'estampes , Lislestreet. / Woodburn , marchand d'estampes et de tableaux. / Bossange , Barthès et Lowell , libraires. / Payne et Foss , libraires.

LOUVAIN. . . . . . .   Ansiaux , libraire.

MALINES. . . . . . .   De Bruyne , libraire.

MANNHEIM. . . . . .   Artaria et Fontaine , marchands d'estampes.

MONS . . . . { Tessaro, marchand d'estampes.
{ Manccaux-Hoyois, libraire.

MUNICH . . . . { Brulliot, conservateur du Musée.
{ Mey et Widmayer, marchands d'estampes.

PARIS . . . . { V. Tilliard, libraire, rue du Battoir St. André des Arcs.
{ Techener, libraire, Place du Louvre.
{ Guichardot, marchand d'estampes.
{ Defer, marchand d'estampes, quai Voltaire.

ROTTERDAM . . . . . Lamme, Hoogstraat.
SAINT-PETERSBOURG   Bellizard, libraire.
STUTTGARD . . . . . Ebner, libraire et marchand d'estampes.
TOURNAI . . . . Casterman, imprimeur-libraire.
UTRECHT . . . . . . Keminck, libraire.
VIENNE . . . . Artaria et cie, marchands d'estampes, Kohlmarkt No 1151.

Conditions de la Vente.

La vente aura lieu à Gand, le 10 Décembre 1849 et jours suivans, *en la maison du propriétaire, rue longue des Violettes No 10,* sous la direction de FERD. VERHULST, le matin à neuf heures et demie et l'après-midi à deux heures, en francs et centimes, avec augmentation de dix pour cent, payable endéans les trois mois au bureau du Directeur, rue de la Confrérie No 5.

Les étrangers seront tenus d'enlever leurs acquisitions et de les payer au comptant, à la fin de chaque vacation; ils pourront cependant jouir du même crédit de trois mois, en fournissant une caution solvable, agréée par le Directeur de la vente.

Les livres, manuscrits, dessins et estampes seront vendus dans l'état où ils se trouveront lors de la mise sur table; aucune réclamation, pour quelque cause que ce soit, ne sera admise après l'adjudication.

Les personnes empêchées d'assister à la vente, pourront donner leurs commissions par *lettres affranchies,* à MM. FERD. VERHULST, Directeur de la vente, rue de la Confrérie No 5, et à AD. VAN DER MEERSCH, Imprimeur-Libraire, Pont aux Pommes.

Les commissions doivent être garanties payables à Gand, avant l'acquisition et l'envoi; l'expédition se fait aux frais, risques et périls de l'acheteur.

On vendra environ 300 Numéros par jour.

*

Après le riche et somptueux cabinet de Mr Borlut de Nortdonck,
celui de Mr Brisart occupe sans contredit le premier rang , parmi
les nombreuses collections artistiques et littéraires , que possède
la ville de Gand. Livres , manuscrits , dessins, estampes , — car
Mr Brisart n'excluait aucun genre de curiosité — tout y est d'un
choix remarquable , d'une conservation merveilleuse.

Dans la rédaction de ce catalogue , nous nous sommes abstenu
de ce charlatanisme mercantile , de ces pompeuses et banales ré-
clames , dont on a tant abusé dans ces derniers temps. Nous avons
pensé , que les collections qui y sont décrites se recommandaient
suffisamment par elles-mêmes , et que les éloges outrés étaient
d'autant plus superflus , que le cabinet de Mr Brisart est connu de
tous les amateurs , tant par les descriptions qui en ont été publiées (*), que par suite du généreux empressement que mettait le
propriétaire à en faire les honneurs aux nombreux étrangers qui
se présentaient journellement chez lui.

Le but de Mr B. dans la formation de son cabinet , c'était d'y
réunir un échantillon de tous les genres de curiosités, de choisir
un specimen dans toutes les classes de raretés , de former enfin ,

---

(*) Duchesne, aîné, Voyage d'un iconophile, revue des principaux cabinets d'estampes, bibliothèques et musées d'Allemagne, de Hollande et d'Angleterre. Paris, 1834,
pag. 526 et suiv. — La notice de Mr le baron De Reiffenberg, dans le Bulletin du
Bibliophile Belge, 1846, pag. 231 et suiv.

ce qu'on est convenu d'appeler aujourd'hui, une Bibliothèque *à la Nodier*.

A cet effet, Mr B. a suivi avec une persévérante ardeur, toutes les ventes remarquables qui se sont faites à Paris depuis 60 ans ; il a successivement butiné dans les riches collections du *comte d'Artois, Mac-Carthy, Deville et Dufour, de Bruge Dumesnil, de Chezy, comte de La Bedoyère, Lamy, Crozet, Renouard, Didot, Poiret, Detiennes, comte Boutourlin, comte d'Hauterive, Denon, De la Tour, Langlès, Chardin, Crapelet, Heber, comte D'Ourches, Soleinne, Libri, Schérer, Barrau, Méon, Millot, Chardin, prince d'Essling, Clos, baron Taylor, De Fossé d'Arcosse, prince de Gallitzin, Morel-Vindé, Lair, Boulle, Rosny* (duchesse de Berry), *comte de St. Maurice, de Pixérécourt*, etc.

Tous les livres sont soigneusement reliés par les meilleurs artistes anglais et parisiens ; la plupart le sont avec élégance, quelques uns sont de véritables chefs-d'œuvre de luxe. Presque toutes les reliûres sortent des mains habiles des *De Seuille, Derôme, Bozerian, Duplanil, Courteval, Ginain, Simier, Lebrun, Bradel, Thouvenin, Lefevre, Niedrée, Boersch, Hering, Kœhler, Lefebure, Bauzonnet, Vogel, Thompson, Roger Payne, Mackensie, Kalthoeber, Purgold, Lewis*, etc.

Nous voudrions pouvoir citer quelques uns des ouvrages précieux, qui se rencontrent en si grand nombre dans cette magnifique bibliothèque, mais nous devons nous priver de cette satisfaction, à moins de faire, pour ainsi dire, l'énumération complète de tous les articles décrits dans ce catalogue.

Cependant nous ne pouvons nous empêcher d'attirer l'attention des amateurs sur les ouvrages au nombre de 56, imprimés sur PEAU DE VÉLIN ; sur le N° 28 *Officium beatæ Mariæ Virginis*, livre d'heures des plus remarquables, écrit en lettres d'or et d'argent sur vélin noir, et enrichi de 14 grandes miniatures peintes sur fond bleu; le N° 30 *Preces piœ*, délicieux manuscrit, orné de magnifiques miniatures de la meilleure époque de l'école florentine, véritable bijou de peinture, dont une irréprochable conservation rehausse encore le mérite; le N° 34 *l'exercice de la Messe, par Jarry*, vrai chef-d'œuvre de calligraphie et de peinture, d'autant plus précieux, que son existence est complètement inconnue aux bibliographes; le N° 4, *les quatre évangélistes*, manuscrits arménien très remarquable pour l'histoire de l'art, copié expressément pour le roi d'Angleterre, Guillaume de Nassau; la série des ouvrages d'art, décrits sous les N°s 151-321; les poètes français, cätalogués sous les N°s 338-374, etc. etc.

La collection de dessins et d'estampes, formée par Mr Brisart, n'est ni moins remarquable, ni moins précieuse que sa bibliothèque. Mr Brisart, s'est particulièrement appliqué dans la formation de cette partie de son cabinet, à réunir les œuvres des principaux graveurs des anciennes écoles allemande, italienne, flamande et hollandaise, et il a eu la satisfaction de réussir au-delà de ses prévisions; aussi sa collection est elle regardée aujourd'hui comme la plus riche, la plus précieuse et la plus complète de la Belgique.

Pour s'en convaincre il suffit de parcourir les différentes sections du catalogue; toutes les écoles y sont représentées par leurs meilleurs artistes, chaque artiste par ses plus belles productions. Nous citerons dans l'école allemande : les estampes *du Maître de 1466*, la plupart des *maîtres aux monogrammes;* une admirable collection de morceaux dus au burin d'*Israël Van Mecken* et de *Martin Schongauer; les Petits maîtres; l'œuvre d'Albert Durer* en 104 pièces, d'une conservation irréprochable; il n'y manque que les N°s 62, 64, 65 et 81, qui, on le sait, sont devenus introuvables.

Dans l'école italienne : une *série précieuse de Nielles*, les *œuvres de Baccio Baldini*, *de Beatrizet*, *d'Antoine Pollajuolo*, *de Robettu*, *de Marc Antoine*, *et de Marc de Ravenne et Auguste Venitien*, ses meilleurs élèves, etc.

Dans l'école flamande et hollandaise, *l'œuvre de Lucas de Leyde* en plus de 70 pièces ; les eaux fortes, en superbes épreuves, de : *Bakhuizen*, *Berghem*, *Pierre Boel*, *Adrien Van der Cabel*, *Jean Le Ducq*, *Carle Dujardin*, *Corneille Dusart*, *Antoine Van Dyck*, *Pierre De Laer*, *Lievens et Van Vliet*, *Ostade*, *Paul Potter*, *Van Uden*, *Van de Velde*, *Thomas Wyck*, etc.

La plupart de ces estampes proviennent des célèbres collections de *Mariette*, du *comte Fries*, de *Rigal*, du *comte d'Artois*, de *Durand*, de *Debois*, etc.

Formons des vœux pour que cette admirable collection, qui est à la veille de se disperser, ne soit pas complètement perdue pour la Belgique, et que les principaux objets trouvent au moins un refuge dans nos collections publiques et particulières.

P. C. V. D. M.

I

IMPRIMÉS ET MANUSCRITS.

CATALOGUE

DE LIVRES ET DE MANUSCRITS.

THÉOLOGIE.

ÉCRITURE SAINTE.

TEXTES ET VERSIONS DE LA BIBLE ET DE QUELQUES UNES DE SES PARTIES
EN DIFFÉRENTES LANGUES.

1 Biblia Sacra. in-8. mar. rouge à comp. à petits fers tr. d. *Curieuse reliûre aux armes du pape Clément XI.*

> Beau Ms. sur vélin, écriture de la fin du XIVe siècle, à 2 col. avec lettres initiales en or et en couleurs ; au commencement se trouve une dédicace écrite en lettres d'or, datée de l'année 1719, au pape Clément XI, à qui cette Bible a été présentée. — Ce Ms. est surtout remarquable par la netteté des caractères et la finesse du vélin ; l'on sait que ces sortes de manuscrits ne sont pas communs.

2 Resale Hizkiël peighamber, prophéties d'Ezechiel. in-8. cart. *En langue turque.*

5 Les quatre évangélistes en arménien. pet. in-4. mar. rouge du Levant, gauffré sur pl. *Reliûre orientale.*

> Précieux manuscrit sur vélin orné de 30 curieuses miniatures en or et en couleurs, et d'un nombre prodigieux d'ornements dans le goût byzantin.

> Ce volume intéressant pour l'histoire de l'art, a été copié à Constantinople le 2 Janvier 1695, par Khatchadour, pour Guillaume de Nassau, stadhouder et roi d'Angleterre. Voy. *Duchesne, voyage d'un iconophile,* p. 326.

1

4 Les saints évangiles traduits de la vulgate par l'abbé Dassance,
illustrés par Tony Johannot, Cavelier, Gerard-Seguin et
Breviere. Paris, Curmer, 1856. 2 vol. gr. in-8. dem. rel.
dos et coins de v. violet. tr. d.

> Magnifique exemplaire sur grand papier vélin, avec titre
> colorié, et orné de gravures sur bois et sur acier.

5 Die epistelen ende euangelien mitten sermonen van den ghehele
jare..... Hier gaen wt die epistelen ende die euangelien metten
sonnendaechsen sermoenen van den ghcheelen iare ende van
den heilighen : ende syn gheprent te Delft in Hollant Int iaer
ons heren vier tienhondert ende lxxxiiij. in-4. mar. vert.
d. s. tr. et pl.

> Edition en car. goth. à longues lignes avec les sign. a ij - H. v.
> — Exemplaire bien conditionné.

6 Dat ghcheel nieuwe testament ons heeren Jesu Christi, beschreuen
door dat ingheuen des heylighen Gheests, van den heylighen
Apostolen ende Euangelisten, met grooter neersticheyt ghe-
corrigeert ende ouersien : Ghedruct Thantwerpe op de Lombaerde veste, By my Hans van Remundt, int jaer ons heeren
M.D ende LIII. in-8. bas. *Met houten plaeten.*

7 Oratio dominica CL linguis versa, et propriis cujusque linguæ
characteribus plerumque expressa, ed. J. J. Marcel. Paris,
1805. gr. in-4. dem. rel. dos de veau non rogn.

> Avec un portrait de Napoléon et deux portraits de Pie VII ajoutés.

HISTOIRES DE LA BIBLE.

8 Histoire du vieux et du nouveau testament, par De Royaumont,
avec fig. Paris (Brux. Friex), 1687. 2 vol. pet. in-8. mar.
viol. doublé de tabis, tr. d. lavé, reglé. (*Relié aux armes de
la marquise de Pompadour, par de Seuille*).

> Magnifique exemplaire de la vente de Saint Martin, faite à
> Paris en Juin 1806. — C'est l'exemplaire même cité par Mr Brunet.

9 De Pastoret, Moyse, considéré comme législateur et comme mo-
raliste. Paris, 1788. in-8. dem. rel. dos et coins de mar.
rouge non rogn. (*Simier.*)

10 Histoire de l'enfant prodigue en douze tableaux , tirée du nouveau testament , dessinée et gravée par Jean Duplessi-Bertaux.
Paris , 1816. in-4. dem. rel.

Papier vélin.

11 La vie de nostre seigneur Jesu Christ , par figures , selon le
texte des quatre evangelistes , auec toutes les Euangîles ,
epistres , etc. En Anuers , par Adrien Kempe (de Bouchout)
et Matthieu Orome , 1559. in-8. goth. dem. rel. tr. d. *Avec
figures en bois.*

Première édition de la traduction française de cet ouvrage de
Guillaume de Branteghem , chartreux de Gand.

12 Morale de Jésus-Christ et des apôtres , ou la vie et les instructions de Jésus-Christ , tirées du N. Testament. Paris , Didot
l'aîné , 1785. 2 vol. in-8. v. f. fil.

Bel exemplaire sur papier vélin. Première édition et très
recherchée.

13 De Ligny , histoire de la vie de Jésus-Christ , édit. ornée de
gravures d'après les tableaux des grands maîtres. Paris ,
Crapelet , 1804. 2 vol. in-4. mar. viol. fil. tr. d.

Superbe exemplaire de choix , avec les figures avant la lettre.
De la bibliothèque de Deville et Dufour.

RECUEILS DE FIGURES DE LA BIBLE.

14 Les figures du vieil testament et du nouvel. Imprimé à Paris ,
par Ant. Verard , S. D. (vers 1503). pet. in-fol. goth. br.
Avec figures.

Imitation du livre célèbre connu sous le nom de *Bible des
Pauvres ;* il contient 40 fig. en bois. — Manq. les sign. ai et aii.

15 (Claude Paradin) , quadrins historiques de la Bible , reuuz et
augmentez d'un grand nombre de figures. Lion , Jan de Tournes ,
1558. pet. in-8. mar. bl. du Levant. belle dent. à petits fers
tr. d. (*Simier*).

Chef d'œuvre de reliûre de Simier. Ce beau volume, dont il
serait difficile de trouver un plus bel exemplaire , est orné de
232 fig. attribuées à Bernard Salomon , dit le petit Bernard ;
cette édition est au surplus une des plus recherchées de ce recueil
de gravures.

16 Triumphus Jesu Christi crucifixi per Barth. Riccium, Soc. Jesu. Antv., 1608. in-8. dem. rel. dos de v. br.

> Magnifiques épreuves des 70 estampes d'Adr. Collaert, qui ornent cet ouvrage; elles représentent les martyrs de chaque mois, qui ont été crucifiés comme Jésus-Christ.

17 Douze pièces représentant la Passion de Jésus-Christ, gravées par Nic. de Bruyn. in-4. vél. *Dans sa première reliûre.*

> Beau recueil de gravures, traitées dans le goût de Lucas de Leyde, par Nic. de Bruyn, un de ses élèves. *Epreuves de choix.*

18 Treize gravures anciennes de la passion de Jésus-Christ, soigneusement coloriées et rehaussées d'or. in-4. dem. rel. dos et coins de v. bl.

> Ces planches montées sur papier de couleur, sont d'une très belle exécution. — De la bibliothèque de De Bruge Dumenile, dont la vente a été faite à Paris en Mars 1839.

19 Cent cinquante figures de la Bible, gravées par Wierx, Mallery et Collaert. pet. in-fol. dem. rel. dos de veau blanc, d. en mosaïque. (*Duplanil.*)

> Belles et anciennes épreuves. — Magnifique exemplaire.

20 Suite de figures gravées d'après les dessins de Moreau jeune, pour le nouveau Testament, trad. de Sacy. in-4. *Papier vélin. Suite de 83 pièces soigneusement coloriées par Mme de Lannoy.* — Figures gravées d'après les dessins de Moreau le jeune, pour les actes des Apôtres. in-4. *Papier vélin.* **28** *estampes avant la lettre.* dem. rel. dos et coins de cuir de Russie. (*Simier.*)

> Magnifique exemplaire provenant de la collection du prince de Gallitzin, vendue à Paris en 1825.

21 La grande passion, gravée par Callot. in-8. mar. vert. tr. d.

> Suite de 10 pièces. Anciennes et magnifiques épreuves, avant les chiffres. — Exemplaire de la vente de M. de Chezy, faite à Paris en Novembre 1834.

22 La Passion de notre Seigneur Jésus-Christ, en 13 estampes, d'après Karel van Mandere, par J. de Gheyn. in-4. dem. rel. dos de v. rouge.

> Très belles épreuves.

23 La vie de Jésus-Christ, en 60 gravures à l'eau forte de Claude Gillot. in-4. mar. noir. tr. d. *Ancienne reliùre.*

>Très bel exemplaire.

24 Vita deiparæ virginis Mariæ. pet. in-4. dem. rel. dos de v. fauve. (*Simier.*)

>Délicieux recueil de 22 charmantes gravures de Wiericx; les épreuves sont d'un fraicheur et d'un éclat extraordinaires. Il serait impossible de trouver un plus bel exemplaire. — De la vente du comte De la Bedoyère, faite à Paris en Avril 1837.

INTERPRÈTES. — SAINTS PÈRES. — LITURGIE.

25 Paraphrase du Pseaume L Miserere, où le pecheur confesse ses fautes et implore la grace de Dieu, en vers, dediée à Mme Du Plessis. in-4. mar. rouge fil. tr. d.

>Charmant Ms. sur vélin, écrit en 1662 par C. Gilbert; le titre est entouré d'un cartouche à l'encre de Chine, les autres feuillets d'un encadrement en or.

26 Le livre de Monseigneur Saint Augustin de la cité de Dieu (à la fin du 1er vol.): Cy fine ce présent volume ouquel sont contenus.......... fait et imprime en la ville Dabbeville, par Jehan du pre et Pierre Gerard marchans libraires. Et fut acheue le xxiiii iour de nouembre Lan mil quatre cens quatre vingz et six. 2 vol. in-fol. avec fig. en bois. mar. rouge d. s. tr. et pl. *Reliùre ancienne.*

>Magnifique exemplaire, malgré que les quatre premiers feuillets aient une petite piqûre de vers dans la marge extérieure; il est impr. à 2 col. en car. goth. sans chiffres ni récl. mais avec sign., initiales peintes. — Cette précieuse édition est regardée comme le premier livre imprimé à Abbeville.

27 Le tableau de la croix, représenté dans les cérémonies de la messe, ensemble le trésor de la dévotion aux souffrances de N. S. J. C. avec 75 fig. coloriées et gravées par F. Marot. Paris, 1651. in-8. v. parsemé de fleurs de lys, recouvert de soie noire. tr. d.

>Livre de dévotion, avec gravures coloriées rehaussées d'or et d'argent; il offre cela de curieux, que les fleurs de lys, em-

blèmes de la royauté, qui sont parsemées sur les plats, ont été recouvertes d'une enveloppe en soie noire, lors de la première révolution française.

28 Officium B. Mariæ virginis. pet. in-4. mar. noir fil.

Précieux Ms. de la fin du XVe ou du commencement du XVIe siècle, de 120 ff. sur vélin noir, en lettres courantes en argent et capitales en or ; chaque feuillet est entouré d'une bordure en or représentant des fleurs et des oiseaux, sur fond bleu ; il est de plus orné de 14 grandes miniatures en or et en couleurs, exécutées avec beaucoup d'art et une grande délicatesse.

On sait que ces sortes de livres d'heures sur vélin noir sont de la plus grande rareté ; nous ne croyons pas nous tromper en affirmant qu'il n'en existe pas un second en Belgique.

29 **Preces piæ**, cum calendario. in-4. mar. rouge dent. doubl. de moire bl. tr. d.

Magnifique livre d'Heures du XVe siècle, de 121 ff. sur vélin, enrichi de sept grandes délicieuses miniatures de la grandeur des pages et de 28 petites, entourées d'élégantes bordures en or et en couleurs, dans lesquelles on a peint des fleurs et des animaux. — Ce beau volume, du meilleur temps de l'école flamande, est d'une conservation qui ne laisse rien à désirer.

30 **Preces piæ**. in-12. chagrin noir tr. d. avec fermoirs en argent doré.

Ms. du XVe siècle, de la plus grande beauté, de 200 ff. sur vélin d'Italie, enrichi de 10 magnifiques miniatures de la grandeur des pages et de filigranes et de lettres initiales d'une admirable exécution ; la miniature du titre porte au bas un écusson de gueule, à trois bandes bretessées d'argent.

Ce délicieux volume, chef d'œuvre de l'école italienne, est certainement le plus beau qui existe en Belgique ; il nous a paru l'emporter sur celui qui a été payé 1800 fr. à la vente D'Hane faite à Gand en 1843 et qui est passé, pensons nous, dans la collection de M. Libri. — Il provient de la vente de M. de la Jonchere, faite à Paris en 1813.

31 **Horæ** intemerate virginis Mariæ secundum usum Romanum. (*A la fin*) Les presentes heures à l'usage de Romme furent achevees le xxviii iour d'Octobre lan mil cccc iiii xx et xviii (1498), par Tielman Kerver, libraire demourant à Paris,

sur le pont Saint Michel à lenseigne de la licorne. in-8. mar.
noir pl. couverts de dor. à pet. fers doubl. de moire avec large
et riche dent. tr. d. dans un étui. (*Chef d'œuvre de Courteval.*)

> Magnifique exemplaire sur PEAU DE VÉLIN , avec initiales peintes
> en or et en couleurs , chaque page entourée d'un encadrement
> gravé en bois. — Il serait impossible de trouver un exemplaire
> plus parfait de conservation et de reliûre. — Cette édition n'est
> pas citée par M. Brunet, dans sa notice sur les heures gothiques.

32 Hore beate Marie virginis secundum usum Romanum ad longum
absque aliquo recursu cum illius miraculis et figuris apocalipsis
et biblianis una cum triumphis cesaris. Marque de Simon
Vostre (1510). in-8. goth. avec fig. sur bois. mar. rouge dent.
à comp. antiq. (*Thouvenin.*)

> Exemplaire sur PEAU DE VÉLIN parfaitement conditionné. Cette
> édition imprimée en caractères gothiques, est ornée de 21 grandes
> planches sur bois ; chaque page est entourée d'un encadrement
> gravé en bois, représentant une double suite de 66 sujets de la
> danse des morts. Voy. *Brunet,* Manuel, t. IV. p. 781.

33 Ces presentes heures a lusaige de Romme sont toutes au long
sans riens requerir avecques les quinze oraisons Saincte Brigide...
Et son imprimées pour Guillaume Eustache , libraire du Roy et
jure en l'université de Paris , demourant a la rue neufve
nostre dame, à lagnus dei ou au Palais au troisiesme pillier.
(Au recto du dern. f.): Si finissent les heures aux grans suffrai-
ges : nouuellement imprimees à Paris par Nycolas Hygman ,
imprimeur de liures , pour Guillaume Eustache. Lan mil cinq
cens et xvii, le ix iour de Septembre. in-8. mar. noir large
et riche dent. à petits fers doub. de tabis rose tr. d. dans
un étui. (*Superbe reliûre de Courteval.*)

> Magnifique exemplaire imprimé sur PEAU DE VÉLIN , orné de 34
> belles miniatures , artistement peintes en or et en couleurs ,
> initiales également peintes et relevées d'or , les pages entourées
> d'un cartouche en différentes couleurs , ou d'un encadrement
> en or. Voy. *Brunet,* t. IV. p. 796.

34 L'exercice de la Messe , et l'office de la Vierge. A Paris , escrits
par N. Jarry , escrivain et notteur de la musique du Roy.
1663. in-24. rel. en velours bl. doubl. de tabis tr. d. avec

fermoirs d'argent doré, représentant des fleurs de lys. Dans un étui.

> Délicieux manuscrit de 188 ff. sur vélin, exécuté avec la dernière perfection par Jarry, le célèbre calligraphe de Louis XIV, il est orné de quatre charmantes miniatures, peintes et terminées avec la plus grande délicatesse, les vignettes et les initiales rehaussées d'or sont également traitées avec cet art inimitable, dont Jarry seul a eu le secret ; chaque page est entourée d'un filet d'or.
>
> Il serait impossible de rencontrer un volume d'une plus belle conservation, aussi a-t-il été payé 800 fr. à Paris, il y a plus de 30 ans. — M. Duchêne parle de ce joli volume dans son *Voyage d'un iconophile,* p. 326, mais M. Brunet, qui a fait connaître les œuvres de Jarry, ne l'a pas connu.

55 Heures nouvelles dédiées à Madame la Dauphine, écrites et gravées par L. Senault. Paris, chez l'auteur. in-8. mar. rouge d. s. tr. et pl. à petits fers.

> Magnifique exemplaire. Livre singulier dont toutes les pages sont gravées, avec des initiales fleuronnées.

56 Office des chevaliers du Saint-Esprit. in-12. mar. vert. large dent. doubl. de mar. rouge d. s. tr. *Aux armes de France.*

> Délicieux manuscrit sur vélin exécuté en 1723 par Prevost, il est décoré d'un titre élégamment peint en or et en couleurs, de quelques petites miniatures exécutés avec beaucoup de soin et d'élégance ; les initiales sont également rehaussées d'or et de couleurs.

57 Prières et instructions chrétiennes par le P. N. Senadon de la compagnie de Jésus. Paris, 1747. in-18. mar. bl. doubl. de pap. d. tr. d. lavé reglé.

58 Prières pendant le saint sacrifice de la Messe et autres exercices du Chrétien. Chartres, par F. F. Fyot, écrivain en lettres d'impression, 1780. pet. in-8. mar. br. dent. tr. d.

> Chef d'œuvre de calligraphie de Fyot ; toutes les lettres majuscules sont faites avec une finesse et un art admirables ; au commencement du volume il y a une petite miniature d'une belle exécution.

39 Officium Beatæ MariæVirginis en flamand. in-8. mar. rouge tr. d.

> Ms. du XVᵉ siècle, sur vélin, de 116 ff. orné de 6 grandes miniatures, d'initiales en or et de bordures composées de fleurs, d'animaux, etc. Très bien conservé. *Exemplaire de la bibliothèque du comte de Boutourlin.*

THÉOLOGIENS.

40 De Chateaubriand, les martyrs, ou le triomphe de la religion. Paris, le Normant, 1809. 2 vol. in-8. mar. bl. double nervure, dent. à petits fers et fers à froid, charnière, doubl. de moire cramoisi, non rogn. (*Thouvenin.*)

> Magnifique exemplaire en papier vélin, auquel on a ajouté deux dessins originaux de De Senne, qui n'ont point été gravés et un portrait avant la lettre de M. de Chateaubriand, par Laugier, d'après Girodet.

41 Nic. Wiseman, discours sur les rapports entre la science et la religion revélée. Brux., 1838. 2 tom. 1 vol. in-8. dem. rel. non. rogn. *Avec fig. et cartes géographiques.*

42 Oraisons funèbres de Bossuet, Fléchier et autres orateurs, avec un discours préliminaire, par M. Dussault, avec portr. Paris, Janet, 1820-26. 4 vol. in-8. dem. rel. dos de v. olive. *Orné de belles gravures.*

> En grand papier vélin, dont les exemplaires sont très recherchés.

43 Catéchisme à l'usage de toutes les églises de l'empire français. Paris, 1806. in-12. v. rac. fil. tr. d.

> Catéchisme qui mérite d'être conservé, comme pièce historique, ne fût-ce que pour le passage qui ordonne d'aimer Napoléon et la conscription, sous peine de damnation éternelle ; il est du reste peu commun, malgré les millions d'exemplaires qui en ont été tirés. Exemplaire de choix en papier vélin.

44 (Guil. de Guilleville), le pelerinage de lame. (A la fin) : Cy finist le pelerinaige de lame Imprime a Paris le xxvijᵉ jour dauril mil cccc. iiij vings xix. Par Anthoine Verard libraire demourant sur le pont nostre Dame a lymaige sainct iehan leuangeliste,

ou au palais au premier pillier deuant la chapelle ou len chante
la messe de messeigneurs les presidens. in-fol. goth. dem. rel.
Avec gravures en bois.

> Très bel exemplaire, malgré qu'il ait quelques petites piqûres
> de vers.

45 Le livre de monseigneur Saint Pierre de Luxembourg, le quel
il envoya à une sienne sœur pour la retraite des estatz mon-
dains intitule la diete de salut. Paris, Michel Lenoir, s. d.
in-4. à 2 col. v. oliv. fil. gauf. *Avec figures en bois.*

> Exemplaire de Rich. Heber.

46 Een deuote maniere om gheestelyck pelgrimagie te trecken, tot
den heylighen lande als te Jherusalem, Bethleem, ter Jor-
danen, enz. Louen, by Hier. Welle, 1565. in-12. v. br. fil.

> Orné de 75 gravures en bois. Exemplaire Heber.

47 Een deuote maniere om gheestelyck pelgrimagie te trecken, tot
den heylighen Lande, als Jherusalem, Bethleem, ter Jorda-
nen, enz., gemaekt by Jan Pascha. Louen, by Hier. Welle,
1568. in-12. mar. roug. dent. doubl. de moire, tr. d.

> Très bel exemplaire avec figures en bois coloriées.

48 (Sucquet), via vitæ æternæ, iconibus illustrata per Boetium à
Bolswert. Antv., 1630. in-4. v. f.

> Suite de 33 gravures, avec un texte manuscrit. L'ouvrage a
> été imprimé plusieurs fois à Anvers, la première édition parût
> en 1620.

49 Le pélérinage de deux sœurs Colombelle et Volontairette vers
leur bien-aimé dans la cité de Jerusalem, mis au jour par
Boetius à Bolswert. Anvers, 1636. in-8. dem. rel. dos de mar.
raisin de Corinthe, non rogn. (*Purgold.*)

> Meilleure édition et la seule où les figures de Bolswert soient
> en belles épreuves; elle est aussi la plus rare. — Bel exemplaire
> provenant de la bibliothèque du comte De la Bedoyère, dont la
> vente a été faite à Paris en Avril 1837.

50 Franc. Doujat, le trésor caché découvert dans le champs du
Seigneur tirez des œuvres de Thomas à Kempis, avec grav. de

Louis Cossinus. Paris, 1669. in-12. mar. noir, armes et initiáles sur les pl.

> Reliûre curieuse.

51 Spiegel om wel te sterven, door den vader David de la Vigne. Amst., Joan. Slichter, 1694. in-4. v. br.

> Les épreuves des figures de cette édition sont beaucoup plus belles que celles de l'édition française.

52 Een seer schoone dialogus oft tsamensprekinghe van den Roomschen pasquillo Marforio, inhoudende diveersche ceremonien ende superstitien die men in den paus hemel pleghende is, ghemaect ouer langhe jaren door den gheleerden Celium Curionem; ende nu cerst wten Latinsche in de Nederduytsche tale ouerghesett. Tot Embden, anno 1567. in-12. dem. rel. tr. d. (*Niedrée.*)

> Très bel exemplaire d'un ouvrage fort rare, et imprimé par un Belge qui avait quitté son pays pour cause de religion.

53 L'invocation et l'imitation des Saints pour tous les jours de l'année. Paris, 1687-1721. 4 vol. in-18. mar. rouge dent. doublé de moire bl. tr. d.

> Charmant exemplaire avec figures gravées par Gérard Audran et Franc. Chereau son élève.

54 Chertablon, la maniere de se bien préparer à la mort, par des considérations sur la Cène, la Passion et la mort de Jésus-Christ. Anvers, 1700. in-4. mar. rouge fil. tr. d. doubl. de tabis. *Ancienne reliûre.*

> Magnifique exemplaire orné de 43 fig. copiées de celles de Romain de Hooghe. — Belles épreuves.

55 L'imitation de Jésus-Christ, trad. nouv. par C. J. E. A. A. P. avec fig. Paris, 1673. in-18. mar. citr. fil. tr. d.

> Très jolie édition, qui se distingue par la netteté de l'impression et par les petites planches en taille douce de Jerôme David, intercallées dans le texte sans que l'impression en soit altérée.

56 L'imitation de Jésus-Christ, trad. nouv. de l'abbé Dassance, avec des réflexions tirées des pères de l'église et de Bossuet, Fénélon,

Massillon et Bourdaloue , illustrée par Tony Johannot et Cavil-
lier. Paris , Curmer , 1836. gr. in-8. v. perce riche orn. goth.
sur le dos , tr. d. en tète. (*Simier.*)

> Magnifique exemplaire en grand papier vélin , avec texte en-
> cadré , titre en couleurs et 10 gravures sur acier.

57 Vision de Tondalus ; recit mystique du XIIe siècle , mis en français pour la première fois, par Octave Delepierre. Mons, 1837.
gr. in-8. dem. rel. dos de v. non rogn.

> Impression en noir , rouge , vert et bleu , faite par la Société
> des Bibliophiles de Mons.

58 Renversement de la morale chretienne par les desordres du mo-
nachisme. On les vend en Hollande , chez les marchands libraires et imagers , avec Privilège d'Innocent XI (Hollande , vers
la fin du 17e siècle). 2 part. en 1 vol. in-4. dem. rel. dos de
cuir de Russie. (*Simier.*)

> Volume rare, composé d'une suite de 50 caricatures , gravées
> en manière noire ; après le titre se trouve une planche intitulée :
> *l'Abrégé du Clergé romain ,* représentant la banque du Saint-
> Esprit, gravée par Romain de Hooghe. — Exemplaire du capi-
> taine Michiels.

59 Taxe de la chancellerie romaine ou la banque du Pape , dans
la quelle l'absolution des crimes les plus énormes se donne pour
de l'argent. Rome , à la Tiare , chez la Clef, 1744. in-12.
v. fauve fil. tr. d. (*Simier.*)

> Charmant exemplaire de ce livre curieux.

60 Savary , morale de Mahomet, ou recueil des plus pures maximes
du Coran. Constantinople et se trouve à Paris , chez Lamy ,
1784. pet. in-8. dem. rel. dos de v. non rogn.

> Exemplaire imprimé sur PEAU DE VÉLIN , provenant de la bibliothè-
> que de M. Lamy. Voy. Van Pract, *Catalogue des livres imprimés
> sur vélin de la Bibliothèque du Roi,* t. 3 , p. 39 , N° 49.

61 Mémoire adressé à Mons. Engelbert, archevêque de Malines ;
par Bernard Wallop, prètre catholique, ex-aumonier de l'hôpital
de la salpetrière à Paris , aujourd'hui cabaretier à Bruxelles.
Brux., L. Schapen, 1857. gr. in-8. dem. rel. à dos de v. fauve.

JURISPRUDENCE. — COMMERCE. — INDUSTRIE.

62 La constitution française décretée par l'assemblée nationale con-
stituante aux années 1789, 1790 et 1791. Paris, Didot jeune,
1791. in-18. v. dans un étui.

Exemplaire imprimé sur PEAU DE VÉLIN.

63 Code Napoléon. Paris, 1807. in-32. v. bl. gauf.

Edition originale.

64 Cannaert, iets over het oude strafregt in Belgie. Brussel, 1826.
in-8. cart. non rogn. *Avec une gravure.*

65 J. B. Cannaert, bydraegen tot de kennis van het oude strafrecht
in Vlaenderen, verrykt met vele tot dus verre onuitgegeven
stukken. Gent, Gyselynck, 1835. in-8. cart. *Met plaeten.*

Un des six exemplaires tirés sur papier rose. *Dans un étui.*

66 J. B. Cannaert, bydragen tot de kennis van het oude strafrecht
in Vlaenderen, met pl. Gent, Gyselynck, 1835. gr. in-8.
halven band.

67 Cannaert, Olim, procès des sorcières en Belgique, sous Philippe II,
et le Gouvernement des Archiducs. Gand, 1847. in-8. avec fig.
cart.

Exemplaire en papier fort.

68 Nieuwen nederlandschen negociant van Vlaenderen, Braband, enz.
Gend, Gimblet, 1786. 2 vol. in-8. bas.

69 Nouveau tarif du prix des glaces. Paris, an 14. in-12. cart. à
la bradel.

Papier vélin.

70 Héricart de Thury, rapport du jury d'admission des produits de
l'industrie du département de la Seine. Paris, 1819. in-8.
dem. rel. *Avec portrait de Louis XVIII.*

71 Exposition des produits de l'industrie nationale des beaux-arts et
de l'art typographique, à Gand, en 1820. — Tableau de Van

Bree; Guillaume I intercédant en 1578 pour les catholiques,
avec la description esthétique par N. Cornelissen, avec fig.
Gand, Houdin, 1820. in-8. mar. rouge tr. d.

Exemplaire sur PEAU DE VÉLIN.

72 Catalogue de l'exposition de l'industrie nationale de 1820. Gand,
1820. in-8. avec port. cart. à la bradel.

73 Catalogue des objets d'art et d'industrie nationale, admis à l'exposition de Harlem en 1825. Harlem, 1825. in-8. dem. rel.
dos de v. viol. non rogn.

SCIENCES ET ARTS.

PHILOSOPHIE.

74 Manuel d'Epictete, en grec, avec une trad. franc. par Lefebvre
de Villebrune. Paris, Pierres, 1783. in-12. mar. rouge dent.
tr. d. doublé de tabis. (*Derôme jeune.*)

Magnifique exemplaire imprimé sur PEAU DE VÉLIN.

75 Les métamorphoses ou l'asne dor de L. Apulée, philosophe Pla-
tonique. Paris, Nic. et J. de la Coste, 1648. in-8. v. f. d. s.
tr. et pl. *Avec figures en taille douce de Crisp. de Pas.*

Edition très recherchée.

76 Académiques de Cicéron, avec le texte latin de l'édition de
Cambridge, et des remarques nouvelles, par un membre de
la S. R. Londres, Vaillant, 1742. pet. in-8. cuir de Russie
à comp. non rogn. (*Thouvenin.*)

Magnifique exemplaire en papier fin. Edition très rare.

77 Le livre de Boece de consolation, translaté de latin en francais
par maître Jehan de Meun. in-fol. mar. rouge, d. s. tr. et pl.

Beau Ms. sur vélin, du 15ᵉ siècle, contenant 118 ff. Il est enrichi d'un grand nombre de lettres tournures peintes et rehaussées
d'or, et de cinq superbes miniatures, entourées d'un cadre de
feuillages; la première, qui est un peu plus grande que les autres,
représente Jean de Meun, offrant son livre à Philippe le Bel. Le
P. Montfaucon a fait graver cette miniature d'après un Ms. de la

Bibliothèque nationale et l'a insérée au tom. 2 des *Monuments de la monarchie française.*

On trouve en tête l'épître dédicatoire de Jean de Meun, adressée à Philippe IV, dit le Bel, dans laquelle il fait l'énumération de tous les ouvrages qu'il avait publiés avant sa traduction de Boëce; cette pièce est un document très intéressant pour l'histoire littéraire de la France.

78 Boecius de consolatione philosophie, ten twoste leeringhe ende confoorte aller menschen. Gheprendt te Ghend by my Arend de Keysere, den derden dach in Mey Int jaer ons heeren duust vier hondert vive ende tachtentich. in-fol. v. br. à l'ant. fil.

Très bel exemplaire de cette ancienne édition gantoise, qui, si elle n'est pas la plus rare, est du moins la mieux exécutée de toutes celles qui sont sorties des presses d'Arnoud de Keysere.

79 Subhet et Abrar, ou rosaire des justes, collection de préceptes moraux et d'historiettes dans le même genre. in-8. mar. puce à comp. doubl. de mar. *Curieuse reliûre orientale.*

Manuscrit persan de la plus belle exécution, orné d'un frontispice en or et en couleurs.

On y a joint une notice de la main de notre savant orientaliste Mr Léop. van Alsteyn.

80 Bref sommaire des sept vertus, sept ars liberaulx, sept ars de Poesie, sept ars mechaniques, des Philosophies, des quinze Ars magicques, la louenge de musique...... Faict par Guillaume Telin, de la ville de Cusset en Auuergne. On les vend à Paris .... en la boutique de Galliot du pre ... (Au verso de l'avant dernier f.) Cy fine ce present liure nouuellement imprimé à Paris par Nicolas Coustcau, pour Galliot du pre .... et fut acheue d'imprimer le xiie iour de Feurier Mil cinq cens xxxiii. gr. in-8. goth. mar. vert. fil. coins dent. riche tr. d. (*Niedrée.*)

Délicieux volume d'une condition et d'une conservation admirables; il a été acquis à la vente de Crozet au prix de fr. 246. — C'est l'exemplaire même, cité dans le *Manuel* de Mr Brunet.

81 Les demandes faites par le roi Charles VI, touchant son état et le gouvernement de sa personne, avec les réponses de Pierre Salmon, son secrétaire et familier, publiées, avec des notes

historiques, d'après les manuscrits de la Bibliothèque du Roi, par G. A. Crapelet. Orné de 10 pl. Paris, Crapelet, 1855. tr. gr. in-8. dem. rel. dos et coins de mar. rouge du Levant, non rogn. (*Thouvenin.*)

> Magnifique exemplaire et un des douze en papier de Hollande, avec les planches peintes en or et en couleurs, sur vélin et représentant avec exactitude les plus belles miniatures du manuscrit original.
>
> Cet ouvrage n'est pas seulement un curiosité littéraire, mais il présente encore un grand intérêt historique, parce qu'il donne des détails circonstanciés sur les voyages que Salmon fit en France et en Angleterre, pour s'y procurer les moyens de guérir le roi Charles VI de sa démence. Cet exemplaire a couté fr. 368.

82 Les dits notables de Monsieur Philippe de France, dvc d'Aniov, frère vnique du roy, par le s^r Reverend son aumonier et predicateur ordinaire. Paris, André Soubron, 1655. pet. in-8. mar. vert. dent. tr. d. *Ancienne reliûre.*

> Exemplaire sur PEAU DE VÉLIN. — Le titre et la dédicace sont peints en or et en couleurs, les pages sont entourées de deux filets en or et bleu. — On connait cinq exemplaires sur VÉLIN; ceux du cardinal de Mazarin, de la reine de Suède, et de la reine de Pologne, sont à la bibliothèque nationale de Paris; celui-ci provient de celle de Mac-Carthy.

83 L'aveugle de la montagne, entretiens philosophiques (par C. F. de Nélis, évêque d'Anvers). (Parme, Bodoni,) 1795. in-8. cart. *Avec figures.*

> Papier vélin.

84 L'Evangile code du bonheur ou recueil de préceptes et de conseils seuls propres à rendre l'homme heureux sur la terre, en le conduisant au ciel, par L. H. R. D. (Rousseau) confesseur de Mme Adelaïde de France. A Trieste, de l'Impr. imp. et roy. des Pères Arméniens Mcqhitaristes, 1800. in-8. dem. rel. dos de v. oliv. non rogn.

85 Droz, essai sur l'art d'être heureux. Paris, Renouard, 1806. in-12. mar. bl. fil. tr. d. doubl. de moire orange. *Avec portrait.*

> Imprimé sur PEAU DE VELIN, dont il n'a été tiré que deux exemplaires, l'un pour la bibliothèque royale, l'autre pour l'éditeur M. Renouard; celui-ci provient de la bibliothèque de cet amateur.

86 Pensées de Christine , reine de Suède , avec une notice sur sa vie. Paris , Renouard , 1825. in-12. cart. non rogn. *Avec portrait.*

> Jolie édition imprimée sur papier vélin avec encadrements en rouge. Elle n'a été tirée qu'à petit nombre.

87 Goedkoop , principes métaphysiques sur la nature de l'âme , fr. et fl. Brux., 1838. in-12. dem. rel. dos de v. viol.

HISTOIRE NATURELLE.

88 Ch. Van Hulthem , discours sur l'état ancien et moderne de l'agriculture et de la botanique dans les Pays-Bas. Gand , De Goesin-Verhaeghe , 1817. gr. in-8. dem. rel. dos de mar. vert , non rogn.

> Exemplaire en papier fort, avec treize anciens portraits ajoutés.

89 François de Neufchateau , l'art de multiplier les grains. Paris , Huzard , 1809. 2 vol. in-8. dem. rel. dos et coins de v. fauve.

> Bel exemplaire.

90 Chs Malo , guirlande de Flore. Paris , Janet , 1815. in-12. cart. à la bradel , non rogn. *Avec jolies gravures coloriées.*

> Exemplaire en papier vélin.

91 Chs Malo , la corbeille de fruits. Paris , Janet , 1818. in-12. cart. non rogn. *Avec jolies gravures coloriées.*

> Exemplaire en papier vélin.

92 Flora Batava , door Sepp en zoon , beschreven door Jan Kops. Amst. 7 deelen in-8. halven band en 24 afleveringen onge-bonden. *Met gekleurde plaeten.*

93 C. A. Thorry , les roses peintes par P. J. Redouté. Paris , Panckoucke, 1824. 2 vol. gr. in-8. dem. rel. dos de mar. rouge, non rogn. *Avec 160 planches coloriées.*

> Exemplaire de choix.

94 Notice sur les jardins de MM*** à Albecck , près de Maestricht , par M. Sommé. Gand , 1826. gr. in-8. dem. rel. dos de v. non rog.

> Exemplaire sur grand raisin vélin.

95 Dieud. Spae, note sur la Borago Orientalis. — Du même,
notice sur deux espèces inédites du genre Spiræa. — Du
même, note sur le Lilium Brownii. 3 vol. in-8. dem. rel.
dos de v. br. non rogn. *Orné de planches coloriées.*

96 Rapport fait à la société royale d'agriculture et de botanique
de Gand, dans la séance solennelle du 29 Juin 1824, par
Delbecq. in-8. dem. rel. dos de v. non rogn.

Papier vélin.

97 Discours prononcé lors de la distribution des prix de la 56e exposition de fleurs de la société royale d'agriculture et de botanique de Gand, par Van Crombrugghe et N. Cornelissen. Gand.
in-8. cart.

98 Van Hulthem, discours prononcé à la distribution des prix
de la société royale d'agriculture et de botanique de Gand.
Manuscrit autographe de Mr Van Hulthem. — Le même discours imprimé à Gand, 1825. — Rapport fait par Delbecq.
ens. en 1 vol. in-8. rel. à la bradel.

Le rapport de Mr Delbecq est sur papier de Chine.

99 Fête jubilaire. Salon d'hiver de 1854, 50e exposition publique
de la société royale d'agriculture et de botanique à Gand, au
palais de l'université. Gand, Van der Haeghen, 1854. in-8.
dem. rel, dos de mar. noir.

Exemplaire sur PEAU DE VÉLIN.

100 Salon jubilaire de 1854. 50e exposition de fleurs de la société
royale d'agriculture et de botanique; rapport fait par Mr Coryn.
Gand. gr. in-4. dem. rel. dos de v. olive.

L'un des six exemplaires sur papier vélin.

101 Salon jubilaire de 1854. Rapport de la 50e exposition de fleurs,
par Coryn. Gand, 1854. in-8. cart.

102 Annales de la société royale d'agriculture et de botanique de
Gand. Gand, C. Annoot-Braeckman, 1845-49. 4 vol. in-8.
cart. à la bradel, non rogn. *Avec figures coloriées.*

Exemplaire de choix.

103 L'histoire naturelle des estranges poissons marins, avec la vraie peincture et description du daulphin et de plusieurs autres de son espèce, observée par Pierre Belon du Mans, avec fig. Paris, Regnaud Chaudière, 1551. mar. rouge fil. tr. d.

> Volume très rare.

104 Audebert et Vieillot, histoire naturelle et générale des Colibris, Oiseaux-mouches, Jacmars et Promerops. Paris, an XI-1802. — Des mêmes, histoire naturelle des Grimpereaux et des oiseaux de paradis. Paris, an XI (1802). 2 vol. in-4. dem. rel. non rogn. *Avec figures coloriées.*

> Ouvrages très bien exécutés, ils ont été publiés en 32 livraisons, au prix de 30 fr. chacune, soit 960 fr. pour l'ouvrage complet.

105 Ch⁵ Malo, la volière des dames. Paris, Janet, 1816. in-12. cart. à la bradel, non rogn. *Avec jolies gravures coloriées.*

> Exemplaire en papier vélin.

106 Ch⁵ Malo, les papillons. Paris, Janet, 1817. in-12. cart. à la bradel, non rogn. *Avec jolies gravures coloriées.*

> Exemplaire en papier vélin

107 Ch⁵ Malo, les insectes. Paris, Janet, 1819. in-12. cart. à la bradel, non rogn. *Avec figures coloriées.*

> Exemplaire en papier vélin.

108 Polonceau, notice sur les chèvres asiatiques à duvet de cachemire, avec fig. Versailles et Paris, 1824. gr. in-8. br.

> Exemplaire en papier vélin avec les figures sur papier de Chine.

109 Ch⁵ Morren, revue systématique des nouvelles découvertes d'ossements fossiles faites dans le Brabant Méridional. Gand, 1828. in-4. dem. rel. dos de v. non rogn. *Avec une planche.*

> Exemplaire en grand papier fort.

110 Ch. Morren, mémoire sur les ossemens humains des tourbières de la Flandre, avec pl. Gand, 1832. in-4. dem. rel. dos de v. vert.

MÉDECINE. — APPENDICE AUX SCIENCES.

111 C. Broeckx, essai sur l'histoire de la médecine belge avant le
XIXe siècle, couronné par la société de médecine de Gand.
Gand, Hebbelynck, 1837. in-8. dem. rel. dos de v.

> Exemplaire de choix orné de huit gravures, dont quatre sur
> papier de Chine et quatre sur papier blanc.

112 Mareska et Heyman, enquête sur le travail et la condition phy-
sique et morale des ouvriers employés dans les manufactures
de coton, à Gand. Gand, 1845. in-8. br.

113 C. Carton, notice sur l'aveugle-sourde-muette Anne Temmer-
mans, élève de l'institut des sourds-muets et aveugles de Bruges.
Bruges, 1859. in-8. cart. *Avec portrait.*

> Exemplaire en papier fort. Don de l'auteur.

114 Een wonderlyck ende waerachtich verhael van tghene datter
gheschiet is te Berghen in Henegouwe, van een religieuse die
van den vyant beseten was, ende naemaels verlost. Loven, by
my Jan van den Boogaerde, 1587. in-8. v. f.

> Bel exemplaire Héber.

115 Le grand éclaircissement de la pierre philosophale pour la trans-
mutation de tous les métaux, par Nic. Flamel. Amst. et Paris,
Lamy, 1782. in-12. mar. rouge dent. doubl. de tab. tr. d.
(*Derôme jeune*).

> Sur peau de vélin.

ARTS.

ÉCRITURE.

116 L'art et science de la vraie proportion des lettres antiques ou
romaines, avec la manière de faire chiffres, bagues, tapisseries,
vitres et painctures, par Geoffroy Tory de Bourges. Paris,
Vivant Gaultherot, 1549. in-8. fig. v. jasp. fil. tr. d. lavé reglé.

> Ouvrage curieux, contenant un *avis au lecteur,* qui n'est pas
> sans importance pour l'histoire de la langue française.

117 Polygraphie et universelle escriture cabalistique de M. J. Tritheme,
trad. par Gabriel de Collange, natif de Tours en Auvergne,
avec fig. Paris, Jaques Kerver, 1561. in-4. mouton vert.
(*Bozerian*).

> Bel exemplaire d'un livre rarement complet.

118 Isographie des hommes célèbres, ou collection de fac-simile, de
lettres autographes et de signatures par MM. Bernard, de
Chateaugiron, Trimissot et Duchesne aîné. Paris, Amesnier,
1828-1830. 5 vol. gr. in-4. dem. rel. dos de mar. rouge,
non rogn.

> Exemplaire de choix d'un ouvrage très curieux.

119 Catalogue d'une collection de lettres autographes et de chartes,
faisant partie du cabinet de M. Monmerqué. Paris, 1857. in-8.
dem. rel. dos de v. *Avec les prix ajoutés*.

120 Catalogue des lettres autographes rares et précieuses provenant
du cabinet de M. Riffet. Paris, 1857. in-8. dem. rel. dos de v. bl.
Avec les prix et pièces doubles non catalogués.

121 Catalogue d'une belle collection d'autographes provenant du
cabinet de M. J. de St Julien. Paris, Merlin, 1858. in-8. dem.
rel. dos de v. bl. *Avec les prix à l'encre*.

TYPOGRAPHIE.

122 Notice sur la litho-typographie. (Paris). in-4. cart.

> Cette notice qui a été imprimée en lithographie au moyen
> d'un décalque, prouve que l'impression des caractères sur la
> pierre ne le cède en rien à l'impression typographique la plus
> soignée.

123 Epreuve du premier alphabet droit et penché, ornée de quadres
et de cartouches. Gravés par ordre du roy pour l'imprimerie
royale, par Louis Luce, 1740. in-18. cart.

> Louis Luce, graveur de l'imprimerie royale, employa beau-
> coup de temps à exécuter ce caractère excessivement menu,
> plus fin même que la sedanaise; ce petit volume est le seul dans
> lequel on a fait usage de ce caractère.

124 OEuvres du marquis de Villette. Londres (Paris), 1786. in-18. cart.

> Volume curieux imprimé sur papier de guimauve; on y a joint quelques échantillons de papier, fabriqué de divers végétaux.

125 Serie de caratteri greci di Giamb. Bodoni , 1788. in-4. mar. rouge. fil. tr. d. *Reliúre anglaise.*

> Seul exemplaire imprimé sur vélin, provenant de la bibliothèque de Mac-Carthy.

126 Specimen des nouveaux caractères de la fonderie et de l'imprimerie de P. Didot, l'aîné, avec suppl. Paris, 1819. gr. in-8. cart. à la bradel.

> Papier vélin.

127 Specimen des caractères modernes de la fonderie de Rignoux. Paris, Rignoux, 1841. in-4. cart. à la bradel.

128 Specimen des caractères de l'imprimerie de C. Annoot-Braeckman. Gand , 1844. in-4. cart.

129 Specimen de transport de vieilles impressions de Paul et Auguste Dupont, feuille de concours. in-fol. dem. rel. dos de vél. bl.

130 Album de prospectus illustrés , de gravures détachées , etc. rel. en 1 vol. gr. in-8. dem. rel. dos de chagr. noir.

BEAUX-ARTS.

INTRODUCTION.

131 (Batteux), les beaux-arts réduits à un même principe. Paris , Durand , 1746. in-8. mar. citr. fil. tr. d. *Avec fig.*

> Exemplaire en grand papier de Hollande.

132 Chr. Th. de Murr, bibliothèque de peinture, de sculpture et de gravure. Francf. et Leipzig, 1770. 2 vol. in-12. dem. rel. dos de mar. rouge.

133 Observations historiques et critiques sur les erreurs des peintres , sculpteurs et dessinateurs, dans la représentation des sujets tirés de l'histoire sainte. Paris , De Bure , 1771. 2 vol. in-12. v. m.

134 Numan gedachten over den smaak benevens eene verklaaring

van schoonheid in de schilderkunst , naar het hoogduitsch. Amst. , 1772. in-8. cart. à la bradel.

135 Pierre Didot , épître à l'institut national , sur la nécessité d'encourager les artistes. in-12. br. en cart.

> Exemplaire imprimé sur PEAU DE VÉLIN, non cité par Brunet. De la vente de Didot.

136 Ch. Van Hulthem, discours prononcé dans une réunion d'artistes belges , habitants à Paris , le 8 Octobre 1807. (Paris) , impr. de Didot l'aîne. gr. in-8. dem. rel. dos de mar. rouge du Levant.

> Exemplaire en papier vélin. Avec une lettre d'envoi de la part de M Aug. Voisin.

137 E. F. A. M. Miel , essai sur les beaux-arts , et particulièrement sur le salon de 1817 , avec 58 grav. au trait. Paris , Didot , le jeune , 1817 et 18. in-8. dem. rel. dos de v. fauve non rogn.

138 Alex. Lenoir , observations scientifiques et critiques sur le génie et les principales productions des peintres et autres artistes les plus célèbres de l'antiquité , du moyen-âge et des temps modernes. Paris , 1821. in-8. v. porphyre dent. *Avec figures*.

> Exemplaire bien conditionné.

139 L'artiste , journal hebdomadaire , 1re série. Paris 1er Février 1831-22 Avril 1838 , avec la table générale jusqu'en Avril 1838. 15 vol. — Deuxième série. Paris , 1839-1841. 8 vol. — Troisième série. Paris , 1842-1844. 5 vol. — Quatrième série. Paris , 1844-1847. 11 vol. ens. 59 vol. in-4. dem. rel. dos de v. sumach rouge non rogn. (*Simier.*)

> Magnifique exemplaire sur papier vélin satiné , orné d'un grand nombre de lettres ornées , culs de lampe , vignettes , gravures sur bois et sur acier , tirés sur papier de Chine. — Exemplaire de souscription d'une collection qu'il est difficile de trouver complète.

ART DU DESSIN. — ICONOGRAPHIE. — MONOGRAMMES.

140 Beginselen der teekenkonst , door Abr. Blocmaert. in-4. dem. rel. dos et coins de f. v. (*Simier.*)

> Suite de 140 estampes , gravées à Amsterdam par Joach. Ottens.

141 Iconologie ou la science des emblèmes , devises , tirées de Cesar
Ripa, par J. B. avec fig. Amst., Braakman , 1698. 2 vol. in-12.
v. fauve fil. tr. d.

> Exemplaire de la bibliothèque du comte de Boutourlin.

142 Christ, dictionnaire des monogrammes , chiffres , lettres initiales, etc. trad. de l'allem. par M** (Sillius). Paris , 1750. in-8.
fig. cuir de Russie , fil. d. et ornem. à froid tr. d. (*Ginain.*)

> Très bel exemplaire d'un ouvrage qui , quoique effacé en partie
> par celui de Brulliot, conserve cependant encore de la valeur.

143 Fr. Brulliot , dictionnaire des monogrammes , marques figu-
rées , etc. avec lesquels les peintres , dessinateurs, graveurs et
sculpteurs ont désigné leurs noms. Paris , 1832-1834. 3 vol.
in-4. dem. rel. dos de v. fauve non rogn. (*Simier.*)

> Magnifique exemplaire de cet ouvrage indispensable aux icono-
> philes et aux iconographes.

PEINTURE.

TRAITÉS GÉNÉRAUX ET PARTICULIERS.

144 Goeree, inleyding tot de praktyk der algemeene schilderkonst.
Brugge , Jos. de Busscher. in-8. cart.

145 Leonard de Vinci , traité de la peinture, avec fig. Paris , 1716.
in-12. mar. rouge dent. doubl. de tabis, tr. d. (*Derôme jeune.*)

> Très bel exemplaire en grand papier de cette édition recherchée,
> qui outre un meilleur texte , renferme des figures copiées au
> simple trait sur les originaux.

146 Watelet, l'art de peindre , poëme. Paris , Guerin et Delatour ,
1760. in-4. mar. rouge, dent. d. s. tr. *Avec figures.*

> Très bel exemplaire en grand papier de Hollande.

147 Recueil des ouvrages de Will. Gilpin sur la peinture et la gravure,
trad. en franç. par le Bon de Blumenstein , avec fig. Breslau ,
Korn , 1800. 3 vol. in-8. v. fil. *Avec gravures.*

> Exemplaire en papier vélin. M. Renouard rapporte à propos de
> cette traduction une anecdote qui mérite d'être conservée: « M^r le
> » Bon de Blumenstein, ne sachant point graver, et n'ayant aucun

» notion de la langue anglaise, avait parié dans une société,
» qu'avant deux ans, il se faisait fort de traduire lui-même cet
» ouvrage, et de l'accompagner de gravures de sa main. Aussitôt,
» il se mit à apprendre l'anglais et la gravure au lavis, et avant
» l'expiration du terme fatal, il mit cette traduction au jour et
» remplit ainsi avant le délai fixé, les conditions de son pari.»

148 Fr. Xav. de Burtin, traité théorique et pratique des connaissan-
ces qui sont nécessaires à tout amateur de tableaux; suivi de la
description des tableaux que possède l'auteur. Brux., 1808.
2 vol. in-8. dem. rel. non rogn. *Avec portrait.*

En grand papier dont les exemplaires sont très rares. — Ce
catalogue, rédigé avec beaucoup d'emphase, fit accourir à Bruxelles
les principaux amateurs de l'Europe; mais la vente fut une véritable mystification, qui excita vivement la verve de plusieurs
littérateurs et artistes. On a joint à cet exemplaire une spirituelle
caricature qui parût à cette occasion.

149 T. B. Eméric-David, discours historiques sur la peinture moderne. Paris, 1812. in-8. dem. rel. dos de v.

Bel exemplaire offert par l'auteur à Mr Fayolle.

150 J. F. Boussard, les leçons de P. P. Rubens, ou fragments épisto-
laires sur la religion, la peinture et la politique. Brux., 1838.
in-8. dem. rel. dos de v. blanc, non rogn.

Exemplaire en grand papier, auquel on a joint treize figures
et portraits.

151 Etude des études de M. le Bon de Reiffenberg, sur les loges de
Raphaël, par Ed. de Busscher. Gand, De Busscher frères, 1846.
in-8. dem. rel. dos de mar. rouge du Levant, non rogn.

Exemplaire sur papier vélin.

152 Prospectus d'un ouvrage proposé par souscription, par l'abbé
Rive. Paris, Didot, l'aîné, 1782. in-12. dem. rel. dos de v.

Exemplaire en papier fin. — C'est tout ce qui a paru de *l'essai
sur l'art de vérifier l'âge des miniatures*, que l'abbé Rive se pro-
posait de publier; cet opuscule de 70 pag. est difficile à trouver.

153 (Van Ertborn), recherches sur la peinture en verre. Gand,
L. Hebbelynck, 1839. gr. in-8. cart.

Tiré à petit nombre.

154 E. H. Langlois, essai historique et descriptif sur la peinture sur
verre, ancienne et moderne, orné de sept planches dessinées
et gravées par Espérance Langlois. Rouen, 1832. gr. in-4. fig.
dem. rel. dos de v. rouge sumach dor. sur les jonctions, non
rogn. (*Simier.*)

> Bel exemplaire, un des douze tirés de format in-4.

GALERIES ET RECUEILS D'ESTAMPES D'APRÈS LES TABLEAUX DES MAÎTRES.

155 Dubois de Saint Gelais, description des tableaux du Palais Royal,
avec la vie des peintres à la tête de leurs ouvrages. Paris,
d'Houry, 1757. in-12. v. br. *Rare.*

156 Recueil d'estampes gravées d'après les tableaux du cabinet du
duc de Choiseul, par les soins de Basan. Paris, 1771. in-4.
mar. rouge, d. s. tr. *Avec les prix de plusieurs tableaux.*

> Magnifique exemplaire. Premières épreuves.

157 Collection de 120 estampes, gravées d'après les tableaux et dessins
qui composent le cabinet de M. Poullain, exécutée sous la
direction de Basan. Paris, 1781. in-4. v. éc. d. s. tr. *Avec les
prix de plusieurs tableaux.*

> Belles et anciennes épreuves.

158 Tableaux, statues, bas-reliefs et camées de la galerie de Florence et du palais Pitti, dessinés par Wicar, et gravés sous la
direction de M. Lacombe, avec les explications, par Mongez
l'aîné. Paris, Lacombe, 1789. 4 vol. gr. in-fol. dem. rel. dos
et coins de mar. rouge, non rogn.

> Précieux et magnifique exemplaire, en papier vélin superfin
> d'Annonay, avec figures avant la lettre, dont les 50 cahiers ont
> été choisis feuille à feuille. Il serait impossible de rencontrer un
> exemplaire d'une meilleure condition, et d'un choix d'épreuves
> plus irréprochable, aussi a-t-il été acheté à Paris au prix de
> fr. 1520. L'on sait que les beaux exemplaires sont d'autant plus
> recherchés, que l'ouvrage ayant eu beaucoup de débit, il en a
> été fait plusieurs tirages.

159 Galerie des peintres flamands, hollandais et allemands, *ouvrage
enrichi de 201 planches gravées d'après les meilleurs tableaux
de ces maîtres, par les plus habiles artistes de France, de
Hollande et d'Allemagne, par Le Brun. Paris, 1792. 3 vol.
in-fol. dem. rel. dos et coins de v. non rogn.*

> La note suivante, qui se trouve sur la garde du premier volume,
> suffira pour attirer l'attention des amateurs sur ce magnifique
> ouvrage : « Exemplaire précieux et unique de la galerie de Le Brun
> » peintre, digne d'un cabinet d'un souverain, 3 vol. in-fol. fig.
> » collationné complet de ses 201 pl. *épreuves avant la lettre,*
> » exemplaire d'un choix pur, et celui de prédilection de l'auteur,
> » qui y avait ajouté 70 pl. tirées d'autres recueils. Le Brun
> » l'estimait 1200 fr. »

160 Galerie du musée Napoléon, publiée par Filhol, et rédigée par
Lavallée, avec fig. Paris, 1804-28. 11 vol. gr. in-8. dem. rel.
dos et coins de v. b. non rogn.

> Exemplaire de souscription sur papier fin nom de Jésus. — Cet
> ouvrage, très bien exécuté, est fort recherché.

161 Musée royal de France, ou collection gravée des chefs-d'œuvre
de peinture et sculpture dont il s'est enrichi depuis la restaura-
tion, publié par Mme Ve Filhol. Paris, 1827. tom. 11. gr. in-8.
dem. rel. dos de v. vert, non rogn.

> Très belles épreuves.

162 Douze sujets choisis du musée de Filhol. Dans un portefeuille.

> De ces douze estampes il y en a dix avant toutes lettres.

163 Douze autres sujets du musée de Filhol. Dans un portefeuille.

> Cinq de ces estampes sont avant toutes lettres, cinq avec lettres
> grises et une avec la lettre.

164 Galerie de l'Hermitage, gravée au trait avec la description par
Camille de Genève, publié par F. X. Labensky, en russe et en
franç. St. Petersbourg, 1805-9. 2 vol. in-4. dem. rel. dos de
mar. rouge, non rogn. *Avec gravures au trait.*

> Très bel exemplaire provenant de la vente de la bibliothèque
> du comte de Boutourlin, faite à Paris, en 1839.

165 Le Brun, recueil de gravures au trait, à l'eau forte et ombrées,
d'après un choix de tableaux de toutes les écoles, recueillis

dans un voyage fait en Espagne, au midi de la France et en Italie, dans les années 1807 et 1808, avec fig. Paris, 1809. 2 tom. 1 vol. pet. in-4. v. rac. dent.

> Exemplaire en papier vélin, provenant de la bibliothèque de Langlès, qui a mis sa signature sur la garde du volume.

166 Galerie de Saint Bruno, fondateur de l'ordre des Chartreux, peinte par E. le Sueur, dessinée et gravée par A. Villerey. Paris, 1808. in-8. dem. rel. dos de mar. rouge, non rogn.

> Exemplaire sur papier vélin, orné de 26 planches très bien gravées.

167 Portraits de la galerie impériale de Florence, grav. au trait sous la direction de M. Pierre Benvenuti. Florence, Molini et Landi, 1811. 5 vol. in-8. dem. rel. dos de mar rouge, non rogn.

> Suite de 249 portraits.

168 Landon, galerie Giustiniani, ou catalogue figuré des tableaux de cette célèbre galerie; avec soixante-douze planches gravées au trait, contenant environ cent cinquante sujets. Paris, 1812. in-8. mar. rouge dent. tr. d. (*Simier.*)

169 Concours décennal ou collection gravée des ouvrages de peinture, sculpture, architecture et médailles mentionnés dans le rapport de l'Institut de France. Paris, Filhot et Bourdon, 1812. in-4. dem. rel. dos et coins de mar. bl. non rogn.

> Exemplaire en papier vélin; premières épreuves des gravures.

170 Les batailles d'Alexandre, d'après Lebrun. Paris, 1821. in-fol. Dans un portefeuille.

> Suite de 5 pièces sur papier de Chine.

171 Ch. Haas, galerie impériale-royale au Belvédère à Vienne, d'après les dessins de Sig. de Perger, fr. et all., avec fig. Vienne et Prague, 1821. 4 vol. gr. in-8. dem. rel. dos de v. non rogn.

> Exemplaire de souscription, très beau d'épreuves. Cet ouvrage a été publié en 60 livr. au prix de 8 fr. chaque.

172 Salon d'Horace Vernet, analyse historique et pittoresque des quarante-cinq tableaux exposés chez lui en 1822, par Jouy et Jay. Paris, 1822. in-8. dem. rel. dos de mar. rouge.

> On y a joint les trois livraisons de planches qui ont été publiées; elles sont avant la lettre. Dans un portefeuille, rel. à dos de mar. rouge.

173 (L. De Bast), verzameling van de merkwaardigste voortbreng-
selen der hedendaagsche nederlandsche kunstschool. Gent , De
Goesin-Verhaeghe , 1824. in-8. dem. rel. dos de v. vert. *Avec
gravures au trait.*

> Exemplaire sur papier vélin. Don de l'auteur , avec la lettre
> d'envoi.

174 Les principaux tableaux du musée royal à La Haye , gravés au
trait , avec leur description , par Steengracht van Oostkapelle.
La Haye , 1826. in-8. dem. rel. dos de v. fauve fil. à petits
fers , non rogn. (*Simier.*)

> Très bel exemplaire.

175 Musée de peinture et de sculpture , ou recueil des principaux
tableaux , statues et bas-reliefs des collections publiques et particulières de l'Europe, dessiné et gravé à l'eau-forte par Reveil ,
avec des notices descriptives , critiques et historiques par
Duchesne aîné. Paris , 1828-1832. 22 vol. pet. in-8. dem. rel.
dos et coins de veau cochenille sumach d. à fil. pet. fers.
(*Simier.*)

> Très bel exemplaire de souscription , qui a coûté 389 fr.

176 Museum ou collection de tableaux anciens et modernes. pet.
in-fol. cart.

> Suite de douze jolis sujets, soigneusement coloriés. C'est tout
> ce qui a paru de cette publication entreprise par M. Duchesne , aîné.

177 Le musée royal de La Haye , lithographié. Amst., 1833. gr.
in-fol. dem. rel. dos de mar. rouge.

178 Six tableaux par E. J. Verboeckhoven , lithographiés par
Fourmois. Paris , 1835. gr. in-fol. cart.

> Papier de Chine.

179 Galeries historiques de Versailles, avec pl. Paris , Gavard , 1838.
6 vol. gr. in-4. dem. rel. dos et coins de mar. rouge , fil.
sur les jonctions , non rog.

> Magnifique exemplaire de cet important ouvrage , qui a paru
> au prix de 300 fr.

180 Le Pausanias français, ou description du salon de 1806. Paris, 1808. in-8. avec fig. dem. rel. dos de bas.

181 Lettres à David, sur le salon de 1819, par quelques élèves de son école, orné de 20 gravures. Paris, 1819. in-8. dem. rel. dos de v. non rogn.

182 Landon, annales du musée, salon de 1819. Paris, 1819. 2 vol. in-8. dem. rel. dos et coins de cuir de Russie, non rogn. *Avec gravures au trait.*

183 De Bast, annales du salon de Gand et de l'école moderne des Pays-Bas, orné de 94 pl. au trait. Gand, 1823. gr. in-8. cuir de Russie, large dent. non rogn. (*Duplanil.*)

> Magnifique exemplaire, un des six sur papier vélin. Don de l'auteur. On y a joint une lettre autographe de Christian Frédéric, prince de Danemarc, écrite à Mr De Bast.

184 Jal, l'artiste et le philosophe, entretiens critiques sur le salon de 1824, avec fig. Paris, 1824. in-8. dem. rel. dos de v. br. non rogn.

185 Tardieu, salon de 1831, avec fig. Paris, 1831. in-8. dem. rel. dos de cuir de Russie dor. à petits fers à comp. (*Simier.*)

> Exemplaire en grand papier vélin.

186 Gustave Planche, salon de 1831, avec fig. en bois. Paris, 1831. in-8. dem. rel. dos de cuir de Russie dor. à petits fers, non rogn. (*Simier.*)

> Très bel exemplaire en papier vélin.

187 Landon, annales du musée et de l'école moderne des beaux-arts. — Salon de 1833, avec fig. Paris, 1833. in-8. dem. rel. dos de cuir de Russie dor. à petits fers, non rogn. (*Simier.*)

> Très bel exemplaire en grand papier vélin.

188 Landon, annales du musée et de l'école moderne des beaux-arts. Salon de 1834, avec fig. Paris, 1834. in-8. dem. rel. dos de cuir de Russie dor. à petits fers, non rogn. (*Simier.*)

> Très bel exemplaire en grand papier vélin.

189 Landon , annales du musée et de l'école moderne des beaux-
arts. **Salon de 1855 , avec fig. Paris , 1855. in-8. dem. rel.
dos de cuir de Russie à petits fers , non rogn. (*Simier.*)**

    Très bel exemplaire sur grand papier vélin.

190 Alvin , compte rendu du salon de l'exposition de Bruxelles de
1856 , avec fig. Brux., 1856. gr. in-8. dem. rel. dos de v. br.
non rogn.

    Très bel exemplaire en papier vélin.

191 Examen du salon de Bruxelles, exposition de 1859. Brux., 1840.
in-4. cart. *Avec gravures.*

192 Notice des productions de peinture , sculpture, architecture ,
gravure , dessin , etc. d'artistes vivants, exposés au musée de
l'académie le 5 Juillet 1841. Gand. in-4. cart. à la bradel.

    Grand papier.

193 Aanspraak van den directeur generaal der wetenschappen **en**
kunsten by de uitdeeling der koninklyke pryzen van schilder
en graveerkunst, op het raadhuis te Amsterdam den 18 van
Herfstmaand 1809 (door Meerman). Amst., 1809. in-8. mar.
rouge tr. d.

194 Hommage au salon de la ville de Gand en 1812 , par un membre de la société des beaux-arts (N. Cornelissen.) Gand ,
Bogaert-de Clercq. in-8. dem. rel. dos de veau.

    Seul exemplaire imprimé sur parchemin ; on y a ajouté 17 por-
traits d'artistes.

195 Discours prononcé le 4 Août 1817, par S. E. le Bon de Keverberg
de Kessel , à l'occasion de la distribution solennelle des prix de
l'académie royale de dessin, peinture, etc. de Gand. Gand, 1817.
in-8. cart. à la bradel , non rogn.

    L'un des exemplaires en grand papier , dont il n'en a été tiré
qu'un petit nombre ; on y a inséré 21 beaux portraits d'artistes ,
gravés par différents maîtres.

196 N. Cornelissen, redevoering over den luyster welken de koninklyke akademie van teeken-, schilder-, beeldhouw- en
bouwkunde , te Gent , door het voorstellen van eerepryzen en

het openen harer pronkzael, aen de nederlansche kunsten en kunstenaers, heeft bygebragt. Gent (1825). in-8. cart. *Orné de 14 gravures au trait de Ch. Normand.*

197 Programme des prix proposés par l'académie royale de dessin, de peinture, etc. de la ville de Gand, pour le concours de 1855. Gand, 1834. in-8. cart.

198 Programme des prix, proposés par l'académie royale de dessin, peinture, sculpture, de la ville de Gand, pour le concours de 1855. Gand. — XVIe salon de Gand, notice des productions de peinture, sculpture, etc. exposés au palais de l'université, le 20 Juillet 1855. Gand. — Distribution des prix au salon de 1855, discours prononcés à cette occasion par MM. le Bourgmestre de la ville, N. Cornelissen et Van Huffel. ens. en 1 vol. in-4. dem. rel. dos de veau olive, non rogn.

> Un des rares exemplaires tirés sur grand papier vélin. On y a ajouté un beau portrait de Mr Van Crombrugghe, ancien bourgmestre de Gand.

199 Discours prononcés par MM. Van Crombrugghe et Cornelissen, lors de la distribution des prix aux vainqueurs de la 56e exposition de fleurs. Gand, 1857. in-4. dem. rel. dos de v. vert.

> Un des six exemplaires sur papier vélin.

200 Notice des productions de peinture, sculpture, architecture, gravure, dessin, etc. d'artistes vivants, exposés au museum de l'académie. Gand, 1858. in-4. cart. à la bradel.

> Un des douze exemplaires de ce format et tiré sur papier vélin.

DESCRIPTIONS DE TABLEAUX ET CATALOGUES DE GALERIES.

201 Notice sur le chef-d'œuvre des frères Van Eyck, trad. de l'allem. (par M. Rassmann), augmenté de notes inédites sur la vie et les ouvrages de ces célèbres peintres, par L. De Bast. Gand, De Goesin-Verhaeghe, 1825. gr. in-8. dem. rel. dos et coins de mar. br. non rogn.

> Précieux exemplaire en grand papier fort, dont il n'en a été tiré que six, il est orné de huit dessins originaux et de cinquante-deux estampes relatifs aux frères Van Eyck.

202 Lettre de M. S. Boisserée au secrétaire de la société royale des
beaux-arts à Gand. (Gand, De Goesin-Verhaeghe.) in-8. dem.
rel. dos de v. rouge, non rogn.

    Opuscule très difficile à trouver aujourd'hui, il est illustré
d'un grand nombre de gravures, relatives à l'histoire des frères
Van Eyck.

203 (Bon de Keverberg,), Ursula, princesse Britannique, d'après
la légende et les peintures d'Hemling. Gand, 1818. in-8.
dem. rel. dos de mar. vert, non rogn. *Avec deux gravures.*

    Très bel exemplaire d'un ouvrage qui devient rare, même à
Gand, et qui renferme d'intéressantes recherches sur le célèbre
Hemling.

204 (Cornelissen), notice sur Eucharis et Télémaque, par David.
Gand, 1818. in-8. fig. pap. vél. cart.

205 Bataille de Nieuport, par M. le chev. Odevaere, peintre du roi,
avec la description estétique (par N. Cornelissen). Gand, De
Busscher et fils, 1820. in-4. dem. rel. dos et coins de mar. br.
(*Simier.*)

    Très bel exemplaire en papier vélin avec deux planches. Don
de l'éditeur à M. B. avec la lettre d'envoi.

206 Abdication de Charles-Quint, tableau de M. Gallait, récit historique et descriptif. Gand, 1841. in-8. cart.

207 Le compromis des nobles en 1566, notice pour servir de légende
au tableau de M. Ed. De Biefve. Brux., 1841. in-12. cart.

208 Différents catalogues de tableaux, etc. qui ont figuré dans
différentes expositions de Gand. rel. en 1 vol. in-8. dem. rel.

209 Notice des tableaux et autres objets d'art composant le musée de
Bruxelles. Brux., 1824. — Notice des tableaux du musée de
la ville de Gand. Gand, 1825. — Notice descriptive du tableau
représentant la sainte famille, peint par Van Huffel, par
Candide d'Almeida. Gand. — Notice sur la grande et célèbre
production de Jean et d'Hubert van Eyck. — Discours prononcé
par M. le Cte Dellafaille, lors de la distribution des prix en
1818. Gand. — Idem, par N. Cornelissen. Gand, 1818. —
Discours prononcé par le Bon de Keverberg de Kessel, au mo-

ment où le jeune Van den Abeele allait recevoir la première
médaille. Gand, et autres pièces. ens. en 1 vol. in-8. dem. rel.

210 Catalogue des tableaux, composant la magnifique galerie de
M. le chevalier Erard. Paris, 1852. in-8. dem. rel. à la
Bradel. *Avec les prix en marge.*

211 Catalogue d'une très belle collection de tableaux, dessins, médailles, etc. délaissés par M. Rottier. Gand, 1854. in-8. avec
fig. cart.

212 Catalogue d'une précieuse collection de tableaux des écoles flamande, hollandaise et française, délaissés par Vrancken à
Lokeren. Anvers, 1838. cart. à la bradel. *Avec les prix et
les noms des acheteurs.*

213 Catalogue de la galerie du comte de Sommariva. Paris, 1839.
in-8. dem. rel. *Avec les prix et les noms des acquéreurs.*

> Catalogue recherché parce que la collection qui y est décrite
> jouissait d'une réputation européenne.

214 Catalogue de tableaux capitaux des écoles d'Italie, d'Espagne,
de Hollande, de Flandre, etc. Paris, 1844. in-8. dem. rel.
Avec les prix à l'encre.

215 Galerie de feu le cardinal Fesch, par George, 2e et 3e part.
Rome, 1844. in-8. dem. rel. dos de mar rouge, non rogn.
Avec les prix.

GRAVURE.

HISTOIRE DE LA GRAVURE, DICTIONNAIRES DES GRAVEURS ET CATALOGUES DE GRAVURES.

216 (Jansen), essai sur l'origine de la gravure en bois et en taille
douce, et sur la connaissance des estampes des XVe et XVIe
siècles, avec fig. Paris, 1808. 2 vol. in-8. dem. rel. dos de
mar. rouge, non rogn. (*Thouvenin jeune.*)

> Exemplaire sur grand papier vélin.

217 Discours historique sur la gravure en taille douce et sur la gravure
en bois, par T. B. Emeric-David. Paris, Agasse. in-8. v. rac. fil.

> Ce discours fait partie du texte du musée français, par
> Robillard-Peronville et Laurent, il est placé au commencement
> du 3e vol. de cette magnifique collection.

218 Leon de Laborde , histoire de la gravure en manière noire ,
avec fig. Paris , Jules Didot, l'aîné , 1839. gr. in-8. dem. rel.
dos et coins de v. br. non rogn. (*Bauzonnet.*)

> Très bel exemplaire d'un ouvrage estimé qui n'a été tiré qu'à
> 300 exemplaires.

219 Duchesne aîné , de la gravure sur métal et sur bois et de ses
divers procédés. (Paris). in-8. dem. rel. dos de v. *Avec une
notice manuscrite sur le même sujet.*

> **Don de l'auteur à M. B.**

220 (Duchesne , aîné), notice des estampes exposées à la bibliothèque
du roi ; précédée d'un essai sur l'origine, l'accroissement et
la disposition méthodique du cabinet des estampes. Paris ,
De Bure , frères , 1823. gr. in-8. dem. rel. dos de v. vert.

> Grand papier.

221 Compte rendu à S. E. le ministre de l'intérieur du voyage fait
en Angleterre par Duchesne , aîné , pour y examiner diverses
collections d'estampes publiques ou particulières. (Paris, 1824).
in-8. dem. rel.

> Opuscule peu commun , tiré seulement à **200** exemplaires.

222 Le même ouvrage. cart.

223 Duchesne , aîné , essai sur les nielles , gravures des orfèvres flo-
rentins du XVe siècle. Paris , Merlin , 1826. gr. in-8. dem.
rel. dos et coins de cuir de Russie , non rogn.

> L'un des vingt-cinq exemplaires tirés sur papier vélin , avec
> les fac-simile imprimés sur un fond d'argent. — Ouvrage très
> intéressant.

224 Duchesne , aîné , voyage d'un iconophile , revue des principaux
cabinets d'estampes , bibliothèques et musées d'Allemagne , de
Hollande et d'Angleterre. Paris , 1834. in-8. dem. rel. dos
de v. non rogn.

> L'un des vingt-cinq exemplaires tirés sur grand papier vélin.
> — M. Duchesne, conservateur des estampes à la bibliothèque
> royale de Paris , a consacré p. **326** et suiv. un notice au cabinet
> de M. B.; cet ouvrage est d'ailleurs très intéressant, parce qu'il
> fournit des renseignements curieux sur les collections artistiques
> de la Belgique, de la Hollande, de l'Allemagne et de l'Angleterre.

225 Duchesne, aîné, notice des estampes exposées à la bibliothèque
royale. Paris, 1857. in-8. v. bl. fil. tr. d. (*Bauzonnet.*)

Magnifique exemplaire en papier vélin.

226 Le Bon Heinecken, idée générale d'une collection d'estampes,
avec une dissertation sur la gravure et sur les premiers livres
d'images. Leipsic et Vienne, 1771. in-8. dem. rel. dos et coins
de v. fauve. (*Simier.*)

Bel et unique exemplaire de cet excellent ouvrage du Bon Heinecken. On y a inséré un très grand nombre de gravures anciennes,
la plupart d'une grande rareté, entre autres une taille en bois,
représentant un sujet de la Passion, qui pourrait bien être un
des premiers essais de la gravure tabellaire. — Ce volume a été
acheté il y a plus de 30 ans, au prix de 232 fr.

227 (Heinecken), dictionnaire des artistes dont nous avons des estampes, avec une notice détaillée de leurs ouvrages gravés. Leipzig,
1778. 4 vol. in-8. dem. rel. dos de v. fauve d.

Très bel exemplaire d'un ouvrage qui n'a jamais été achevé et
qu'on rencontre rarement dans nos ventes publiques. Le manuscrit de l'auteur, en 22 vol. in-fol. se trouve dans la bibliothèque de Dresde.

228 Huber, notices générales des graveurs divisés par nations et des
peintres rangés par écoles, précédées de l'histoire de la gravure
et de la peinture depuis l'origine de ces arts jusqu'à nos jours,
avec fig. Dresde et Leipzig, 1787. 2 vol. in-8. dem. rel. dos
de v. non rogn.

229 Basan, dictionnaire des graveurs anciens et modernes, depuis
l'origine de la gravure. Paris, 1767. 5 vol. in-12. v. m.

Edition originale dans laquelle on trouve le catalogue des
estampes gravées d'après Rubens.

230 Basan, dictionnaire des graveurs anciens et modernes, depuis
l'origine de la gravure. Paris, 1789. 2 vol. in-8. v. fauve fil.
large dent. tr. d.

Bel et précieux exemplaire, provenant de la bibliothèque de
M. Libert de Beaumont, qui y a inséré 102 gravures anciennes,
la plupart fort rares, telles que la Vierge à la poire d'Albert
Durer, les travaux d'Hercule d'Aldegrever, d'autres de H. S. Beham.

Della Bella, Pencz, Binck, Callot, Castiglione, le Bossuet de Grattcloup, Sadler, Rembrandt, Martin Schön, Lucas de Leyde, etc.

251 Huber et Rost, manuel des curieux et des amateurs de l'art, contenant une notice abrégée des principaux graveurs, et un catalogue raisonné de leurs meilleurs ouvrages. Zurich, 1797. 9 part. en 5 vol. in-8. dem. rel. dos de v.

252 Malpé, notices sur les graveurs qui ont laissé des estampes marquées de monogrammes, chiffres, etc. Besançon, 1807. 2 vol. in-8. dem. rel. dos de mar. vert, non rogn. (*Duplanil.*)

Exemplaire précieux dans lequel on a inséré 65 gravures anciennes de maîtres dont il est fait mention dans l'ouvrage.

253 Rapport sur la lithographie et particulièrement sur un recueil de dessins lithographiés par M. Engelman, à l'académie royale des beaux-arts à Paris, dans la séance du 5 Août 1816. pet. in-fol. cart. non rogn. *Avec un cahier de figures et quelques lithographies ajoutées.*

254 Adam Bartsch, le peintre graveur, avec. grav. Vienne, Degen, 1803-1818. 21 vol. in-8. dem. rel. dos de bas. rouge, non rogn.

Exemplaire en grand papier. Outre les 80 planches réunies au texte, celles qui ont paru sous le titre de : *Copies faites d'après les estampes très rares de différens maîtres,* ont été intercallées dans les différents volumes.

255 Suppléments au Peintre graveur de Adam Bartsch, recueillis et publiés par Rudolph Weigel. Leipzig, 1843. in-8. dem. rel. dos de mar. rouge, non rogn.

Interfollié de papier blanc. L'auteur a rectifié dans cet ouvrage les erreurs commises par Bartsch, surtout en ce qui concerne l'école flamande et hollandaise, qui est, on le sait, la partie la plus défectueuse de son *Peintre graveur.*

256 Robert Dumesnil, le Peintre graveur français, ou catalogue raisonné des estampes gravées par les peintres et les dessinateurs de l'école française, ouvrage faisant suite au Peintre graveur de Bartsch. Paris, 1835-1844. 7 vol. in-8. dem. rel. dos et coins de mar. orange, nerfs, filets sur les |jonctions, non rogn. (*Bauzonnet.*)

Magnifique exemplaire d'une condition irréprochable et relié avec un soin tout particulier par l'habile Bauzonnet.

237 Albrecht Durer in de Nederlanden , uitgegeven door Fred. Verachter. Antw., L. P. de Lacroix, 1840. in-8. dem. rel. à dos de veau vert, non rogn. *Avec portrait et gravures.*

238 Bon de Reiffenberg , la plus ancienne gravure connue avec date. Brux., Hayez, 1845. in-4. dem. rel. dos de mar. rouge , non rogn. *Avec un fac-simile.*

239 Quelques mots sur la gravure au millésime de 1418 , par C. D. B. (C. de Brou). Brux., 1846. in-4. dem. rel. dos de mar. rouge, non rogn. *Avec sept planches.*

240 Opinion d'un bibliophile sur l'estampe de 1418 , conservée à la bibliothèque royale de Bruxelles, par M. J. A. L. Brux., 1846. in-fol. dem. rel. dos de mar. rouge. *Avec fac-simile.*

241 Catalogue raisonné de toutes les estampes qui forment l'œuvre de Rembrandt et ceux de ses principaux imitateurs , composé par Gersaint , Helle , Glomy et Yver, nouv. éd. par Adam Bartsch. Vienne, 1797. 2 vol. in-4. dem. rel. dos de v. fauve, non rogn. (*Simier.*)

> Magnifique exemplaire dans lequel on a inséré dix planches gravées par Rembrandt et ses élèves. — Cet ouvrage efface entièrement ceux publiés précédemment sur le même sujet par Gersaint et Yver.

242 Le chev. de Claussin , catalogue raisonné de toutes les estampes qui forment l'œuvre de Rembrandt et des principales pièces de ses élèves , composé par Gersaint , Helle , Glomy et Yver, avec fig. Paris , Firmin Didot , 1824. in-8. dem. rel. dos de v.

> Avec 20 pièces, gravées par Rembrandt. — Ouvrage fait avec beaucoup de soins.

243 Supplément au catalogue de Rembrandt , suivi d'une description des estampes de ses élèves , par le chev. de Claussin. Paris , Firmin Didot, 1828. in-8. dem. rel. dos de v. non rogn.

> Exemplaire curieux, dans lequel on a intercallé 15 estampes gravées par des élèves de Rembrandt.

244 Catalogue raisonné de l'œuvre de G. Fr. Schmidt , graveur du roi de Prusse , avec portrait. Londres , 1789. gr. in-8. dem. rel. dos de v. fauve, non rogn. (*Simier.*)

> Exemplaire en papier de Hollande.

245 Catalogue de livres d'estampes et de figures en taille douce, par
De Marolles, abbé de Villeloin. Paris, Fred. Léonard, 1666.
in-8. v. br. fil. ornem. à froid.

> Cette collection considérable qui fut acquise par Louis XIV,
> forme aujourd'hui le fond du riche cabinet d'estampes de la
> bibliothèque nationale à Paris. — On sait que les exemplaires
> de ce catalogue sont très rares.

246 Catalogue de livres d'estampes et de figures en taille douce, par
De Marolles, abbé de Villeloin. Paris, Jacq. Langlois, 1672.
pet. in-12. v. br. ornem. à froid.

> Après avoir vendu sa première collection d'estampes, l'abbé
> De Marolles en forma une seconde, moins riche et moins com-
> plète, il en publia ce catalogue, qui est devenu plus rare encore
> que celui publié en 1666.

247 Basan, catalogue raisonné du cabinet de Mariette. Paris, 1775.
in-8. avec fig. v. m. *Avec les prix en marge.*

> La collection d'estampes de Mariette, était une des plus riches
> et des mieux conditionnées, qu'un particulier ait jamais formée.

248 Catalogue raisonné de la collection d'estampes et de dessins,
composant le cabinet de James Hazard. Brux., 1789. 2 tom. en
1 vol. in-8. dem. rel. *Avec les prix à l'encre.*

> Catalogue d'une collection très nombreuse. Mr Hazard, d'origine
> anglaise, est mort à Bruxelles; il s'y est fait connaître par quel-
> ques estampes qu'il a gravées lui-même.

249 Catalogue raisonné du cabinet d'estampes de M. Winckler,
banquier à Leipzig, contenant une collection de pièces anciennes et modernes de toutes les écoles; par Huber et J. G. Stimmel.
Leipzig, 1805. 6 vol. in-8. dem. rel. *Avec les prix.*

> Le catalogue de cette rare et riche collection d'estampes, se
> rencontre rarement, surtout en Belgique; il peut être d'un grand
> secours aux Iconographes.

250 Catalogue raisonné d'objets d'arts du cabinet de M. de Silvestre,
par Regnault-Delalande. Paris, 1810. in-8. dem. rel. dos de v.
non rogn. *Avec les prix à l'encre rouge.*

251 Cabinet de M. Paignon-Dijonval, état détaillé et raisonné des

dessins et estampes , dont il est composé, par Benard. Paris,
1810. in-4. dem. rel. dos et coins de v. rouge.

> Catalogue très curieux.

252 Catalogue d'une collection choisie d'estampes des plus célèbres
graveurs des **Pays-Bas** , délaissée par Fr. Xav. Lousbergs.
Gand , 1811. in-8. dem. rel.

253 Catalogue raisonné de la rare et précieuse collection d'estampes
de feu M. Hohwiesner, par Prestel. Francf. s. Mein , 1819-20.
2 vol. pet. in-8. dem. rel. dos de v.

> Catalogue très curieux.

254 Catalogue des tableaux , dessins et estampes composant l'une
des collections de M. Léon Dufourny , par H. Delaroche , avec
un portrait et 62 figures gravés au trait. Paris , 1819. in-4.
dem. rel. dos et coins de mar. rouge du Levant , non rogn.

> Très bel exemplaire en grand papier.

255 Catalogus der uitmuntende en beroemde verzameling prenten ,
uitmakende de keur van het alom bekende kabinet van Moritz
grave von Fries , te Weenen. Amst. , 1824. in-8. dem. rel.
non rogn. *Avec les prix*.

> Collection connue de tous les amateurs d'estampes , comme une
> des plus belles qui aient jamais été formées.

256 Catalogus van het alom bekende , beroemde en hoogst belang-
ryke kabinet van teeckeningen en prenten , nagelaten door
Jacob de Vos. Amst., 1825. dem. rel. dos de mar. vert. *Avec
les prix en marge*.

257 Catalogue of a valuable and extensive collection of ancient and
modern prints, the property of a nobleman of high rank.
London . 1834. 3 part. en 1 vol. in-8. cart.

> C'est le catalogue de la précieuse collection d'estampes du
> duc de Buckingham.

258 **J. de Witte**, description des antiquités et objets d'art qui composent le cabinet de feu M. Durand, avec fig. Paris , Firmin
Didot, frères, 1836. — Catalogue d'estampes , de Durand.
ens. 1 vol. in-8. v. fauve, non rogn. (*Simier*.)

> Très bel exemplaire. Les prix des estampes sont ajoutés à la
> main.

259 Le premier siècle de la calcographie ou **catalogue raisonné des**
estampes du cabinet de Mr le comte Léopold Cicognara, avec
un appendice sur les nielles du même cabinet , par Alex.
Zanetti , avec fig. Venise , Joseph Antonelli , 1837. gr. in-8.
dem. rel. dos de v. fauve , non rogn.

> Bien conditionné.

260 Catalogue raisonné de la collection de dessins et d'estampes ,
formant le cabinet de Mr Van Hulthem , délaissée par Mr Ch. de
Bremmaecker. Gand, 1846. in-8. dem. rel. dos de mar. rouge
du Levant , non rogn. *Avec les prix en marge.*

RECUEILS DE GRAVURES.

261 Recueil de figures sur bois , gravées par le petit Bernard , de
Lyon , pour les éditions de J. de Tournes et tirées à part
probablement pour servir aux représentations dramatiques.
in-8. de 62 ff. non chiff. mar. orange à petits fers. riche
dent. tr. d. (*Lebrun.*)

> Ces figures représentent des scènes de théâtre , des têtes d'ex-
> pression , qui avaient paru dans une édition *la Physiognomia*
> *de Porta.*
> Délicieux volume , provenant de la vente Millot , où il a été
> payé 117 fr.

262 Het menselyk bedryf, in honderd verbeeldingen van ambachten ,
konsten , handteeringen en bedryven met versen. Amst., gedaan
door Johannes en Caspar Luiken , 1694. in-4. hoornband.

> Très beau d'épreuves.

263 Recueil des figures, groupes, thermes , fontaines, vases et autres
ornemens , tels qu'ils se voyent à présent dans le château et
parc de Versailles ; grav. par S. Thomassin. Paris, (1694.)
in-8. v. m.

> Edition originale , ornée de 218 fig.

264 Les douze mois de l'année , gravées par Huberti, d'après Martin
de Vos. in-4. dem. rel. dos de v. rouge.

> Suite de 12 estampes, d'une rare conservation. Voy. Malpé ,
> *Notices sur les graveurs*, t. 1 , p. 330.

265 Les douze mois de l'année, gravées par Etienne de Laulne.
pet. in-8. obl. dem. rel. dos de v. bl. non rogn. (*Simier.*)

> Exemplaire lavé. Les estampes d'Etienne de Laulne sont très estimées. Cet artiste est né à Orléans en 1510 et travaillait encore à Strasbourg en 1590.

266 Capitano de Baroni, ou les gueux. pet. in-4. vél.

> Suite de 24 estampes, par Callot; magnifiques épreuves.

267 Recueil de 103 figures gravées à l'eau forte, d'après les dessins de Gillot, pour les fables de Houdart de la Motte. pet. in-8. dem. rel.

> Joli recueil de gravures fort spirituelles. *Epreuves d'une grande fraicheur.*

268 OEuvre de F. E. Weirotter, contenant deux cent trente-huit pièces, dont 24 gravées d'après lui par Basan et Poignant. Paris, 1775. gr. in-fol. v. m.

> L'œuvre de cet artiste est ici au complet.

269 Suite de 70 estampes gravées par Mme la marquise de Pompadour, d'après les pierres gravées de M. Guay. Paris, 1782. in-4. mar. rouge d. s. tr. et pl.

> Bel exemplaire.

270 L'œuvre de François Londonio en 72 planches, en sept suites, dédié au cardinal Pezzo-Bonelli, à milord d'Exeter et au Cte de Firmian. in-fol. dem. rel. dos de v.

> Très bel exemplaire provenant de la vente de Powis à Bruxelles.

271 Recueil de trente-six estampes, montées sur papier fort, gravées à l'eau forte, par Hess, George Frédéric Schmidt, Rembrandt, Jean Jacques de Boissieu et de Marcenay. rel. en 1 vol. in-fol. dos de mar. rouge.

> Les épreuves des estampes de ce volume sont fort belles.

272 Recueil de dessins de différentes écoles fidèlement gravés par M. Hazard, d'après des originaux de même grandeur de sa collection. en 1 vol. in-fol. dem. rel. dos et coins de v. fauve, fil. sur les jonctions. (*Simier.*)

> Cet œuvre complet consiste en 74 différens morceaux; on y a joint une épreuve à fond blanc, d'après le banquier de Rembrandt,

dont il n'existe qu'un très petit nombre d'exemplaires. Toutes ces pièces sont soigneusement montées sur beau papier de Hollande. — Très bel exemplaire provenant du cabinet de Poiret, vendu à Paris en Décembre 1834.

273 Suite de treize estampes gravées par le prince Charles de Ligne. in-fol. dem. rel.

> Volume précieux contenant treize estampes gravées par M^r le prince Charles de Ligne; il provient de la vente de M^r D'Hane de Stuyvenberghe, qui a consacré au prince de Ligne une notice qui se trouve relié dans l'exemplaire. — Ces estampes n'ayant jamais été dans le commerce, sont devenues fort rares.

274 Recueil d'estampes au nombre de soixante-une, représentant les differens événemens de la guerre de l'indépendance de l'Amérique. in-4. mar. rouge d. s. tr. riche dent. sur les pl. doublé de tabis. (*Bozerian.*)

> Exemplaire unique dans lequel on a inséré les dessins originaux de Marillier, le Paon et autres. Trois ff. ont quelques piqûres de vers dans les marges. — De la vente Detiennes, faite à Paris, en Mai 1807.

275 Six dessins d'après Granet, Bouton, Lesaint et autres, lithogr. à la manière noire par d'Orschwiller. Paris, in-fol. dem. rel. dos de v. vert.

> Suite de 12 planches lithographiées.

276 Cent trente-sept dessins originaux représentans des minéraux, des plantes, des oiseaux, des insectes, etc. exécutés par Deseve et autres artistes distingués, avec les figures avant la lettre en regard de chaque dessin. gr. in-8. dem. rel. dos de mar. rouge. (*Thouvenin.*)

277 Recueil de portraits, intérieurs, caricatures, études de figures et de têtes, etc. gravés par Plonski. rel. en 1 vol. in-fol. dem. rel. dos de vél. bl.

> Suite de 19 estampes, très belles d'épreuves.

278 Album lithographié par Paul Lauters, d'après les dessins des principaux peintres. Brux., Dewasme-Pletinckx, 1829. in-4. bas.

> Suite de 60 planches sur papier de couleur, rehaussé de blanc.

279 Suite de 22 estampes gravées à l'eau forte par A. de Noter, fils. in-4. dem. rel. dos de mar. vert, non rogn.

> Ces estampes sont d'une belle composition et gravées d'une pointe très spirituelle. Sur papier de Chine.

280 Etrennes pour 1831 ou album lithographique, composé de douze sujets, par Madou. Brux. gr. in-4. dem. rel. dos de v. vert.

> Sur papier de Chine.

281 Recueil de gravures à l'eau forte, dont plusieurs d'après Hobbema, par P. F. de Noter. Gand, 1831. gr. in-8. dem. rel. dos de mar. rouge, non rogn.

> Suite de 15 pièces, sur papier de Chine.

282 Six intérieurs d'après Bouton, lithographiés à la manière noire par d'Orschwiller. Paris. in-fol. dem. rel. dos de v. viol.

> Papier de Chine.

283 Suite de cinquante-sept caricatures coloriées. rel. en 1 vol. in-fol. à dos de v. non rogn.

284 Etudes de figures et d'animaux dessinés par Rommel, d'après Verboeckhoven, lith. par Kierdorff. gr. in-4. dem. rel. dos de v. non rogn.

> Suite de dix-neuf planches.

285 Etrennes pour 1832, ou album pittoresque lithographié par E. J. Verboeckhoven, Madou, Lauters et Fourmois. Brux., De Wasme-Pletinckx. gr. in-4. dem. rel. dos de mar. rouge.

> Suite de 12 sujets tirés sur papier de Chine.

286 Douze sujets composés et dessinés sur pierre par Madou, de Bruxelles. 1831. in-fol. dem. rel. dos de v.

> Sur papier de Chine.

287 Album lithographié, par Madou. Brux., 1832. in-fol. dem. rel. dos de v. viol.

> Suite de douze sujets sur papier de Chine.

288 Album par Lauters et Fourmois. Brux., 1833. in-fol. dem. rel. dos de v. viol.

> Suite de dix pièces, tirées sur papier de Chine.

289 Suite de vingt gravures pour la bataille de Woeringen de Willems. in-4. cart.

290 Musée de la caricature ou recueil des caricatures les plus re-marquables publiées en France, depuis le XIVe siècle jusqu'à nos jours, par E. Jaime. Paris, Delloye, 1858. 2 vol. in-4. dem. rel. dos de mar. rouge, non rogn. *Avec figures.*

RECUEILS DE COSTUMES.

291 Im Frauwenzimmer wirt vermeldt von allerley schönen kleidun-gen und Trachten der Weiber, hohes und nider stands. (Gynecée, ou recueil d'habillemens de femmes de haut et de bas étages, d'Allemagne, d'Italie, de France, d'Angleterre, de Hollande, etc. représentés en figures par Jost Ammon de Nuremberg, avec de courtes descriptions en vers allem.), par Thrasibule Torrentinus. Franc. sur le Mein, Feyrabend, 1586. pet. in-4. dem. rel. dos de v. fauve. (*Simier.*)

> Ouvrage curieux et rare, orné de 122 fig. représentant des costumes de femmes du XVIe siècle.

292 Recueil de costumes par Séb. le Clerc. 20 pièces. — 12 pièces de Bern. Picart. — Figures françaises et comiques, inventées par Watteau. 9 pièces. — Figures de modes, par le même. 9 pièces. rel. en 1 vol. in-8. v. f. dent. tr. d.

> Joli et curieux volume.

293 Dandré Bardou, costume des anciens peuples, à l'usage des artistes. Paris, 1772. 2 vol. gr. in-4. v. br. *Avec figures.*

294 Costumes belgiques anciens et modernes, militaires, civils et religieux. Brux., lithographie royale de Jobard, 1830. gr. in-4. dem. rel. dos de v. non rogn.

> Exemplaire de choix, et un des six tiré en grand papier et avec les planches coloriées.

RECUEILS DE PORTRAITS.

295 Les images de presque tous les empereurs depuis Jules Cesar jusques à Charles V et Ferdinand son frère. Imprimé à Anvers

aux despens de Hubertus Goltz de Wirtzburg paintre , de l'imprimerie de Gillis Coppenius de Diest , l'an M.D. LIX. in-fol.
v. br. *Première reliure.*

> Avec 155 planches gravées en camaïeu.

296 XII primorum cæsarum et LXIIII ipsorum uxorum et parentum ,
ex antiquis numismatibus in ære incisæ, effigies, atque eorun-
dem earumdemque vitæ et res gestæ , ex variis authoribus col-
lectæ , per Levinum Hulsium , Gandavensem. Spiræ , impensis
authoris, 1599. in-4. dem. rel. dos de v. oliv. *Avec figures
de Th. de Bry.*

297 Collection de 163 portraits de personnages remarquables du
XVIe siècle. in-4. dem. rel. dos et coins de mar. orange ,
non rogn.

> Précieuse suite de portraits , gravés en bois, ils sont soigneu-
> sement montés sur papier bleu. *Magnifique exemplaire de la
> bibliothèque de Koning , d'Amsterdam.*

298 Afbeeldingen van sommighe in Godts woort ervarene mannen
die bestreden hebben den roomschen Antichrist , vert. uyt het
latyn van Jac. Verheiden door P. de Kempenare. 's Gravenha-
gen , 1603. in-4. halven band. *Met portretten.*

> Exemplaire Lammens , bien conservé , malgré que le titre
> soit doublé.

299 Image de divers hommes d'esprit sublime , qui par leur art et
science devront vivre éternellement et des quels la louange
et renommée fait estonner le monde. Anvers , mis en lumière
par Meyssens, peintre, 1649. in-4. dem. rel. dos de v. fauve.
(*Simier.*)

> Belle et curieuse collection de 95 portraits de peintres , gra-
> veurs , sculpteurs et architectes , appartenant la plupart aux
> Pays-Bas, et gravés avec soin par les meilleurs artistes de l'épo-
> que , tels que Bailliu , Caukerken , Collin , Hollar , Paul Pontius,
> Lucas Vorsterman , etc.

300 Marc de Vulson , portraits des hommes illustres françois , qui
sont peints dans la galerie du palais du cardinal de Richelieu ,
avec leurs principales actions, armes et devises. Paris , Cottin ,
1669. in-12. v. br. *Avec figures en bois.*

> Volume peu commun qui a échappé aux recherches de M. Brunet.

501 Collection de 99 portraits de Montcornet. in-4. dem. rel. dos de v.

> Beau recueil d'estampes, contenant une belle série de portraits de personnages français.

502 Recueil de 75 portraits d'hommes et de femmes célèbres, gravés par divers artistes. in-4. bas.

> Très bel exemplaire de la bibliothèque du Cte Boutourlin.

503 Recueil de 45 portraits de sectaires, hérétiques, hérésiarques et autres personnages célèbres, gravés par divers artistes. in-4. bas.

> Très belles épreuves. Exemplaire de la bibliothèque du comte Boutourlin.

504 Recueil de portraits de différens personnages de la Hollande. 2 vol. gr. in-4. dem. rel. dos de mar. orange, non rogn. (*Simier.*)

> Suite de 238 pièces, avant et avec la lettre, montées sur papier bleu. — Magnifique exemplaire, de la vente du comte d'Hauterive, faite à Paris en 1832.

505 Suite de 30 beaux portraits de Jean Wittenbogaerd, Van der Linden, Henri van der Linden, Jean Hullens, Barlæus, etc. la plupart d'après Mierevelt. in-fol. dem. rel. dos de v.

> Magnifique recueil, remarquable surtout par la beauté des épreuves des estampes; provenant du cabinet de Mariette et en dernier lieu de celui de Denon.

506 Recueil de portraits anciens de Rembrandt van Rhyn. pet. in-8. mar. bl. dent. tr. d. (*Bozerian.*)

> Magnifique exemplaire d'un recueil d'épreuves anciennes difficiles à trouver.

507 Portraits de personnes illustres de l'un et de l'autre sexe, recueillis et gravés par les soins de Michel Odieuvre. in-4. v. fil.

> Recueil de 133 portraits, en belles épreuves.

508 Suite de dix beaux portraits gravés par Houbraken. rel. en 1 vol. in-fol. dem. rel.

> De la vente du comte de Hauterive, faite à Paris en Avril 1832.

509 Collection de 193 portraits de personnages illustres de l'un et de l'autre sexe, d'après divers peintres. dem. rel. dos et coins de v.

> Très belles épreuves.

510 Croquis de portraits des personnages remarquables dans tous les genres, dessinés et gravés par J. M. N. Fremy, d'après les tableaux exposés aux différents salons. Paris, Fremy, 1815. 2 vol. in-12. cart. non rogn. (*Bradel.*)

> Exemplaire en papier vélin.

511 Collection de portraits des artistes modernes nés dans le royaume des Pays-Bas, dessinés d'après nature par J. J. Eeckhout et lithographiées par Van den Burggraaff. Brux., 1822. in-4. dem. rel. dos et coins en v. non rogn.

> Suite de 61 portraits y compris le titre, tirés sur papier de Chine.

512 Galerie des peintres ou collection de portraits des peintres les plus célèbres de toutes les écoles, accompagnés de leur notice historique, de leur dessin et d'un discours sur les arts par M. Chabert. Paris, impr. de Didot l'aîné, 1822 et ann. suiv. 5 vol. gr. in-fol. dem. rel. dos et coins de mar. orange, dorure à filets, papier de soie, non rogn. (*Simier.*)

> Magnifique exemplaire de souscription, tiré sur papier vélin; il a couté fr. 795, aussi est il d'une condition qui ne laisse rien à désirer.

513 Suite de 57 portraits lithographiés pour le Plutarque des Pays-Bas. gr. in-8. dem. rel. dos de v. br.

ARCHITECTURE. — SCULPTURE.

514 Essais sur l'architecture des Chinois, (par L. Fr. de la Tour) avec fig. Paris, 1803. in-8. v. éc. tr. d.

> Edition tirée à trente-six exemplaires seulement; il se trouve de plus dans cet exemplaire quatre modèles dessinés et coloriés d'après nature, de pierres dont on décore les jardins, et d'une note authographe de l'auteur. — De la vente de M. de la Tour, faite à Paris en 1808.

515 Projet d'un palais pour la société royale des beaux-arts et de littérature à Gand, par Suys. Gand, 1821. in-8. cart.

516 Twelve select examples of the ecclesiastical architecture of the

middle ages, in France, from drawings by Charles Wild. Dans un portefeuille.

> Suite de 12 planches coloriées représentant les plus belles cathédrales de France.

517 Lagier de Vaugelas, soixante vues des plus beaux palais, monuments et églises de Paris, cathédrales et châteaux de la France, avec fig. Paris. in-8. dem. rel. dos de mar. bl. (*Simier.*)

518 Cte de Robiano, collection des dessins des figures colossales et des groupes qui ont été faits de neige dans plusieurs rues d'Anvers, le mois de Janvier 1772, par différens artistes et élèves de l'académie royale de dessin. Anvers. gr. in-8. dem. rel. dos de veau. *Avec gravures.*

> Bel et rare exemplaire tiré sur papier fort.

519 OEuvre de Canova, recueil de gravures d'après ses statues, ses bas-reliefs, exécutées par M. Reveil, avec le texte explicatif par M. De la Touche, fig. au trait. Paris, Audot, 1825. in-8. mar. orange, riche rel. à mosaïque et ornem. d. et à froid sur le dos et sur les pl. tr. d. (*Thouvenin.*)

> Superbe exemplaire en grand papier vélin. Chef-d'œuvre de Thouvenin.

520 Notice sur la cheminée de la grande salle d'assemblée du magistrat du franc de Bruges, par F. De Hondt, avec grav. Gand, Annoot-Braeckman, 1840. in-4. cart.

521 Notice sur la cheminée de la grande salle d'assemblée du magistrat du franc de Bruges, par D'Hondt, avec planches gravées par Onghena. Gand, Annoot-Braeckman, 1840. in-4. cart. *Dans un étui.*

> Magnifique exemplaire sur papier porcelaine, dont il n'en a été tiré qu'un petit nombre.

BELLES-LETTRES.

GRAMMAIRE. — RHÉTORIQUE.

522 De Livoy, dictionnaire de synonymes françois. Paris, Nyon, 1788. in-8. bas. rac.

325 De Wailly, nouveau vocabulaire français ou abrégé du dictionnaire de l'Académie. Paris, Remont, an 9. (1801) in-8. bas.

324 Elnonensia, monuments des langues romane et tudesque dans
le IX siècle, contenus dans un manuscrit de l'abbaye de
S. Amand, conservé à la bibliothèque de Valenciennes, publiés par Hoffmann de Fallersleben, avec une trad. et des remarques par Willems. Gand, Gyselynck, 1837. gr. in-8. dem. rel.
dos et coins de v. fauve, non rogn.

  Un des sept exemplaires sur grand papier.

325 Twe-spraack van de nederduitsche letterkunst ofte vant spellen
ende eyghenscap der nederduitschen taals, uytghegheven by
de kamer in liefd bloeyende 't Amstelredam. Leyden, by
Christoffel Plantyn, 1584. pet. in-8. goth. dem. rel. dos de
mar. vert.

  Très bel exemplaire d'un ouvrage rare et très recherché.

326 L. D'Hulster, verslag over de verhandeling van den heer Be-
haegel, ter oplossing van het vraegstuk in 1856, door het
staets bestuer voorgesteld over de geschilpunten ten aenzien
der spelling en woordverbuiging der nederduitsche tael. Gent,
C. Annoot-Braeckman, 1858. gr. in-8. halv. band.

327 Discussions à la chambre des représentants du royaume de Belgique sur l'orthographe flamande et autres pièces à ce sujet,
avec des notes et des éclaircissements. Gand, 1844. in-4.
dem. rel. dos et coins de v. viol. non rogn.

  Exemplaire en grand papier.

528 Les épîtres familiaires de Marc Tulle Ciceron, père d'éloquence
latine, nouuellement traduictes de latin en francoys par Estienne
Dolet natif d'Orleans. Paris, 1542. in-8. rel. en v. viol. dent.
tr. d. (*Simier.*)

  Edition la plus rare de la traduction d'Etienne Dolet. Exemplaire avec témoins.

329 Discours du professeur Kluyskens sur la civilisation ancienne
et moderne. Gand, 1844. in-8. cart.

POÈTES LATINS ET ORIENTAUX.

530 OEuvres de Virgile , trad. en français avec des remarques par l'abbé des Fontaines. Paris, **P.** Plassan , an IV (1796). **4 vol.** in-8. v. rac. *Avec portrait et gravures d'après Moreau le jeune.*

> Bel exemplaire.

531 Les Georgiques de Virgile , trad. en vers franç. par Delille , 5e édit. Paris, Bleuet, 1770. gr. in-8. veau marb. d. s. tr. et pl. *Avec figures.*

> Bel exemplaire en papier de Hollande.

532 La métamorphose d'Ovide , contenant l'Olympe des histoires poëtiques , trad. du latin. Rouen , Reinsart, 1609. in-16. bas. m. *Avec figures en bois.*

533 Metamorphosis , dat is : die herscheppinge oft veranderinge , beschreven int latyn van den vermaerden en geleerden poeet Ovidius , ende nu eerst ouerghesct in onse duytsche tale. Amst., by my Harman Jansz. Muller, 1588. in-12. vél. *Avec figures en bois.*

> Première édition de cette traduction flamande. *Exemplaire Koning.*

534 Jarry , poëme latin de Scaliger. pet. in-8. dem. rel. dos de mar. bl. ébarbé. (*Simier.*)

> Délicieux Ms. de 4 pages, attribué au célèbre calligraphe Jarry, quoiqu'il n'y ait pas mis son nom.

535 (Camberleyn), amatissimis principibus Frederico et Ludovicæ Epithalamium. Gand., Houdin. in-4. dem. rel. dos de mar. rouge. *Avec portraits.*

> Un des six exemplaires sur papier vélin.

536 (Camberlyn), Eyckii immortali genio. Gandæ , 1824. in-4. dem. rel. dos de v. non rogn.

> L'un des six exemplaires en grand papier, au quel on a ajouté quelques planches relatives à Van Eyck.

537 Mihr ou Muchtery , le soleil Jupiter des poëtes , clarté des orateurs, poëme persan, composé par Mohammed fils d'Ahmid ,

natif de Tauryz et terminé au mois de Cherwwâl 778 (Mars 1576). in-4. mar. bl. riche dor. tr. d. (*Riche reliure de Chillia.*)

> Précieux manuscrit sur papier de riz, en caractère taolyc, d'une rare beauté d'exécution calligraphique, et orné de quatre frontispices richement peints en or et en couleurs et de quatorze miniatures. — Avec une longue note de la main du célèbre orientaliste Langlès, à la vente du quel ce manuscrit a été acheté.

POÈTES FRANÇAIS.

338 Fabliaux ou contes, fables et romans du XIIe et du XIIIe siècle, traduits et extraits par Legrand d'Aussy. Paris, Renouard, 1829. 5 vol. gr. in-8. dem. rel. dos de mar. bl. à comp. dor. à pet. fers, non rogn. (*Thouvenin.*)

> Magnifique exemplaire de cette édition recherchée. Il est orné de 18 charmantes gravures doubles de Moreau le jeune, tirées sur papier de Chine avant et avec la lettre.

339 Blasons, poésies anciennes, recueillies et mises en ordre par D. M. M*** (Méon). Paris, Guillemot, 1807. 2 vol. in-8. dem. rel. dos et coins de mar. rouge, non rogn.

> Exemplaire avec les cartons aux pages 52 à 64, et l'un des deux imprimés sur PEAU DE VÉLIN; il provient de la vente de M. Chardin. Voy. Van Praet, *Catal. des livres impr. sur vélin de la Bibliothèque du roi*, t. 4, p. 216.

340 La chanson de Roland ou de Roncevaux du XIIe siècle, publiée pour la première fois d'après le manuscrit de la bibliothèque Bodléienne à Oxford, par Francisque Michel. Paris, Silvestre, 1837. gr. in-8. dem. rel. en mar. rouge du Levant, dos plein à petits fers coins fil. sur les jonctions, non rogn. (*Bauzonnet.*)

> Exemplaire d'une condition magnifique et un des quinze sur papier de Hollande, avec un fac-simile sur vélin.

341 Roman de la Violette, ou de Gérard de Nevers, en vers du 13e siècle, par Gibert de Montreuil, publ. pour la première fois, d'après deux manuscrits de la bibliothèque royale, par Francisque Michel. Paris, 1834. in-8. dem. rel. dos de v. br. non rogn.

> Edition tirée à 200 exemplaires; celui-ci (N° 15) est l'un des quinze tirés sur papier de Hollande, ornés des figures noires sur

papier de Chine et de la double suite de planches coloriées sur vélin, imitant les miniatures des manuscrits.

542 Histoire du châtelain de Coucy et de la dame de Fayel (en vers), publiée d'après le manuscrit de la bibliothèque du roi, et mise en français par G. A. Crapelet. Paris, Crapelet, 1829. gr. in-8. br. en cart.

> Exemplaire en papier de Hollande, orné de figures peintes en or et en couleurs, sur vélin, à l'imitation des miniatures qui décorent le manuscrit. Exemplaire de choix provenant de la bibliothèque même de M. Crapelet, vendue à Paris en Décembre 1837.

543 Chansons du châtelain de Coucy, revues sur tous les manuscrits par Francisque Michel, suivies de l'ancienne musique mise en notation moderne, par Perne. Paris, Crapelet, 1830. gr. in-8. dem. rel. dos de mar. rouge, non rogn.

> Un des 15 exemplaires en papier de Hollande, avec armoiries sur vélin.

544 Rimes et refrains tournésiens, poésies couronnées par le Puy d'Escole de Rhétorique de Tournai, 1477-1491. Mons, 1837. in-8. dem. rel. dos de v.

> Publication de la société des Bibliophiles de Mons, faite à 100 exempl. seulement.

545 Les douze dames de rhétorique, publiées pour la première fois d'après les manuscrits de la bibliothèque royale, avec une introduction par Louis Batissier, et ornées de gravures par Schaal. Moulins, 1858. gr. in-4. dem. rel. dos de mar. rouge d. en tête.

> Papier vélin. Très bel exemplaire de cet ouvrage, tiré à petit nombre et dont toutes les pages sont encadrées d'arabesques et de dessins à l'imitation des anciens manuscrits; il est de plus orné de 12 charmantes miniatures prises sur les manuscrits.

546 Le vergier donneur (sic) nouuellement imprime a Paris. De lentreprinse et voyage de Naples. Auquel est comprins comment le roy Charles huitiesme de ce nom a banyere desployee passa et repassa de iournée en iournée depuis Lyon iusques a Napples et de Napples iusques a Lyon. Ensemble plusieurs austres choses faictes et composees par reuerend pere en dieu monsieur Octouien de Sainct-Gelais euesque dangoulesme et

par Maistre Andry de la Vigne secraitere de la Royne et de monsieur le duc de Sauoye avec autres. (*A la fin*): Cy fine le vergier dhonneur nouuellement imprimé à Paris par Jehan Trepperel, libraire demourant à Paris en la rue neufue nostredame à lenseigne de lescu de France. in-4. goth. fig. en bois. v. éc. fil.

> Edition rare et très recherchée. — Quelques feuillets ont la marge doublée de papier blanc.

547 (Jean Molinet), le temple de Mars. (*A la fin*): Cy finist le temple de Mars Dieu des batailles, imprimé a Paris par le petit Laurens en la rue Saint Jasquez pres Saint Yuez. in-4. mar. rouge dent. tr. d. (*Thompson.*)

> 8 ff. en car. goth. sans chiffres ni récl. mais avec sign. orné de deux gravures en bois dont une coloriée. — Magnifique exemplaire, provenant de la vente de MM. De Ville et Dufour, faite à Paris en 1841. — *Très rare.*

548 Les chansons de Namur, pour la victoire eue contre les francois à Saint Hubert dardenne, composées par Jehan Lemaire de belges, induciaire et historiographe de la tres illustre maison daustriche, castille, bourgoigne et de Namur. (*A la fin*): En octobre mil cincq cens est sept jmprimé en Anuers par Henri Heckert. in-4. goth. 6 ff. mar. rouge riche dent. tr. d. *Très bel exemplaire.*

> Plaquette de la plus grande rareté, dont on ne connait jusqu'ici que ce seul exemplaire, qui provient de la vente Crozet, faite à Paris en 1841. — Elle a échappée aux recherches de M. Brunet. J'ai donné la description de ce curieux volume, dans les *Annales de la société royale des beaux-arts et de littérature de Gand*, 1848-49. p. 44.

549 Les actes et dernier supplice de Nicolas le Borgne dict Buz, traistre : redigés en rime, par Josse Lambert tailleur de lettres et Robert de la Visscherye. (*In fine*): Imprimé à Gand, par Josse Lambert, Tailleur de Lettres, demourant deuant la maison de la ville, ou on treuue ces liuretz à vendre. L'an de grace M. D. XLIII. 4 ff. in-4. mar. olive dent. tr. d. *Avec une gravure en bois.*

> Plaquette de la plus grande rareté et dont on ne connait jus-

qu'ici que ce seul exemplaire, il provient de la bibliothèque de
M. Ad. Audenet, dont il porte le chiffre. C'est à l'occasion de cet
exemplaire que Mr Voisin a publié son intéressante notice sur
Josse Lambert, dans laquelle il a donné la description détaillée
de ce curieux volume.

350 Saulsaye, eglogue de la vie solitaire. Lyon, Jean de Tournes,
1547. in-12. dem. rel. dos et coins de mar. pourpre. (*Thouvenin.*)

> Réimpression figurée d'un opuscule très rare, faite à 50 exem-
> plaires à Aix en 1829, par Poulier fils. — Un des huit exemplaires
> sur papier bleu.

351 Le débat de l'hiver et de l'été, avec l'état de l'homme et plusieurs autres joyeusetés. Paris, Crapelet, 1830. in-8. goth.
lettre ornée. dem. rel. dos de mar. rouge, non rogn. (*Boersch.*)

> Magnifique exemplaire ; un des quatre sur PEAU DE VÉLIN.

352 Le ris de Démocrite et le pleur de Heraclite, philosophes sur les
follies et miseres de ce monde, inuention de M. Antonio
Phileremo Fregoso, cheualier italien, interpretée en ryme
Francoise, par noble homme, Michel d'Amboyse, escuyer.
A Paris, on le vend à Paris, en la grand Salle du Palais,
au second pillier, en la boutique d'Arnoul l'Angelier, deuant
la chapelle de Messieurs les Présidens. 1547. mar. rouge d. s.
tr. et pl. large dent. *Reliùre ancienne.*

> Avec portraits d'Héraclite et de Démocrite ajoutés. Très bel
> exemplaire d'une édition peu commune.

353 (Jean de Meung), le plaisant jeu du dodechedron de fortune,
non moins recréatif que subtil et ingenieux. Paris, Gilles
Robinot, tanant sa boutique au Palais, en la premiere gallerie
par ou on va à la chancellerie. 1560. in-4. dem. rel. dos
de v. à l'ant.

> Deuxième édition de cet ouvrage singulier.

354 Livre de la fontaine perilleuse, avec la charte d'amours : autrement intitulé, le songe du verger, avec commentaire de J. G. P.
(Gohory, parisien.) Paris, Jean Ruelle, 1572. pet. in-8. mar.
rouge, large dent. tr. d. l. r.

> Magnifique exemplaire de ce livre rare, vendu jusqu'à 3 liv.
> 4 sh. Heber.

555 Les soixante huict huictains cy devant appellez la Danse Macha-
brey. Paris, Jacq. Varangles, 1589. pct. in-8. mar. vert.
dent. tr. d.

Exemplaire d'une conservation parfaite.

556 Alph. de Ramberviller, les dévots élancemens du poëte chretien
présentés au roy Henry IIII. Pont à Mousson, 1603. in-12. v.

Volume curieux à cause des gravures de Th. de Leu et de
Weert, dont il est orné.

557 Simon Goulart, théâtre du monde, contenant divers excellens
tableaux de la vie humaine. Amsteldam, 1657. pet. in-8. vél.
Avec figures.

558 La guirlande de Julie, offerte à Mlle de Rambouillet, Julic-
Lucine d'Angenes, par le marquis de Montausier. Paris, de
l'imprimerie de Monsieur, 1784. pet. in-8. dem. rel. dos et
coins de mar. tr. d. *Reliûre anglaise.*

Exemplaire en papier vélin. — Copie imprimée du fameux
manuscrit de Jarry, qui a été vendu 14510 fr. à la vente du duc
de La Vallière.

559 Contes et nouvelles en vers de M. De la Fontaine, enrichis de
tailles douces par Rom. de Hooge. Amst., 1685. in-12. v.
fauve fil. tr. d.

Très bel exemplaire de cette édition originale; les épreuves
ont beaucoup de fraicheur et d'éclat.

560 OEuvres de Boileau Despréaux, avec des éclaircissements historiques donnés par lui-même, et redigés par Brossette, nouv.
édit. augmentée de plusieurs pièces, avec des remarques et des
dissertations critiques, par De Saint-Marc. Paris, David, 1747.
5 vol. in-8. fig. mar. bl. dent. tr. d. doubl. de tabis. (*Derôme
jeune.*)

Magnifique exemplaire en papier fin de Hollande, provenant
de la magnifique collection de M. D. (D'Ourches.) — On sait que
les exemplaires sur ce papier sont fort recherchés; vend. 391 fr.
Firm. Didot et revendu 433 fr. Labedoyère en 1837.

561 OEuvres de François Joachim de Pierre, cardinal de Bernis, on
y a joint le poëme de la Religion vengée, ouvrage posthume

de l'auteur, avec portrait. Paris, Pierre Didot, l'aîné, 1797.
in-8. vél. bl. riche dent. doubl. de moire bl. tr. d. dans un
étui de mar. rouge.

> Superbe et élégant exemplaire en grand papier vélin, dont il
> n'en a été tiré que 100 exemplaires.

362 Le mérite des hommes, poëme par Angelique Rose Gaëtan.
Paris, Crapelet, an IX. in-12. v. rac.

363 Millevoye, la bataille d'Austerlitz, poëme. Paris, Renouard,
1806. in-12. bas.

> Papier vélin.

364 Jacq. Delille, l'homme des champs, ou les géorgiques françoises,
avec fig. Strasbourg, an VIII (1800). in-8. v. éc. dent. doubl.
de moire tr. d.

365 Jacq. Delille, dithyrambe sur l'immortalité de l'âme, suivi du
passage du St Gothard, trad. de l'angl., avec fig. Paris, 1802.
in-8. mar. vert. dent. tr. d.

> Exemplaire sur papier vélin.

366 Delille, le malheur et la pitié, poëme. Paris, 1803. gr. in-8.
mar bl. dent. tr. d.

> Exemplaire en papier vélin, avec figures avant la lettre.

367 Jacq. Delille, les trois règnes de la nature, avec des notes par
Cuvier. Paris, 1808. in-8. mar. rouge, dos d. à petits fers
dent. sur les pl. doubl. de moire verte, tr. d. (*Doll.*)

> Superbe exemplaire en papier vélin, avec figures avant la lettre.

368 Jacq. Delille, l'imagination, poëme. Paris, 1806. 2 vol. gr. in-8.
mar. rouge, fil. tr. d.

> Très bel exemplaire sur papier vélin, avec figures avant la
> lettre.

369 J. Delille, la conversation, poëme. Paris, 1812. gr. in-8. dem.
rel. dos de v. fauve, non rogn.

> Exemplaire avec les gravures avant la lettre.

370 Livre d'amour ou folastreries du vieux temps. Paris, Janet, 1826.
in-12. cart. à la Bradel, d. s. tr. dans un étui. *Avec figures
coloriées.*

571 Le livre mignard ou la fleur des fabliaux. **Paris**, 1827. in-12.
v. d. s. tr. dans un étui. *Avec figures coloriées.*

372 (Froment), étrennes poétiques aux fidèles. Gand, D. Duvivier,
1854. in-12. dem. rel. dos de veau, non rogn.

573 (Froment), fleurs d'oranger. Gand, 1858. in-12. dem. rel.
dos de v. ébarbé.

574 Le retour des Nassau, poëme, dédié à l'abbé G. Moens. Liège,
Jeunehomme, frères, 1857. in-12. dem. rel. dos de veau viol.
non rogn.

POËTES ITALIENS.

575 Les triumphes de Petrarcque. On les vend à Paris en la rue
neufue nostre Dame à l'enseigne sainct Jehan Baptiste pres
saincte Geneuiefue des Ardens, par Denys Janot, libraire et
imprimeur, 1539. in-8. mar. rouge fil. tr. d. *Avec 155 figures
en bois.*

> Exemplaire très bien conservé. Edition curieuse à cause des
> nombreuses gravures en bois dont elle est ornée.

576 Il lutto materno. Guanto, D. J. Van der Haeghen, stampatore
dell' universita. in-4. br.

> Ces deux odes de Diego Piacentini, réfugié italien, n'ont
> jamais été dans le commerce.

577 Poesie di Alb. Maphet. in-8. velours bl. doubl. de tabis tr. d.

> Ms. sur vélin de la fin du XVe siècle, de 52 ff. avec ornements
> en or et en couleurs; le premier et le dernier feuillet sont écrits
> en lettres d'or, sur vélin violet, le deuxième feuillet porte l'écusson
> de Jacobo Ariano, à qui l'ouvrage est dédié.

578 Per la ricuperata salute di sua eccellenza il signor conte Castone
della Torre di Rezzonico, sonetto di Vinc. Jacobacci, Permigiano. Parma, Bodoni, 1790. in-4. cart.

> Opuscule imprimé sur vélin. — M. Pezzana, observe que l'auteur de la vie de Bodoni s'est trompé en affirmant que cet imprimeur a tiré sur vélin, *six exemplaires* de chacun de ces trois
> sonnets; il aurait du dire qu'il a été tiré six exemplaires de
> chacune des trois éditions qu'il publia de ces sonnets.

379 N. Francois (de Neufchateau), l'institution des enfants, ou conseils d'un père à son fils, on y a joint les traductions en vers espagnols, italiens et allemands. Paris, Didot, l'aîné, 1808. in-12. cart. à la Bradel.

Un des exemplaires imprimés sur papier vélin jaune.

POÉTES FLAMANDS.

380 F. A. Snellaert, verhandeling over de nederlandsche dichtkunst in Belgie. Brussel, Hayez, 1838. in-4. halven band.

381 Oud vlaemsche gedichten der XII⁰, XIII⁰ en XIV⁰ eeuwen, door Ph. Blommaert. Gent, 1838. gr. in-8. dem. rel. dos de v. oliv.

Don de l'auteur.

382 J. F. Willems, Reinaert de vos, episch fabeldicht van de twaelfde en dertiende eeuw. Gent, Gyselynck, 1836. gr. in-8. dem. rel. dos de v. fauve, non rogn.

Précieux exemplaire en grand papier avec doubles figures sur papier blanc et sur papier de Chine; ces dernières à l'exception du frontispice n'ont été tirées que pour cet exemplaire.

383 Gedichten van Jacob van Zevecotte, voor de eerste mael verzameld uitgegeven door Ph. Blommaert. Gent, Hebbelynck, 1840. gr. in-8. dem. rel. dos de veau fauve, non rogn.

Un des rares exemplaires en très grand papier.

384 Jan Luikens kunsttafereelen der eerste christenen, in dichtmaat verklaard door P. Langendyk, verrykt met byschriften onder de prentverbeeldingen door Claas Bruin. Amst., 1722. in-4. v. br.

Exemplaire en grand papier, avec magnifiques épreuves des gravures, et les portraits de Luiken, Langendyck et Claas Bruin, ajoutés.

385 Een kroon van bloem gevlogten om het hoofd van den eerweerden heer Adriaen 42sten abt van Drongen. kl. in-fol. halven band.

Onuitgegeven handschrift van Van Acker.

386 Van Duyse, de gentsche vaderbeul. Gent , 1857. gr. in-8. dem. rel. dos et coins de mar. rouge.

> Exemplaire en grand papier.

387 Prud. van Duyse , Godfried of de Godsdienst op 't veld , in vyf zangen. Gent, C. Annoot-Braeckman , 1842. pet. in-8. mar. rouge , doublé de mar. bleu , riche dent. d. s. tr. (*Duru.*)

> Exemplaire unique sur PEAU DE VÉLIN. Chef-d'œuvre d'impression de notre habile compatriote, Mr Annoot-Braeckman.
> Il serait difficile de trouver un volume mieux conditionné.

388 Ledeganck , het burgslot van Zomergem. Gent , 1840. in-12. dem. rel. dos et coins de v. f. non rogn.

> Joli exemplaire en papier vélin.

389 Van Ryswyck , by het beschouwen der beeldtenis van den weledel gestr. heer D. H. Baron Chassé , generael der infanterie , naer het leven geschilderd , door J. van Rooy. in-8. dem. rel. dos de chagr. rouge , non rogn. *Avec portraits de Chassé et de Willems.*

> Avec une dédicace manuscrite en vers de Th. van Ryswyck à Mr Willems.

ART DRAMATIQUE.

390 Le jeu du prince des sots et mere sotte , joue aux halles de Paris, le mardis gras l'an 1511 , cry, sottie , moralité et farce composez par Pierre Gringoire dit mere sotte et imprimé pour ycelluy. pet. in-8. mar. vert, d. s. tr. et pl.

> Ancienne copie figurée. Charmant manuscrit par Fyot, en caractères gothiques , d'une pièce dont l'imprimé est comme on sait de la plus grande rareté , avec un dessin à la plume sur le titre, imitant parfaitement la vignette gravée sur bois de l'original. L'auteur avait en vue dans les deux premières parties , les démêlés de Louis XII avec le pape Jules II ; celui-ci est l'homme obstiné de la moralité.

391 Moralité de Mundus , Caro , Demonia ; farce des deux savetiers. Paris , Didot , 1827. in-8. allongé goth. de 15 ff. dem. rel. dos de v. oliv. avec fig. en bois.

> Réimpression en caractères gothiques, tirée à 100 exempl. numérotés d'après le seul exemplaire connu , qui est conservé dans

la bibliothèque royale de Dresde ; elle renferme une épitre dédicatoire à notre compatriote Mr Van Praet et un avis de l'éditeur Durand de Lançon. Cet exemplaire provient de la collection de Mr Soleinne, vendue à Paris en 1844.

392 Moralité nouuelle du mauuais riche et du ladre. A douze personnages. (Aix, Augustin Pontier, 1826). in-8. dem. rel. dos et coins de mar. rouge, non rogn. *Avec une gravure en bois.*

> Un des trois exemplaires imprimés sur PEAU DE VÉLIN, d'après une édition gothique sans date, de la bibliothèque d'Aix. Il a été acheté à la vente de la bibliothèque de M^r De Soleinne, faite à Paris en 1844.

393 Le cry ou proclamation publique pour jouer le mystère des actes des apôtres en la ville de Paris, faict le jeudy sixième jour de décembre, l'an mil cinq cent quarante, par le commandement du Roy, notre sire Francois premier de ce nom et M. le Prevost de Paris, afin de venir prendre les rolles pour jouer le dit mystère. Paris, Denys Janot, 1541. pet. in-4. mar. rouge dent. tr. d.

> Très beau Ms. sur vélin de 6 ff. écrit en ronde, avec deux titres, dont l'un où chaque lettre ou ornement est rehaussé en argent. — Cette copie a été imprimée à Paris, en 1830, par les soins de MM. Giraud et Venant.

394 Les chef-d'œuvres de P. Corneille, avec le jugement des savans à la suite de chaque pièce. Oxford, 1746. pet. in-8. mar. bl. fil. doubl. de mar. bl. tr. d. (*Roger Payne.*)

> Exemplaire en grand papier, d'une très belle condition ; on y a joint une note autographe, curieuse, du célèbre Roger Payne, qui a relié ce volume.

395 Spelen van sinne by de XIX gheconfirmeerden cameren van Rethorycken, binnen de stede van Ghendt comparerende.... Ghedruct ende voleynt int jaer M.D.LXIIII. den XII mey ende men vintse te coope te Wesel op de Marct tegen ouer stadthuys, by my Hans de Braeker. in-12. dem. rel. dos et coins de mar. rouge à petits fers, tr. d. (*Niedrée.*)

> Superbe exemplaire.

396 Const-thoonende juweel, by de loffelycke stadt Haerlem, ten versoecke van *Trou moet blycken*, int licht gebracht, met pl.

Zwol , Zach. Heyns , 1607. — Haerlems Juweel tot nut van de oude arme uyt liefden ten thoon ghestelt nae de voorgegevene caerte vant speelcorentken , met pl. Zwol , Heyns , 1608. in-4. dem. rel.

> Volume peu commun , orné d'un grand nombre de belles planches qui donnent une idée des représentations dramatiques de nos anciennes chambres de Rhétorique. — Cet exemplaire provient de la bibliothèque de Mr Libri , dont la vente a fait tant de bruit dans le monde littéraire et même dans le monde politique.

397 Het leven van Konstance , waer af volgt het tooneelspel de spaensche Heidin , door M. G. T. Amst., 1643. in-4. vél.

> Les planches qui ornent cet ouvrage , ont été gravées sur cuivre par P. Nolpe.

398 Medea , treurspel. Amst., Jacob Lescailje , 1679. in-4. vél.

> Précieux exemplaire dans lequel on trouve une belle épreuve de la gravure de Rembrandt, représentant le mariage de Creuse et de Jason. — Cet exemplaire a été offert par le fameux bourgmestre Six , auteur de cet ouvrage , à Mr H. Angellot , qui a annoté cette particularité sur la garde du volume.

399 Les templiers , tragédie par Raynouard. Paris, 1805. — La mort de Henry IV , par Legouvé. Paris, Renouard , 1806. — Omasis, ou Joseph en Egypte , tragédie par Baour-Lormian. Paris, Didot l'aîné , 1807. — Artaxerce , tragédie, par Delrieu. Paris, 1808. — Hector , tragédie par Luce de Lancival. Paris, Crapelet, 1809. rel. ens. en 1 vol. in-8. mar. rouge riche dent. doubl. de moire vert. tr. d. (*Lefebvre*.)

> Magnifique exemplaire de ces cinq tragédies qui ont concouru pour les prix décennaux ; il provient de la bibliothèque de Mr Scherer, on a ajouté aux deux dernières pièces, les figures coloriées des costumes de la correspondance théâtrale de Perle, et on trouve en tête d'Omasis, un superbe dessin original de *Moreau le jeune*, destiné à orner cette pièce, mais qui n'a point été gravé.

MYTHOLOGIE. — FABLES ET APOLOGUES.

400 C. A. Demoustier, lettres à Emilie sur la mythologie, avec fig.
Paris, Ménard et Desenne, 1817. 5 vol. in-18. v. fauve ant.
tr. d. (*Simier.*)

> Charmant exemplaire de la bibliothèque de M. de Montfort.

401 Discipline du clergé, traduction de l'ouvrage de Pierre Alphonse
(publ. par l'abbé Labouderie). — Le chastoiement d'un père à
son fils, trad. en vers franç. du même P. Alphonse, avec un
glossaire par Méon. Paris, Firmin Didot, 1824. in-8. dem.
rel. dos de mar. rouge, non rogn. *Avec figures.*

> Cette édition, tirée à 200 exempl., a été faite aux frais de la
> société des Bibliophiles français; le présent est en grand papier
> de Hollande, avec figures avant la lettre; il provient de Méon,
> qui y mit cette note: « *Ce volume est unique de ce format et sur
> » ce papier, les 30 tirés pour la société des Bibliophiles sont sur
> » un papier vélin qui lui est particuleur.* » Voy. Brunet, t. 1,
> p. 73. — L'ouvrage latin est une production du 12e siècle, la
> traduction en vers français date du 14e siècle, elle est entière-
> ment différente de celle publiée par Barbazan.

402 (Lucas d'Heere), de warachtighe fabulen der dieren, met plaeten
van Marcus Gheeraerts (*In fine*): Ghedruct te Brugghe in de
Peerde strate by Pieter de Clerck, ghezworen drucker der
Co. Ma. den xxvj. Augusti 1567, om, ende ten coste van den
voorn. Marcus Gheeraerts. in-4. dem. rel. dos de v. br.

> Volume rare et très recherché. Très bel exemplaire de la vente
> Delbecq.

403 Fables heroïques ou sont renfermées les plus importantes maximes
de la politique et de la morale (par Audin), avec un discours
sur chaque fable (par Bruzen de la Martinière), nouv. éd. avec
portr. et fig. en taille-douce par Bern. Picart. Amst., 1720.
2 part. en 1 vol. pet. in-8. v. rose, fil. gauf. à fers à froid tr. d.
(*Thouvenin.*)

> Magnifique exemplaire de la vente Millot, faite à Paris en 1837.
> Les épreuves des gravures sont d'une grande fraicheur.

404 Essai de fables nouvelles dédiées au roi, suivies de poésies diver-

ses et d'une épître sur les progrès de l'imprimerie , par Didot, fils aîné. Paris, imprimé par Franc. Ambr. Didot, l'aîné , 1786. in-12. br. en cart. non rogn.

Sur PEAU DE VÉLIN. Exemplaire de la bibliothèque de M. Chardin, dont la vente a eu lieu à Paris en 1823.

405 Fables et contes en vers par Mérard de S. Just. Paris , 1794. 2 vol. in-8. dem. rel. dos et coins de mar. rouge , non rogn.

Un des quatre exemplaire imprimés sur PEAU DE VÉLIN. Voy. Van Praet, *Cat. des livres impr. sur vélin de la Bibl. du Roi,* t. 4 , p. 243.

406 Fables de le Bailly. Paris, Brière, 1823. in-8. dem. rel. dos de mar. vert , non rogn. (*Thouvenin.*)

Très bel exemplaire sur grand papier vélin , avec les figures tirées sur papier blanc , papier bleu et papier de Chine.

FACÉTIES , ETC.

407 Le Roux , dictionnaire comique , satyrique , critique , burlesque , libre et proverbial. Amst. (Paris), Chastelain , 1750. 2 tom. 1 vol. in-8. veau fauve , d. s. tr. fil. s. pl.
Exemplaire en grand papier de Hollande.

408 (Flaminio de Birague) , l'enfer de la mer Cardine , traitant de la cruelle et terrible bataille qui fut aux enfers , entre les diables et les maquerelles de Paris , aux nopces du portier Cerberus et de Cardine , qu'elles vouloyent faire royne d'enfer , etc. 1597. — Déploration et complaincte de la mere Cardine de Paris , cydeuant gouuernante du huleu, sur l'abolition d'iccluy. 1570. in-8. rel. en vél. blanc , d. s. tr. et pl. *Ancienne reliúre.*

Réimpression faite à 108 exemplaires par Didot l'aîné , 1793. Très bel exemplaire en papier vélin.

409 (Et. Tabourot) , les bigarrures et touches du seigneur des accords , avec les apophtegmes du sieur Gaulard et les escraignes dijonnoises. Paris , Arnould Cotinet, 1662. 2 tom. 1 vol. in-12. fig. en bois , mar. r. fil. tr. d. (*Thouvenin.*)

Magnifique exemplaire de la meilleure édition de ce facétieux ouvrage, qui contient des plaisanteries parfois assez graveleuses; il provient de la vente de La Bedoyère, faite à Pa.is en 1837.

410 Les Adevineaux amoureux, par Colard Mansion. Paris, Pinard,
in-16. mar. rouge du Levant, dos riche à petits fers, fil. large
dent. d. en tête. (*Bauzonnet-Trautz.*)

> Tiré à quatre-vingt-six exemplaires seulement.
> Charmant volume, choisi feuille par feuille sur divers exem-
> plaires par les relieurs mêmes.

411 Erasme, éloge de la folie, trad. du latin par M. Gueudeville,
avec fig. (Paris), 1751. in-8. tiré de format in-4. mar. rouge,
fil. tr. d.

> Magnifique exemplaire avec les dessins originaux d'Eisen, en-
> tourés d'un encadrement en or. — De la collection de Mme Blondel
> d'Azincourt, dont la vente a été faite à Paris en 1808, et où cet
> exemplaire a été payé 200 fr. Voy. Brunet, *Manuel*, t. 2, p. 196.

ROMANS ET FICTIONS EN PROSE.

412 Ballades, fabliaux et traditions du moyen-âge par Ferd. Langle,
ornés de vignettes et de fleurons imités des manuscrits originaux, par Ronington et Monnier. Paris, Firmin Didot, 1828.
in-8. dem. rel. dos et coins de mar. vert, non rogn.

> Exemplaire en papier vélin.

413 Notice du XIVe et XVe siècle sur Bertrand de Rayns, hermite,
qui sous le nom de Baudouin de Constantinople cuidoit par sa
déception estre conte de Flandres et de Haynau, publiée d'après
un manuscrit de la bibliothèque royale, par Lucien de Rosny.
Paris, Techener. in-8. dem. rel. dos de v. viol. fil. sur les
jonctions, non rogn. (*Simier.*)

> Très bel exemplaire de cet ouvrage, qui n'a été tiré qu'à 150
> exemplaires.

414 Le livre du très chevalereux comte d'Artois et de sa femme,
fille du comte de Boulogne, publié d'après les manuscrits et
pour la première fois (par Barrois), avec fig. Paris, Techener,
1837. in-4. dem. rel. dos et coins de v. rouge sumach, doré
sur les jonctions, dos à nerfs, dor. en tête. (*Bauzonnet.*)

> Exemplaire parfait de conservation et de reliûre.

415 Le livre de Baudoyn, conte de Flandre, suivi de fragments du
roman de Trasignyes, publié par C. P. Serrure et Aug. Voisin,
avec fig. Brux., 1856. in-8. cart. non rogn. *Dans un étui.*
Exemplaire en grand Jésus vélin.

416 La chronique du bon chevalier Messire Gilles de Chin, publiée
d'après un manuscrit de la bibliothèque de Bourgogne. Mons,
1837. in-8. dem. rel. dos de mar. rouge ébarbé.
Publiée à 100 exemplaires, par la société des Bibliophiles
de Mons.

417 Charles et Elegast, ancien roman en vers, trad. du flamand par
J. de Saint-Genois. Gand, 1856. in-8. dem. rel. dos et coins de v.
Un des exemplaires tirés sur papier de couleur.

418 La cronique du très vaillant et redoute dom Flores de Grece,
surnomme le Cheualier des cignes, second filz d'Esplandian,
Empereur de Constantinople. Mise en francoys, par le seigneur
des Essars Nicolas de Herberay, avec fig. Anvers, Jean Waesberghe, 1561. in-4. mar. bl. fil. tr. d. (*Thouvenin.*)
Magnifique exemplaire de la bibliothèque du comte De la
Bedoyère, vendue à Paris en 1837. — La première édition est
de 1552.

419 La plaisante histoire du noble et vaillant chevalier Pierre de
Provence, et de la belle Maguelonne, fille du roy de Naples,
nouvellement mise en flamen et en francois ensemble. Rotterdam, Jan Van Waesberghe, 1624. in-4. cuir de Russie, dent.
tr. d. *Avec figures en bois.*
Très bel exemplaire provenant de la bibliothèque du prince
d'Essling, dont la vente a été faite à Paris, en 1847.

420 Bocace de la genealogie des dieux. (*à la fin*): Cy finist Jehan
bocace de la genealogie des dieux imprimé nouuellement à
Paris lan mil CCCC quatre vingtz et dixhuit le neufviesme
jour de feurier pour Anthoine Verard libraire demourant à
Paris sur le pont nostre dame a lymage saint Jehan leuangeliste
ou au palais au premier pilier deuant la chapelle ou len chante
la messe de messeigneurs les présidens. in-fol. goth. fig. en
bois. mar. bl. riche compart. en or. tr. d. (*Mackensie.*)
Superbe exemplaire d'une condition et d'une conservation

irréprochable ; il provient de la vente de MM. Deville et Dufour, faite à Paris en Février 1841.

421 Aventures de Tiel Ulenspiegel, publiées par Oct. Delepierre, illustrées par Lauters. Brux., 1840. in-12. form. charp. dem. rel. dos et coins de v. vert, non rogn. *Avec jolies figures en bois.*

422 Les songes drolatiques de Pantagruel, ou sont contenues plusieurs figures de l'invention de maistre Francois Rabelais, et derniere œuvre d'iceluy, pour la recreation des bons esprits. Paris. Richard Breton, 1565. pet. in-8. mar. r. fil. tr. d.

> Les exemplaires de cette édition originale, ornée de 120 figures grotesques en bois et imprimée des deux côtés, sont très difficiles à trouver, surtout quand ils sont d'une si bonne conservation que le nôtre.

423 Tressan, histoire du petit Jehan de Saintre et de la dame des belles cousines, extraite de la vieille chronique de ce nom. Paris, Didot, jeune, 1791. in-18. v. fauv. fil. *Avec gravures de Moreau.*

> Exemplaire en papier vélin, tiré à petit nombre.

424 Marguerite de Valois, les cent nouvelles nouvelles, contenant les cent histoires nouveaux, qui sont moult plaisans à raconter, en toutes bonnes compagnies, par manière de joyeusete, avec gravures de Romain de Hooghe. Cologne, Pierre Gaillard, 1701. 2 vol. in-8. mar. vert, fil. tr. d. gard. de vél. doubl. de tabis. *Reliûre ancienne.*

> Magnifique exemplaire ; les épreuves des gravures, qui sont détachées, sont fort belles.

425 Fénelon, les aventures de Télémaque, avec fig. Londres, Dodsley, 1758. 2 vol. in-8. mar. rouge, fil. tr. d. doubl. de tabis dent. *Reliûre ancienne.*

> Très bel exemplaire, d'une édition rare et très recherchée ; les figures sont réduites sur celle publiée à Amsterdam en 1734.

426 Maximes morales et politiques tirées de Télémaque, sur la science des rois et le bonheur des peuples, imprimées en 1766 par Louis-Auguste, Dauphin, pour la cour seulement, 2ᵉ édit.

Paris, Royez, 1814. in-18. moire rose, riche et large dent.
tr. d. dans un étui de moire rose d.

Un des six exemplaires imprimés sur satin blanc, avec les
portraits de Louis XVI et de Bossuet ajoutés.

Le duc de la Vauguyon, gouverneur du Dauphin, rapporte au
sujet de ce petit ouvrage, l'anecdote suivante :

« Sitot que le Dauphin eût achevé l'impression de ce petit vo-
» lume, il en fit relier quelques exemplaires pour faire ses pré-
» sens : le premier fut pour Louis XV, son aieul ; S. M. ouvrant
» le volume, lût l'art. 9, le relût et dit au Dauphin : Monsieur
» le Dauphin, votre ouvrage est fini, rompez la planche. »

Ce qu'il y a de bien frappant dans l'art. 9, c'est une sorte de
prédiction de la révolution et plus encore, la force d'expression
de celui qui la fit, à un âge si tendre.

427 Les amours pastorales de Daphnis et Chloé, trad. du grec en
franc. par Jacques Amyot. Paris, 1718. pet. in-8. mar. rouge,
large dent. tr. d. doubl. de tabis, dans un étui.

Magnifique exemplaire de cette édition originale, imprimée
aux frais du régent Philippe d'Orléans, et ornée de 28 belles
gravures par Audran, d'après les dessins qui portent le nom du
duc ; on y trouve la planche dite des *petits pieds*, qui manque souvent. — Un des rares exemplaires, tirés sur papier plus
grand et plus blanc que les exemplaires ordinaires.

428 Mme De la Fayette, la princesse de Montpensier, avec portr.
Paris, Ant. Aug. Renouard. in-12. mar. rouge, d. s. tr. large
dent. doubl. de tabis. (*Bozerian.*)

Magnifique exemplaire imprimé sur peau de vélin.

429 De Reyrac, hymne au soleil. Paris, de l'imprimerie royale,
1783. in-8. mar. rouge, fil. tr. d. doubl. de tabis. *Aux armes
de France.*

Magnifique exemplaire en papier vélin, d'un ouvrage qui n'a
été tiré qu'à petit nombre comme première épreuve d'une nouvelle presse de M. Anisson du Perron, inventée pour le service
de l'imprimerie royale. — Les exemplaires en papier vélin sont
très rares.

430 Bitaubé, Joseph. Paris, Didot l'aîné, 1786. in-8. mar. vert,
d. s. tr. fil. s. pl. *Avec figures et portrait.*

Très bel exemplaire en papier vélin.

431 Mémoires du comte de Grammont, par Antoine Hamilton, édition ornée de 78 portraits gravés d'après les tableaux originaux. Londres, Edwards, 1792. in-4. mar. rouge, dent. doubl. de moire bl. tr. d. *Reliûre anglaise.*

> Très bel exemplaire en papier vélin, d'une édition qui a eu beaucoup de succès et qui est devenue peu commune.

432 Mme De Graffigny, lettres d'une Péruvienne, trad. du franç. en italien, par Deodati. Paris, de l'imprimerie de Migneret, 1797. tr. gr. in-8. vél. blanc, large et riche dent. doubl. de moire bl. à dent. tr. d. dans un étui de mar. rouge. (*Elégante et riche reliûre de Courteval.*)

> Magnifique et précieux exemplaire, orné des dessins originaux de Lebarbier, des eaux fortes et d'une double suite des gravures avant et avec la lettre. — De la vente des livres de M. Clos, où il a été vendu 210 fr.

433 Relation de l'isle imaginaire, histoire de la princesse de Paphlagonie, par Mlle de Montpensier. Paris, Renouard, an XIII (1805). in-12. dem. rel. dos de mar. rouge, non rogn.

> L'un des huit exemplaires imprimés sur papier rose, avec portrait avant la lettre, gravé par Saint-Aubin.

434 Ch. Nodier, histoire du roi de Bohême et de ses sept châteaux, avec fig. sur bois gravées par Porret, d'après Alfred et Tonny Johannot. Paris, Delangle, 1830. in-8. dem. rel. dos et coins de veau cochenille sumach, fil. sur les jonctions. (*Simier.*)

> Très bel exemplaire de cette fine et spirituelle facétie, due à la plume inimitable de Ch. Nodier.

435 Bernardin de S. Pierre, Paul et Virginie et la chaumière indienne, avec 50 vignettes par Tony Johannot. Paris, Curmer, 1838. gr. in-8. cart. à la Bradel, non rogn. *Dans un étui.*

> Avec gravures tirées sur papier de Chine.

436 Felix Bogaerts, el maestro del campo, orné de 30 grav. sur bois. Anvers, 1839. in-8. dem. rel. dos de cuir de Russie, non rogn.

> Très bel exemplaire.

437 Bon Jules de Saint-Genois, le faux Baudouin. Brux., 1840. 2 vol. in-12. dem. rel. dos de v. fauve.

> Exemplaire en papier fort.

458 Moïse Vauclin, par Adolphe Siret, avec illustrations d'Ad. Dillens. Gand, Annoot-Braeckman, 1840. gr. in-8. dem. rel. dos de mar. rouge, non rogn.

> Un des rares exemplaires en papier jaune, avec doubles gravures.

ÉPISTOLAIRES. — POLYGRAPHES.

439 Lettres de Madame de Sévigné, précédées d'une nouvelle notice biographique de Mme de Sévigné, accompagnées de notes géographiques, etc. par Gault de Saint-Germain. Paris, 1823. 12 vol. in-8. dem. rel.

440 Lettres de Henri VIII à Anne Boleyn, avec la traduction, précédées d'une notice historique sur Anne Boleyn. Paris, Crapelet, 1825. in-8. dem. rel. dos de v. non rogn.

> Exemplaire en grand papier, avec deux portraits tirés sur papier de Chine.

441 Jean Lemaire de Belges, les illustrations de la Gaule et singularitez de Troye, avec les deux épîtres de l'amant vert, composées par Jean le maire de Belges (*à la fin*) : imprimé à Lyon, par Etienne Baland,... et se vendent au dit lieu et sus maistre Jacques Maillet, libraire. goth. fig. en bois, de 104 ff. sign. a-miiii et A-B. — Le second livre des illustrations de Gaule et singularitez de Troye (au verso du 52e f.) : Imprimé à Paris au mois de aoust lan mil cccc et xij, par le commandement de maistre Jan le maire, induciaire et hystoriographe de la royne, par Geoffroy de Marnef, etc. goth. de 4 ff. prél. lij ff. chiffrés et 2 ff. de table. — Le tiers livre des illustrations de la Gaule et singularitez de Troye, intitulé nouvellement de France Orientale.... (à la fin) : Imprimé à Paris au moys de Juillet, lan mil cinq centz et treze, par le commandement de Jan le Maire.... pour Geoffroy de Marnef, goth. de 8 ff. prél. et lvij ff. chiffr. plus un f. pour la marque de G. de Marnef. — L'Epistre du roy à Hector de Troye et aucunes aultres œuvres asses dignes de veoir. (à la fin) : Imprimé à Paris, au mois daoust lan mil cinq centz et treze, pour Geoffroy de Marnef etc. de 30 ff. sign. a-e. — Le traicté intitulé, de la différence des

scismes et des concilles de leglise, et de la preeminence et utilité
des concilles de la saincte église gallicane, etc. par Jan le Maire,
de Belges, induciaire et historiographe. (à la fin): Imprime à
Lyon au moys de may lan mil cinq centz et xj, par Estienne
Baland, etc. goth. de 10 ff. signat. a-k. fig. en bois. — La
légende des Venitiens, ou autrement leur cronique abbregée, etc.
(Paris, Geoffroy de Marnef, privil. daté de Lyon 30 juillet 1509).
goth. de 18 ff. sign. aa-cc. Ens. 6 part. en 1 vol. gr. in-4.
v. marbr. (*Armes.*)

> Volume précieux, contenant un recueil d'ouvrages rares, en
> premières éditions, de Jean le Maire de Belges, poëte belge du
> commencement du XVIe siècle; tous ces traités sont bien conser-
> vés et à grandes marges, quelques uns ont des notes manuscrites
> d'une écriture du temps; le premier est atteint d'une piqûre de
> vers qui n'attaque heureusement que la marge d'une vingtaine
> de ff. — Exemplaire de la bibliothèque de M. le Bon Taylor, dont
> la vente a été faite à Paris, en Octobre 1848.

442 Mélanges publiées par la société des Bibliophiles français. Paris,
Firmin Didot, 1820. 2 vol. gr. in-8. dem. rel. dos et coins de
mar. rouge, non rogn.

> Papier vélin. Ces deux volumes sont fort rares, parce qu'ils
> n'ont été tirés qu'à 26 et 28 exemplaires, pour les membres seuls.
> Cet exemplaire porte le N° 19 et le nom de M. Langlais, à la
> vente du quel il a été acheté au prix de fr. 415.

HISTOIRE.

GÉOGRAPHIE. — VOYAGES.

443 Bion, l'usage des globes céleste et terrestre, suivant les différents systèmes du monde, avec fig. Paris, Brunet, 1728.
in-8. veau fauve, fil. tr. dor.

> Exemplaire de Dubois de Schoondorp.

444 Tres ample et abondante description du voyage de la terre Saincte,
dernièrement commencé lan de grace mil cinq cens trente
deux ..... commencant le dict voyage depuis la ville de Nogeant

sur Sene, iusques à la saincte cite de Hierusalem, le tout pre-
mierement escript par messire Denis Possot, prestre natif de
Coulemiers et continué par Charles Philippe seigneur de
Champermoy et Grandschamp. On les vend à Paris, rue sainct
Jacques a lenseigne de l'homme sausvaige (1536). in-4. goth.
fig. en bois. v. br.

> Edition fort rare, qui a été payée très cher dans ces derniers
> temps; elle se vendait primitivement *trois sols*. Voy. le catal. des
> livres impr. chez Regn. Chaudière, inséré dans *les annal. typ.*
> *de Maittaire.*

445 (Choiseul), discours préliminaire du voyage pittoresque de la
Grèce. Kehl, 1783. in-18. mar. rouge dent. doublé de tabis, tr. d.

> Exemplaire sur PEAU DE VÉLIN, provenant de la bibliothèque
> de M. le Cte Mac-Carthy.

446 Jean Potocki, voyage dans quelques parties de la Basse-Saxe,
pour la recherche des antiquités Slaves ; ouvrage orné d'un
grand nombre de planches au bistre. Hambourg, 1795. in-4.
dem. rel. dos de veau antiq. ébarbé. (*Simier.*)

> Très bel exemplaire tiré à petit nombre.

447 Barthelemy, voyage en Italie, imprimé sur ses lettres origi-
nales au comte de Caylus, avec un appendice où se trouvent
des morceaux inédits de Winckelman, Jacquier, de Zarillo,
publiés par A. Serieys. Paris, an X (1802). in-8. mar. rouge
d. s. tr. armes. (*Bozerian.*)

> Magnifique exemplaire sur papier vélin, offert au Premier
> Consul par Serieys, et provenant en dernier lieu de la bibliothè-
> que de Rosny (Mme la duchesse de Berry), dont la vente a été
> faite à Paris, en Février 1837.

448 Libert, voyage pittoresque sur le Rhin, depuis Mayence jusqu'à
Dusseldorf, trad. de l'allem. Francfort, 1807. in-8. dos de
mar. orange, dos à encadr. non rogn. (*Thouvenin.*)

> Magnifique exemplaire en papier vélin, orné de 32 gravures et
> une carte, et provenant de la bibliothèque du prince de Gallitzin.

449 Nouveau voyage pittoresque de la France, orné de 360 gravures
exécutées sur les dessins faits d'après nature. Paris, 1817. 3 vol.
in-8. dem. rel. dos et coins de mar. br. non rogn. (*Simier.*)

> Très bel exemplaire d'un ouvrage qui a paru en 60 livr. au
> prix de 4 fr.

450 Guide pittoresque du voyageur en France, contenant la statistique et la description des 86 départements, orné de 740 vignettes
et portraits gravés sur acier, de 86 cartes des départements
et d'une grande carte routière de la France, par une société
de gens de lettres, de géographes et d'artistes. Paris, Firmin
Didot, frères, 1838. 6 vol. in-8. dem. rel. dos de veau bleu,
non rogné, dorure à encadremens. (*Simier.*)

> Très bel exemplaire.

HISTOIRE UNIVERSELLE ANCIENNE ET MODERNE.

451 Histoire des inaugurations des rois, empereurs et autres sou-
verains de l'univers, par M***, avec fig. Paris, 1776. in-8.
v. gris, dent. à froid. (*Simier.*)

> Ouvrage très curieux, surtout pour l'histoire du costume en
> France.

452 Bossuet, discours sur l'histoire universelle, imprimé pour l'éducation du Dauphin. Paris, Didot, 1786. 2 vol. in-8. dem. rel.
dos de mar. viol. non rogn.

> Exemplaire en papier vélin.

453 De Chateaubriand, essai historique, politique et moral sur les
révolutions anciennes et modernes. Londres, 1797. 2 tom. en
1 vol. in-8. dem. rel. dos et coins de cuir de Russie, non
rogn. (*Thouvenin.*)

> Edition originale du premier ouvrage publié par cet illustre
> prosateur français.

454 Le registre des ans passez puis la création du monde, jusques
a l'annee presente mil cinq cens xxxii. On les vend a Paris
en la grant salle du Palais en la bouticque de Galliot du pre,
marchant libraire iure de luniversite de Paris, mil cinq cens
xxxii. 2 part. en 1 vol. pet. in-4. goth. mar. rouge, fil. tr. d.
Avec gravures en bois, coloriées.

> Très bel exemplaire d'un livre précieux, relié aux armes de
> Mᵐᵉ de Pompadour. De la vente de MM. Deville et Dufour, faite
> à Paris en 1841.

455 *Le monde dans une noix*, c'est à dire un abrégé de l'histoire
universelle-chronologique des avenemens les plus remarquables

du monde , très plaisamment representez par tables et par figures en fine taille douce, trad. de l'allem. par Matth. Cramer. Nuremberg, Weigel, 1722. in-4. v. fauve fil. tr. d. (*Thompson.*)

> Très bel exemplaire d'un ouvrage peu commun , orné de plus de 700 sujets historiques , en 48 planches , très bien exécutés. M. Brunet n'en indique que 44.

456 Histoire des Juifs, écrite par Flavius Joseph, trad. par Arnauld D'Andilly, avec fig. Bruxelles , Fricx , 1701-5. 5 vol. in-8. v. br. *Grand papier*.

> Edition recherchée et très rare en papier grand : vend. 171 fr. Mac-Carthy et 190 fr. Labedoyère.

457 Tractaet oft cort begryp van de revolutien oft staets-veranderingen voorgevallen in meest alle de rycken des wereldts , sedert den jaere 1600 tot den jaere 1690. in-12. hoornband. *Met portretten*.

> Ouvrage curieux et peu commun.

458 Mallet , de la ligue hanséatique , de son origine , ses progrès , sa puissance et sa constitution politique jusqu'à son déclin au XVIe siècle. Genève , Manget , 1805. in-8. v. rac. fil.

459 (d'Herbigny) , des destinées politiques de l'Europe en 1825. Brux., 1828. in-8. dem. rel. dos de v. non rogn.

HISTOIRE DES RELIGIONS ET SUPERSTITIONS.

460 Orance de Brianville, histoire sacrée avec leur explication. Paris , 1670 , 1671 et 1675. 3 vol. in-12. v. fauve fil. tr. d. *Avec figures de Séb. le Clerc*.

> Cet ouvrage est très recherché surtout quand , comme dans cet exemplaire , les trois volumes sont des dates indiquées. On sait qu'on reconnait la bonne édition à la fig. qui se trouve à la pag. 43 du 1er vol. et qui représente Loth marchant , dans la réimpression il est assis. — *Très bel exemplaire*.

461 Dulaure, histoire abrégée de différens cultes. Paris, 1825. 2 vol. in-8. dem. rel. dos et coins de v. fauve , non rogn.

462 Des miracles nostre dame. S. l. n. date. pet-in-4. goth. fig. en
bois, mar. rouge du Levant, fil. tr. d.

> Edition de 82 ff. à longues lignes, d'une grande rareté. Vend.
> 130 fr. Regnauld-Bretel.

463 Jehan le Maire de Belges, le promptuaire des conciles de leglise
catholique, auec les scismes et la difference diceulx. On les
vend a Lyon, en la boutique de Romain Morin, libraire demourant en la rue Merciere (1552). pet. in-8. avec fig. en bois,
v. fauve fil. tr. d. (*Simier.*)

> Très bel exemplaire d'une édition fort rare, qui n'est pas
> mentionnée par M. Brunet.

464 Briefve histoire de l'institution des ordres religieux avec leurs
habits gravez par Odoard Fialetti, Bolognois. Paris, 1658. in-4.
dem. rel. dos de v. fauve, dorure à encadrements. (*Simier.*)

> La première partie de cet ouvrage comprend l'histoire abrégée
> en français, de 69 ordres religieux ; la seconde partie, qui n'a
> qu'un titre gravé, se compose de 72 figures, avec une notice
> explicative en italien.

465 Courte et solide histoire de la fondation des ordres religieux,
orné de 74 fig. gravées par Van Schoonebeck. Amst., 1688.
pet. in-8. v. f. dent. à froid tr. d. (*Ducastin.*)

> Très bel exemplaire de cette édition originale.

466 Pater F. Elias van Sinte Teresa, het gheestelyck Paleys der
Beggyn-hoven. Antwerpen, Verdussen, 1628. in-8. v. éc. fil.

> Magnifique exemplaire Heber.

467 Amstelredams eer ende opcomen, door de denckwaerdighe
miraklen aldaer geschied aen ende door het H. Sacrament
des Altaers. Antwerpen, Aetssens, 1659. in-8. goth. vél.
vert, riche dent. d. s. tr. et pl.

> Très bel exemplaire orné de figures gravées par Boetius à
> Bolswert.

468 Du Tilliot, mémoires pour servir à l'histoire de la fête des foux,
qui se faisaient autrefois dans plusieurs églises, avec fig. Lau-
sanne et Genève, 1741. in-4. v. fauve.

> Très bel exemplaire en grand papier.

469 Em. Wallet, description de l'ancienne abbaye de S. Bertin, à
S. Omer en Artois , composée de plans , vues et dessins d'après
nature , d'un texte contenant l'explication des planches et
précédé d'un sommaire historique. Douai, 1854. in-4. et atlas
in-fol. dem. rel. dos et coins de v. fauve (*Simier.*)

> Magnifique exemplaire, dont toutes les planches sont tirées
> sur papier de Chine.

470 Jules Ketele , recherches historiques sur l'abbaye de Sainte Claire
de Beaulieu , à Peteghem , près Audenaerde. Gand , 1858.
in-8. dem. rel. dos de v. br.

> Exemplaire de présent de l'auteur à M. B.

471 Ed. De Busscher , notice sur l'abbaye de S. Pierre à Gand , avec
fig. Gand , De Busscher, frères , 1847. in-8. dem. rel. dos de
mar. rouge , non rogn.

> Exemplaire unique imprimé sur PEAU DE VÉLIN D'ITALIE.

472 Corte ende wacrachtich verhael van het lyden van sommighe
vrome ende glorieuse Martelaers , die om de H. Catholycke
Religie in Enghelandt ghedoot zyn int voorleden jaer van
gratien 1600. Antw., Verdussen , 1601. pet. in-8. v. viol.
dent. tr. d.

> Opuscule rare et très curieux pour l'histoire religieuse de
> l'Angleterre à la fin du XVIᵉ siècle.

475 Abrégé des vies des principaux fondateurs des religions de
l'église représentés dans le chœur de l'abbaye de S. Lambert
de Liessies en Haynaut, par Est. Binet. Anvers, 1634. pet.
in-4. v. fauve fil. (*Bauzonnet.*)

> Magnifique exemplaire; les épreuves des portraits gravés par
> Th. Galle, sont fort belles. — Exemplaire de la vente de De Fosse
> d'Arcosse , faite à Paris en 1840.

474 Les images de tous les saints et saintes de l'année , suivant le
martyrologe romain, par J. Callot. Paris , Henriet , 1630. in-4.
mar. bl. fil. tr. d. (*Bozerian.*)

> Recueil admirable d'épreuves , dont Duchesne a fait une men-
> tion particulière dans son *Voyage d'un iconophile* , p. 331.

475 Sensuyt la tressaincte vie mort et miracles de mons. Sainct
Hierosme translatee et redigee de latin en francoys nouvellement. in-fol. mar. rouge, dor. à petits fers sur les pl. tr. dor.
et gauffr. avec fermoirs. *Reliûre ancienne.*

> Ms. sur vélin du XVe siècle , orné de lettres initiales peintes en
> or et en couleurs , et de quatre superbes bordures représentant
> des fleurs et des insectes peintes sur fond d'or. — De la vente de
> M. Morel-Vindé.

476 La vie de ma dame Saincte Marguerite , avec lancienne oraison
(en vers franc.). Imprimé en ville Danuers par Jean van Ghelen ,
1563. — La vie de ma Dame Saincte Barbe. Anvers , chez
veufve de Martin Nuyts. pet. in-8. goth. mar. viol. doublé
de tabis blanc , fil. tr. d. *Avec gravures en bois.*

> Très bel exemplaire Heber. Ces deux opuscules sont peu com-
> muns , surtout le second , dont M. Brunet cite le présent exem-
> plaire sans l'avoir vu.

477 La vie de Saint Roch auecqucs les miracles et loraison (*à la fin*):
Imprime à Rouen par Jacques le Forestier. in-4. dem. rel.
dos et coins de mar. vert , tr. d. *Très bel exemplaire.*

> Opuscule très rare , qui n'a été cité ni par Mr Brunet , ni par
> Mr Frere dans sa *Bibliographie de la ville de Rouen,* il se compose
> de 6 ff. en car. goth. sans chiffres , signatures , ni réclames ,
> avec une gravure en bois sur le titre. Jacques le Forestier a im-
> primé à Rouen de 1494-1510. On a joint à cet exemplaire un
> portrait de S. Roch , gravé par Callot. — *Exemplaire de la bi-
> bliothèque de M. Scourion de Bruges.*

478 Les vrais pourtraits des hommes illustres en pieté et doctrine,
du travail desquels Dieu s'est servi en ces derniers temps pour
remettre sus la vraye religion en divers pays de la chrestienté ,
trad. du latin de Théod. de Besze , le tout gravé en bois par
Jean de Laon 1581. in-4. dem. rel. dos et coins de v. fauve.
(*Simier.*)

> Bel exemplaire d'un recueil de portraits très recherché.

479 Cl. Duvivier, vie et miracles de Sainct Francois de Paule , instituteur de l'ordre des Frères Minimes , avec fig. Paris , Cramoisy,
1609. v. viol. d. s. tr. (*Purgold.*)

> Exemplaire lavé et reglé.

480 Abrégé de l'histoire de la vie de S. Lievin, patron de la ville
de Gand, composé par le R. P. Lievin de Clercque, de la
comp.ie de Jésus. S. Omer, Carlier, 1671. in-12. dem. rel.

481 La vie du pape Alexandre VI et de son fils César Borgia, par
Alex. Gordon, trad. de l'angl. avec fig. Amsterd., Mortier,
1732. 2 vol. in-12. mar. bl. dent. tr. d. (*Deróme.*)
> Magnifique exemplaire du C.te De la Bedoyère, à la vente du
> quel il a été payé 110 fr.

482 Histoire de la papesse Jeanne, fidelement tirée de la dissertation
latine de De Spanheim. La Haye, 1736. 2 vol. in-8. fig.
mar. r. fil. dent. tr. d. (*Bozerian.*)
> Magnifique exemplaire Labedoyère.

483 Monuments de l'histoire de S.te Elisabeth de Hongrie, duchesse
de Thuringe, d'après Taddeo Gaddi, Andrea Orgagna, etc.
recueillis par le C.te de Montalembert et publiés par Achille
Boblet. Paris, 1838. gr. in-fol. avec 45 pl. dont quelques
unes color. dem. rel. dos à nerfs et coins de v. fauve, non
rogn. (*Bauzonnet.*)

484 De Montalembert, histoire de Sainte Elisabeth de Hongrie,
duchesse de Thuringe, 1207-1231. Paris, 1836. in-8. dem.
rel. dos de v. fauve fleur. coins et nerfs, non rogn. (*Bauzonnet.*)
> Magnifique exemplaire avec gravures sur papier de Chine.

HISTOIRE DE FRANCE.

485 Chroniques françoises de Jacques Gondar, clerc, publiées par
F. Michel, suivies de recherches sur le style par Charles Nodier.
Paris, Louis Janet, in-8. rel. gothique en v. fauve, d. s. tr. et pl.
> Magnifique exemplaire, d'une réimpression tirée à petit nom-
> bre et ornée de superbes gravures coloriées imitant les miniatu-
> res des manuscrits.

486 Claude de Seyssel, la grand monarchie de France. On les vend
en la rue neufve nostre dame, à lenseigne Sainct Jehan Baptiste,
contre Saincte Geneuiefue des Ardens, par Denys Janot libraire
et jmprimeur. 1541. pet. in-8. v. mar.
> Volume rare.

487 Figures de l'histoire de France, par Moreau, avec le discours
(par Dingée). Paris, 1790. 2 vol. in-4. dem. rel. dos et coins
de mar. bl. non rogn.

> Exemplaire précieux où les figures au nombre de 543 sont dou-
> bles, avant et avec la lettre, on y trouve de plus les 20 premières
> estampes données par Le Bas, qui ont été refaites par Moreau et
> les deux derniers cahiers, donnés par Renouard, aussi avant et
> avec la lettre. — Exemplaire de Morel Vindé.

488 Histoire de la maison de France et de son origine; du royaume
et de la principauté de Neustrie. Paris, 1815. in-8. dem. rel.
dos de mar. v.

> Cette introduction, tirée seulement à douze exemplaires, a été
> imprimée pour en faciliter la lecture à Louis XVIII.

489 Mémoires de Philippe de Commines, seigneur d'Argenton,
contenant l'histoire de Louis XI et de Charles VIII (1464-1498),
revues par Denis Sauvage. Leyde, Elzevier, 1648. pet. in-12.
v. fauve fil. tr. d.

> Très bel exemplaire de cette jolie édition Elzévirienne.

490 La victoire du Roy (Louis XII) contre les Venitiens, composé
par Claude de Seyssel. Paris, Anth. Vérard, 1510. in-4. goth.
fig. en bois. mar. rouge dent. tr. d.

> Exemplaire imprimé sur PEAU DE VÉLIN, avec miniatures; le titre
> et deux autres feuillets sont très artistement refaits à la plume,
> par le célèbre calligraphe Fyot. — De la vente de M. Lair, faite à
> Paris en Mars 1819.

491 La proposition et harengue translatée de latin en francoys par
messire Claude de Seesel, conseiller et ambassadeur du roy
tres crestien Loys douzieme de ce nom au roy dangleterre
Henry septiesme de ce nom pour le mariage de madame Claude
de france, auecque monsieur le duc de Valois. s. l. n. d.
(vers 1514). in-4. dem. rel. dos et coins de mar. vert, tr. d.
Très bel exemplaire.

> Opuscule fort rare, inconnu à Brunet; il se compose de
> 6 feuillets en car. goth. sans chiffres, signatures, ni réclames,
> avec une gravure en bois sur le titre. On y a ajouté un ancien
> portrait de François Ier.

492 Histoire du roi Henry le Grand , par Hardouin de Perefixe.
Paris, Renouard , 1816. in-8. dem. rel. dos et coins de mar.
rouge , non rogn. (*Hering.*)

> Très bel et précieux exemplaire, sur grand papier vélin , orné
> d'un portrait avant la lettre, de 60 vignettes et portraits supplé-
> mentaires , dont plusieurs sont avant la lettre , d'un dessin au
> lavis et d'un fac-simile de l'écriture de Henri IV.

493 Mémoires de Maximilien de Béthune , duc de Sully , par
M. L. D. L. D. L. (par l'abbé de l'Ecluse des Loges). Londres ,
(Paris) 1745. 5 vol. in-4. v. éc. fil.

> Très bel exemplaire avec portrait sur papier de Chine , par
> Odieuvre. Edition très recherchée.

494 Les héros de la ligue ou la procession monacale , conduite par
Louis XIV , pour la conversion des Protestans de son royaume.
Paris , chez Père Peters , à l'enseigne de Louis le Grand , 1691.
in-4. dem. rel. dos et coins de cuir de Russie. (*Simier.*)

> Recueil de 24 portraits satyriques fort rares , et très curieux
> pour l'histoire de la caricature en France ; ils sont gravés en
> manière noire , et on y a cherché à dépeindre grotesquement
> différens personnages de qualité du royaume , qui ont joué un
> rôle dans les affaires de la révocation de l'édit de Nantes. —
> Magnifique exemplaire.

495 Le tableau de la vie et du gouvernement des cardinaux Richelieu
et Mazarin , et de Colbert , représenté en diverses satyres et
poésies ingénieuses , avec un recueil d'épigrammes sur la vie
et la mort de Fouquet. Cologne , Pierre Marteau, 1693. in-12.
mar. viol. large dent. tr. d. gardes de vélin. (*Simier.*)

> Très bel exemplaire avec portraits ajoutés. — Edition la plus
> recherchée.

496 (Mad. Suard), Mme de Maintenon , peinte par elle-même. Paris,
1810. in-8. dem. rel. dos de mar. vert , non rogn.

> Exemplaire en papier vélin , au quel on a ajouté un beau
> portrait, gravé par Fiquet, et une longue lettre autographe de
> Mme de Maintenon. De la vente de Mr Fossé d'Arcosse , faite à
> Paris en Avril 1840.

497 Collot d'Herbois , almanach du Père Gérard , pour l'année 1792;
ouvrage qui a remporté le prix proposé par la société des amis

de la constitution séante aux Jacobins à Paris. Paris, 1790.
in-52. mar. rouge fil. tr. d. dans un étui.

> Curieux et rare petit volume. L'auteur y pris pour modèle,
> le petit chef d'œuvre de Franklin, *le bonhomme Richard*, mais
> il est resté bien au dessous du modèle. — On a ajouté à cet
> exemplaire la jolie petite gravure de Marillier représentant le
> père *Gérard*, prêchant aux paysans.

498 Rabaut, almanach historique de la révolution française, pour
l'année 1792, avec gravures d'après les dessins de Moreau.
Paris. — Précis historique de la révolution française, assemblée législative, par Lacretelle, jeune. Paris, 1801. — Con-
vention nationale, par le même. Paris, 1803. 2 vol. — Direc-
toire exécutif, par le même. 1 vol. ens. 6 vol. in-18. v. d. s. tr.
Reliûre uniforme.

499 Clery, journal de ce qui s'est passé à la Tour du Temple, pendant la captivité de Louis XVI, roi de France. Londres,
Baylis, 1798. gr. in-8. avec fig. mar. rouge fil. tr. d. (*Reliûre
anglaise de Kalthoeber.*)

> Très bel exemplaire de cette édition originale, provenant de
> la bibliothèque de lord Glenbervic, dont la vignette se trouve
> sur une des gardes du volume.

500 Histoire numismatique de la révolution française ou description
raisonnée des médailles, monnaies et autres monuments nu-
mismatiques relatifs aux affaires de France, depuis l'ouverture
des états-généraux jusqu'à l'établissement du gouvernement
consulaire, avec planches. Paris, Merlin, 1826. gr. in-4.
dem. rel. dos de v. non rogn. (*Deflinne.*)

> Très bel exemplaire en grand papier vélin.

501 Napoléon et ses contemporains, suite de gravures représentant
des traits d'héroïsme, de clémence, de générosité, de popu-
larité, avec texte, publiée par Auguste de Chambure. Paris,
Bossange, 1824, in-4. mar. vert, rel. aux armes impériales,
ornem. à froid, dos riche à comp. avec un portrait de Bona-
parte en médaillon, doubl. de pap. sat. à large dent. non
rogn. dans un étui. (*Chef d'œuvre de Simier, relieur de
l'ex-roi des Français Louis-Philippe.*)

> Superbe exemplaire en papier vélin, certainement le plus beau

et le plus précieux qui existe ; il contient les eaux fortes sur papier de Chine et une série de gravures tirées également sur papier de Chine ; de plus on y a ajouté 157 vignettes et portraits , qui ne font pas partie de l'édition , la plupart de ces vignettes et portraits sont avant la lettre , et une grande partie tirée sur papier de Chine; parmi les portraits on en compte *trente* de Napoléon, gravés par et d'après divers artistes. — Il a fallu bien de soins, de recherches et de dépenses , pour faire un volume dans l'état de celui-ci, aussi a-t-il été payé 430 fr. à la vente de M. Boulle, faite à Paris en Février 1831.

502 Arnault , vie politique et militaire de Napoléon. Brux., 1825. 4 vol. in-8. cart. *Avec portrait.*

503 Histoire du couronnement de Napoléon I , empereur des Français. Paris , Dubray , an XIII (1805). in-8. dem. rel. dos de mar. rouge , non rogn. *Avec portrait.*

> Exemplaire en papier vélin.

504 J. F. J. Giraud , campagne de Paris en 1814. Paris , 1814. in-8. cart. à la Bradel. *Avec une carte.*

505 Question politique. Lettre à M. Thiers , par un pair de France. Paris , 1839. in-8. dem. rel. dos de v. rose , non rogn.

506 Héricart de Thury , description des catacombes de Paris , avec fig. Paris , 1815. in-8. v. f. fil. dent. (*Lefebure.*)

> Très bel exemplaire.

507 Promenade ou itinéraire des jardins d'Ermenonville , par R. de Girardin , avec 25 grav. par Mérigot, fils. Paris , 1788. in-8. v. f.

508 E. H. Langlois, notice sur l'incendie de la cathédrale de Rouen , occasionné par la foudre , le 15 Septembre 1822 , ornée de six planches. Rouen , 1823. in-8. v. fil.

> Exemplaire en grand papier , provenant de la bibliothèque de Rosny (Mme la duchesse de Berry) , vendue à Paris en Février 1837.

509 E. H. Langlois, description historique des maisons de Rouen , les plus remarquables par leur décoration extérieure et par leur ancienneté, ornée de vingt planches. Paris , 1821. in-8. mar. lilas, large dent. tr. d. (*Relié aux armes de la duchesse de Berry , par Simier.*)

> Magnifique exemplaire de la bibliothèque Rosny (Mme la duchesse de Berry).

HISTOIRE DES PAYS-BAS.

HISTOIRE GÉNÉRALE ET PARTICULIÈRE DES PAYS-BAS.

510 Carte des dix-sept provinces des Pays-Bas, par Lerouge. Paris, 1742. Collée sur toile, dans un étui.

511 Carte du cours du Rhin, comprenant les Provinces-Unies, les Pays-Bas, le duché de Luxembourg, etc. par Poirson. Paris, 1795. Collée sur toile, dans un étui.

512 Breton, voyage dans la ci-devant Belgique et sur la rive gauche du Rhin, orné de 15 cartes et de 58 estampes. Paris, an X (1802). 2 vol. in-8. v. vert. fil. (*Bozerian*).

513 Voyage pittoresque dans les Pays-Bas, avec pl. dessinées par divers artistes, lith. par Jobard. Brux., 1824. in-4. obl. dem. rel. dos de v.

> C'est tout ce qui a été publié de cet ouvrage.

514 Collection des principales vues des Pays-Bas, avec texte en franç. et en flam. et des lithographies. Tournay, De Wasme. in-fol. dem. rel. dos de v. non rogn.

515 Antiquitates germanicæ of hoogduitsche oudtheden. Amst., Van Royen, 1714. in-12. hoornband. *Met printen.*

> Exemplaer op groot papier.

516 Mat. Broucrius van Nidek, kabinet van nederlandsche en kleefsche outheden, met 500 pl. door Abr. Rademaker, nederl. fransch en engelsch. Amst., 1727. 6 vol. in-4. v. jasp. d. s. tr. et pl.

> Exemplaire très pur et bien conditionné.

517 Messager des sciences et des arts, avec fig. Gand, 1823-1848. 22 vol. in-8. dem. rel. dos de veau bleu, non rogn. *Très bel exemplaire.*

> Il devient très difficile de trouver ce recueil complet. Le *Messager des Sciences et des Arts* est aujourd'hui la revue littéraire, la plus ancienne de la Belgique.

518 Willems, Belgisch Museum voor de nederduitsche tael en letter-

kunde en de geschiedenis des vaderlands , met plaeten. Gent , Gyselynck , 1857-46. 10 vol. in-8. dem. rel. dos de mar. viol. du Levant , non rogn.

> Un des rares exemplaires sur grand papier, orné d'un portrait de Mr Willems.

519 Jos. de Grave , république des champs élysées , ou monde ancien. Gand , De Goesin-Verhaeghe , 1806. 5 vol. in-8. dem. rel. dos et coins de veau , non rogn.

> Grand papier fin.

520 Raepsaet , histoire de l'origine , de l'organisation et des pouvoirs des Etats généraux et provinciaux des Gaules , particulièrement des Pays-Bas depuis les Germains jusqu'au XVIe siècle. Gand , Houdin , 1819. gr. in-8. dem. rel. dos et coins de mar. rouge , non rogn.

> Grand papier fort.

521 Raepsaet , lettre à la rédaction du Messager des Sciences et des Arts , en réponse à une notice critique sur son ouvrage intitulé : *Analyse de l'histoire de l'origine et des progrès des droits politiques , civils et religieux des Belges et Gaulois.* in-fol. dem. rel. dos de v. viol.

> Manuscrit autographe du savant Mr Raepsaet ; on y a ajouté un portrait de l'auteur.

522 Des Roches , histoire ancienne des Pays-Bas Autrichiens , contenant des recherches sur la Belgique avant l'invasion des Romains. Anvers , 1787. in-4. v. f. fil. *Avec carte et frontispice gravés.*

> Très bel exemplaire en grand papier.

525 A. G. B. Schayes , les Pays-Bas avant et durant la domination romaine. Brux., 1837. 2 vol. in-8. dem. rel. dos de veau.

524 Edouard III , roi d'Angleterre , en Belgique. Chronique rimée écrite vers l'an 1347 , par Jean de Klerk , d'Anvers , traduite pour la première fois en français , par Oct. Delpierre. Gand , Annoöt-Braeckman , 1841. in-8. br. dans un étui.

> Exemplaire unique tiré sur papier vert.

525 Notice sur Philippe-le-Bon, duc de Bourgogne, par Pilate-Prévost, suivie de strophes, de notes sur le programme de la seconde fête historique, et ornée de lithographies, par Robaux. Douai. in-4. obl. dem. rel. dos de v.

> C'est une notice et le dessin d'une grande cavalcade historique qui a été organisée à Douai.

526 Mémoires d'Olivier de la Marche, avec des annotations et corrections de J. L. D. G. (J. Laute de Gand.) Gand, chez Gerard de Salenson, à l'enseigne de la Bible, anno 1567. in-4. v. m. fil. tr. d. *Aux armes. Reliure anglaise.*

> Exemplaire de la vente de la bibliothèque de M^r le Cte de St. Maurice, faite à Paris en 1840.

527 Bon Jules de Saint-Genois, les compagnons de la verte tente, 1449-1454. Brux., 1857. in-12. dem. rel. dos de v.

528 G. II. Gaillard, histoire de Marie de Bourgogne. Bruxelles, Ermens, 1784. in-12. dem. rel. dos de v. fauve, non rogn. (*Simier.*)

> Très bel exemplaire.

529 Dit syn die wonderlycke oorloghen van den doorluchtighen, hoochgheboren prince, keyser Maximiliaen, hoe hy hier eerst int landt quam ende hoe hy vrou Marien troude. Gheprint thantwerpen op de lombaerde veste, in den hasewint by my Jan van Ghelen, 1577. pet. in-fol. v. m.

> Volume précieux et d'une excessive rareté, il est imprimé à 2 col. en car. goth. et orné de pl. en bois dans le texte. Dans une notice, insérée dans les Bulletins de l'Acad. royale de Belgique, Mr Voisin affirmait que l'exemplaire décrit sous le N° 26094 du cat. Van Hulthem, était le seul connu ; c'est d'après celui mentionné par Voisin, que Mr Octave Delpierre publia en français en 1839, la *Chronique des faits et gestes admirables de Maximilien I.* — Exemplaire provenant de la bibliothèque de M^r le comte D'Hane.

530 Die warachtighe ghcschiedenisse van allen ghcloofweerdighe saken van den alder onverwinnelycsten ende alder moghensten keyser van Roomen Carolus de vyfde van dien name, coninck van Spaengnen. Te Ghendt, op de hoochpoort naerst de munte,

by Gheeraerdt van Salenson, in den Bybel, 1564. in-4. fig. en bois. vél.

> Très bel exemplaire provenant de la bibliothèque Meerman, dont la vente a été faite à La Haye en 1824. — Cette édition est rare et très recherchée.

531 Histoire de l'empereur Charles V, par Jean Antoine de Vera et Figueroa, trad. de l'espagn. par Du Perron le Hayer, avec portr. Brux., Foppens, 1663. pet. in-12. mar. vert, comp. tr. d. (*Ginain.*)

> Magnifique exemplaire de cette jolie édition Elzévirienne. De la vente de G. de Pixerécourt, faite à Paris en 1839.

532 Les bons mots et les belles actions de Charles V, enrichy de plusieurs figures. Anvers, 1685. pet. in-12. mar. vert, comp. tr. d. (*Ginain.*)

> Magnifique exemplaire relié comme l'ouvrage précédent; il provient également de la bibliothèque de Mr G. de Pixerécourt.

533 Robertson, histoire du règne de l'empereur Charles-Quint, trad. de l'anglais (par Suard et le Tourneur.) Amst. et Paris, Saillant, 1771. 6 vol. in-12. mar. vert, d. s. tr. et pl.

> Très bel exemplaire relié aux armes de Mme Adelaïde de France.

534 (Pagi) histoire des révolutions des Pays-Bas depuis l'an 1559 jusqu'à l'an 1584. Paris, 1727. 2 vol. in-12. mar. rouge fil. tr. d. *Ancienne reliure.*

> Charmant exemplaire, relié aux armes de France.

535 Le miroir de la tyrannie espagnole perpétrée au Pays-Bas, par le tyran duc d'Albe, par Cloppenburg. Amst., 1620. — Le miroir de la tyrannie espagnole perpétrée aux Indes occidentales, par de Las Cases. Amst., 1620. 2 part. en 1 vol. in-4. dem. rel. dos et coins de cuir de Russie. *Avec figures.* (*Thompson.*)

536 Recueil de 112 gravures représentant les principaux faits arrivés dans les Pays-Bas depuis 1566 sous le pouvoir du duc d'Albe, et plus tard jusqu'en l'année 1579. Anvers, 1579. in-fol. v. br. fil. tr d. (*Kœhler.*)

> Magnifique exemplaire d'un recueil fort intéressant pour l'histoire de la Belgique à l'époque des troubles religieux du XVIe siècle.

537 La defense de messire Antoine de Lalaing , comte de Hocstrate,
publiée par la société des Bibliophiles de Mons, d'après l'édition
originale de 1568. Mons , 1838. in-8. dem. rel. dos de v.
puce , non rogn.

> Tiré à 100 exemplaires seulement.

538 Klagtschrift van Joan. Des. Waelckens , pastor van Edelaere of
Audenaerde door de Geusen ingenommen anno 1572. Audenaerde , 1836. in-8. dem. rel. dos de v. br. non rogn.

> Un des dix exemplaires sur grand papier. Don de Mr J. Ketele.

539 La mort du prince d'Orange , tué en trahison d'un coup de
pistole (sic) , avec la complainte de la princesse d'Orange.
Paris , Pierre Jobert , 1584. pet. in-8. v. f. 12 ff.

> Opuscule d'une grande rareté , qui n'a été connu ni de Van
> Hulthem , ni de Brunet.

540 Recueil de plus de 50 pièces en latin , français et flamand ,
relatives aux évenements historiques , qui se sont passés dans
les Pays-Bas pendant le XVIᵉ siècle. in-4. vél.

> Recueil fort curieux , contenant un grand nombre de pièces
> historiques , toutes imprimées pendant le XVIᵉ siècle , à Gand ,
> Bruges , Anvers , Bruxelles , etc.

541 Reception faite par l'ordonnance de Son Altesse la serenissime
Infante , tant à Anvers qu'à Bruxelles à son excellence frère
dom Louys Guillaume de Portugal. Paris , Séb. Lescuyer ,
1625. in-8. v. f. fil. tr. d. (Simier.)

> Volume très rare qui a échappé aux recherches de Mr Brunet,
> et que ne possédait pas Mr Van Hulthem. — Charmant exemplaire
> d'une condition admirable.

542 Mémoires du comte de Mérode d'Ongnies , avec une introduction et des notes. 1665. Mons , 1840. gr. in-8. dem. rel. dos
et coins de mar. rouge , non rogn.

> Publié à 100 exemplaires par la société des Bibliophiles de
> Mons.

543 Avis fidèle aux véritables hollandais , touchant ce qui s'est passé
dans les villages de Bodegrave et Swammerdam et les cruautés
inouies , que les Français y ont exercées (par Wicquefort),

avec fig. (Hollande , Elzevier) , 1673. in-4. v. fauve dent.
tr. d. (*Bozerian.*)

> Magnifique exemplaire de cet ouvrage recherché à cause des gravures de Rom. de Hooghe , dont il est orné. — Les épreuves des gravures sont fort belles.

544 Fromageot, annales du règne de Marie-Thérèse , avec fig. de Moreau. Paris, Prault, 1775. in-8. mar. rouge fil. tr. d. armes.

> Très bel exemplaire tiré in-4° et provenant de la bibliothèque du marquis de Coislin , dont la vente a été faite à Paris en 1847.

545 (Linguet), la Belgiomanie ou abrégé des faits qui caractérisent l'esprit des Belges. A Avariciopolis , 1785. — Le triomphe de la croix de Jésus-Christ , par Verheylewegen. Louvain , 1821. — Constitution de la république française. Brux. , an IV. — Première déclaration du roi. — Précis des batailles de Fleurus et de Waterloo. *Avec carte.* Rel. ens. en 1 vol. in-8. cart.

546 Déclaration de l'empereur du 26 Mars 1787 , pour que les vaisseaux des sujets de tous ses Etats qui naviguent sur mer, ne prennent que le seul pavillon Autrichien. in-fol. dem. rel. dos de v. vert. *Avec une planche coloriée représentant le Pavillon Autrichien.*

547 Gachard , documens politiques et diplomatiques sur la révolution belge de 1790. Brux., 1834. in-8. cart. à la Bradel.

548 Quatre mois dans les Pays-Bas , par M. de...... Paris, Delaunay, 1829. 3 vol. in-8. dem. rel. dos et coins de mar. citr. non rogn. *Avec figures.* (*Vogel*).

> Très bel exemplaire.

549 L'abbé Moens , considérations sur la révolution belge de 1830. Liège , Jeunehomme frères, 1836. 2 tom. 1 vol. in-12. dem. rel. à dos de veau , non rogn.

550 Ad. Bartels , les Flandres et la révolution belge. Brux., 1834. in-8. dem. rel. dos de v. oliv. non rogn.

551 Liste nominative, extraite du Moniteur, de 1031 citoyens proposés pour la croix de fer , par la commission des récompenses honorifiques. Anvers, Ratinckx, 1835. in-12. dem. rel. dos de veau violet , non rogn.

552 G. Moens, réponse à M. Th. Weustenraad. Liège, Jeunehomme frères, 1837. in-12. dem. rel. dos de veau violet, non rogn.

553 Le livre noir, ou la propagande ecclésiastique belge, dévoilée, par....... prêtre catholique. Brux., 1838. in-12. dem. rel. dos de v. noir.

554 Recueil de caricatures coloriées relatives à la révolution belge de 1830 et aux événemens qui l'ont suivie. 2 tom. en 1 vol. in-fol. dem. rel. dos de v. bl.

> Recueil fort curieux, composé d'une première suite de 26 pièces et d'une seconde de 39 pièces.

555 Biographie des hommes de la révolution. Brux., 1832. in-8. cart.

556 Le Begue, notice sur l'histoire métallique de la révolution belge de 1830. Gand, 1832. in-8. fig. dem. rel. dos de v. non rogn.

557 Bon de Keverberg, du royaume des Pays-Bas. La Haye, 1834. 5 vol. in-8. cart. à la Bradel. *Manque le tome 2.*

558 (Michaels), les Euménides, recueil de pamphlets et libelles sur les hommes et les choses en Belgique, depuis 1830. Brux., 1837. 5 vol. in-8. et 1 in-4. le 1er vol. dem. rel. dos de v. les autres cart.

559 Turpitudes du département de la guerre en Belgique, dévoilées par le journal le Lynx, suivies du procès de ce journal. Brux., 1837. in-8. dem. rel. dos de v. bl.

560 Le bâtard et le grand seigneur, histoire véritable, avec pièces authentiques à l'appui. Gand, 1838. in-8. dem. rel. dos de v. non rogn.

PROVINCES ET VILLES DES PAYS-BAS.

561 La legende des flamens. On les vend à Paris, au premier pillier de la grand salle du Palais, en la boutique de Galliot Dupré, libraire juré de l'Université, 1558. in-8. mar. rouge, fil. tr. d. *Reliûre ancienne.*

> Bel exemplaire.

562 Les chroniques et annales de Flandres, contenantes les heroicques et très victorieux exploicts des forestiers et comtes de Flandres,

et les singularités et choses mémorables advenues audict Flandres, depuis l'an de nostre Seigneur Jesus Christ VIᶜ et XX jusques a l'an M CCCC. LXXVI , par Pierre d'Oudeghcrst. Anvers , Chr. Plantin , 1571. in-4. mar. rouge , d. s. tr. et pl. *Ancienne reliûre.*

Très bel exemplaire.

563 Effigies des forestiers et comtes de Flandres , sur les desseins de Jean Meyssens , gravées par Corn. Meyssens. Anvers , Martin Van den Enden , 1663. gr. in-4. dem. rel.

Suite de 38 portraits en magnifiques épreuves. *Exemplaire Powis.*

564 Loys , mémoire sur les forestiers de Flandre , couronné par la société des antiquaires de la Morinie. Gand , 1841. gr. in-8. dem. rel. dos et coins de v. rouge , non rogn.

Grand papier.

565 (Jules Ketele) , beau traicté de la diversité de nature des fiefs en Flandres. Gand , Annoot-Braeckman , 1859. in-8. dem. rel. dos de v. br. non rogn.

Papier fort.

566 Annales abbatiæ sancti Petri Blandiniensis , edidit F. Van de Putte. Gandavi , Annoot-Braeckman , 1842. in-4. dem. rel. dos de v. non rogn.

Exemplaire en grand papier.

567 Olivier van Dixmude , merkwaerdige gebeurtenissen vooral in Vlaenderen en Brabant van 1377 tot 1443 , uytgegeven door Lambin. Ipre , Lambin en zoon , 1835. in-4. cart. non rogn.

568 Bᵒⁿ J. de Saint Genois , notice sur la bataille de Roosebeke. 1382. Gand , L. Hebbelynck , 1840. gr. in-8. cart.

Tiré à petit nombre. Don de l'auteur.

569 Réglement pour le logement des troupes du roy qui tiendront garnison pendant le quartier d'hyver 1745 et 1746 , dans les places conquises pendant cette campagne dans le comté de Flandres, le Tournaisis et le Hainaut. Gand , Vᶜ Pierre Goesin et fils. in-4. cart.

570 Plan van Gend, van 1796, door Goethals. collée sur toile. cart.

571 Recueil de douze planches lithographiées représentant des vues de Gand, publiées par Fourmois. in-fol. dem. rel. dos de v. bl.

572 Aug. Voisin, guide des voyageurs dans la ville de Gand, 2me édit. Gand, Louis de Busscher, 1831. in-12. dem. rel. dos de veau, non rogn. *Avec figures.*

573 Aug. Voisin, guide de Gand, ou précis de l'histoire civile, monumentale et statistique des Gantois, 4e édit. Gand, Annoot-Braeckman, 1843. in-8. dem. rel. dos de mar. rouge, non rogn. *Avec carte et figures.*

> Un des vingt exemplaires sur grand papier.

574 Dagboek der gentsche collatie, bevattende een nauwkeurig verhael van de gebeurtenissen te Gent voorgevallen van de jaeren 1446 tot 1515, uitgegeven door A. G. B. Schayes. Gent, Hebbelynck. gr. in-8. dem. rel. dos de mar. du Levant, non rogn.

> Exemplaire en très grand papier, dont il n'en a été tiré qu'un petit nombre.

575 Ph. Blommaert, guerre de la ville de Gand contre le duc de Bourgogne. 1450-1453. Gand, L. Hebbelynck, 1839. gr. in-8. cart. non rogn.

> Tiré à petit nombre.

576 Ch. Steur, insurrection des Gantois sous Charles-Quint. Brux., 1834. in-4. dem. rel. dos de v. non rogn.

577 Bern. de Jonghe, ghendsche geschiedenissen, of chronyke van de beroerten en ketterye binnen en ontrent de stad van Gend sedert tjaer 1566 tot 1585. Gend, W^e Goesin en zoon, 1752. 2 vol. in-8. bas.

578 Vlaemsche kronyk of dagregister van al het gene gedenkweerdig voorgevallen is, binnen Gent sedert 1566-1585, door Ph. de Kempenare, uitgegeven door Ph. B. (Blommaert). Gent, Hebbelynck, 1839. dem. rel. dos de v. viol. non rogn.

> Un des deux exemplaires sur très grand papier.

579 L'entrée magnifique de monseign. François fils de France, frère

unique du Roy, faicte en sa metropolitaine et fameuse ville de Gand, le XX d'Aoust anno 1582. Gand, Annoot-Braeckman, 1841. pet. in-4. cart.

> Seul exemplaire imprimé sur PEAU DE VÉLIN, par notre habile typographe Mr Annoot-Braeckman ; cette réimpression a été soignée par Mr Aug. Voisin, qui y a ajouté un *épilogue*, dans lequel il attribue cet opuscule à Lucas de Heere.

580 Le même ouvrage. cart.

> Un des six exemplaires sur papier de couleur.

581 Description du Jubilé de sept cents ans de S. Macaire. Gand, Jean Meyer, 1767. in-4. mar. rouge d. s. tr. et pl. *Avec figures.*

> Très bel exemplaire en grand papier.

582 Reglement gemaekt by heer ende weth der stad Gend, rackende den loon der gezwoorne arbeyders voor het lossen en laeden der koopmanschappen, van den 28 January 1767. Gend, Jan Meyer. in-4. cart. non rogn.

583 Hellin, histoire chronologique des évêques et du chapitre exempt de l'église de S. Bavon, avec suppl. Gand, Pierre de Goesin, 1772-1777. 2 vol. in-8. dem. rel. dos de mar. rouge, non rogné.

> Exemplaire curieux dans lequel on a inséré un grand nombre d'armoiries, peintes à la main, et rehaussées d'or et d'argent.

584 P. F. de Goesin-Verhaeghe, description historique et pittoresque de l'église de Saint Bavon. Gand, 1819. in-12. cart.

> Exemplaire en papier vélin.

585 Etiquette, order ende optocht van den prael-treyn ter onthaelinge van J. B. Hellebaut, tot primus van Loven uytgeropen, den 20 Augusti 1795. Gend. in-4. cart.

586 Programme des fêtes, qui auront lieu à Gand, les 25 et 26 Messidor an VIII. Gand. in-4. cart.

587 Entrée du premier Consul dans la ville de Gand, le 19 Messidor an XI. in-4. cart.

588 Description de l'arc de triomphe, érigé par la société de commerce de Gand, à l'occasion du mariage de Napoléon premier et

Marie-Louise, et leur entrée dans la ville de Gand le 17 Mai 1810, de la composition de Tiberghien. Gand, 1811. pet. in-8. dem. rel. dos de v. vert.

> Seul exemplaire tiré sur papier vélin, avec doubles figures en noir et en couleurs.

589 Raoul, discours prononcé à l'ouverture des cours de l'université de Gand, trad. du latin. Gand, 1825. gr. in-8. dem. rel. dos de v. non rogn.

> Grand papier.

590 Banquet offert à M. N. Cornelissen, le 16 Juillet 1837, au Casino, à Gand, à l'occasion de la médaille qui lui fut remise par M. Van Crombrugghe, au nom des sociétés des Beaux-Arts, de Botanique, de Ste Cécile et de St George. Gand, 1837. in-4. dem. rel. dos de v. olive, non rogn.

> Un des six exemplaires tirés sur papier vélin rose.

591 Banquet offert à M. Cornelissen le 16 Juillet 1837, à l'occasion de la médaille qui lui fut remise par M. Van Crombrugghe, au nom des sociétés des Beaux-Arts, de Botanique, de Ste Cécile et de St George. Gand, 1837. in-8. cart.

592 (Cannaert), Jellen en Mietje. Gent, Annoot-Braeckman, 1842. in-16. br.

> Exemplaire en papier vélin.

593 Description de la maison de force à Gand, avec fig. Gand, 1828. in-12. dem. rel. dos de v. vert, non rogn.

594 Album pittoresque de Bruges ou collection des plus belles vues et des principaux monuments de cette ville, dessinés par Tessaro, avec un texte historique par Oct. Delpierre, avec figures. Bruges, 1837. in-fol. dem. rel. dos de v. bl.

> Exemplaire avec les gravures coloriées.

595 Album pittoresque de Bruges, ou collection des plus belles vues et des principaux monuments de cette ville, dessinés et lithographiés par Louis Ghemar et Ed. Manche, accomp. d'un texte historique par Oct. Delpierre. Bruges, 1840. in-fol. avec fig. rel. à la Bradel.

596 Oct. Delepierre, précis des annales de Bruges, depuis les temps
les plus reculés jusqu'au commencement du XVIIe siècle,
augmenté d'une notice sur l'hôtel de ville, avec 44 fig. et
d'une biographie des plus illustres Brugeois. Bruges, 1855.
gr. in-8. dem. rel. dos de v. br. non rogn.

597 (Jérémie Perier), histoire remarquable et véritable de ce qui
s'est passé par chacun iour au siege de la ville d'Ostende de
part et d'autre iusques à present. Paris, Perier, 1604. in-8.
mar. vert, fil. tr. d.

> Très bel exemplaire relié aux armes de Mme de Pompadour,
> provenant de la bibliothèque de M[r] le Cte de St Mauris, dont la
> vente a eu lieu à Paris en 1841.

598 Quatre vues des ruines d'Ostende, par P. de Cauwer, lithographiées par Kierdorff. en 1 vol. pet. in-fol. rel. à dos de v.
rouge.

599 (Le Roy), description historique, chronologique et géographi-
que du duché de Brabant. Brux., 1756. pet. in-8. v. f.

> Exemplaire bien conditionné, provenant de la vente du biblio-
> phile Jacob (Paul Lacroix), faite à Paris en 1840.

600 Alph. Wauters, notice sur le chateau de Bouchout. Gand,
1843. in-8. avec fig. rel. à la Bradel.

601 Alph. Wauters, notice sur le château d'Esschembeek ou Escau-
becq, près de Hal. Gand, 1843. in-8. avec fig. cart. à la
Bradel.

602 (Willems), historisch onderzoek naer den oorsprong en den
waren naem der openbare plaetsen en andere oudheden van
Antwerpen. Antwerpen, H. P. Van der Hey, 1828. in-8.
halv. band. *Met kaerten en plaeten.*

603 Six vues des ruines de la citadelle d'Anvers, dessinées d'après
nature et lithographiées par Fourmois. Brux., 1855. in-4.
dem. rel. dos de v. viol.

604 Ferd. Henaux, recherches historiques sur l'exploitation de la
houille dans le pays de Liège. Gand, 1843. in-8. cart.

605 Anatole Pichauld, une exécution révolutionnaire, à Mons, en

1794. Gand, Hebbelynk, 1842. dem. rel. dos de v. rouge,
non rogn.

Exemplaire unique SUR PEAU DE VELIN.

606 (Le prince de Ligne), coup d'œil sur Belœil. A Belœil de l'imprimerie du P. Charles de (Ligne), 1781. in-8. mar. rouge,
d. s. tr. et pl.

Très bel exemplaire de l'édition originale, imprimée par le
prince de Ligne lui-même; elle est rare, n'ayant jamais été mise
dans le commerce.

607 Description de la ville d'Amsterdam, en vers burlesques, par
Pierre le Jolle. Amst., Jacques le Curieux (Elzevier), 1666.
pet. in-12. v. fauve, fil. tr. d. (*Simier.*)

Charmant exemplaire de cette jolie édition Elzévirienne.

HISTOIRE D'ESPAGNE, D'ANGLETERRE, D'ASIE, D'AMÉRIQUE, ETC.

608 Gilles Corrozet, epitome des histoires des roys d'Espaigne, des
roys d'Arragon, des ducs et roys de Bohême, des roys de
Hongrie, des maisons d'Absbourg et Autriche. Paris, Guillaume
Cauellat, 1553. pet. in-8. m. vert, tr. d. (*Thompson.*)

Délicieux exemplaire d'une condition et d'une conservation
irréprochables. M. Brunet n'a pas connu cet ouvrage.

609 Histoire entiere et véritable du procez de Charles Stuart, roy
d'Angleterre, trad. de l'angl. Londres, 1650. pet. in-8. v.
fauve fil.

Edition originale, très recherchée.

610 Le véritable portrait de Guillaume Henry de Nassau, nouvel
Absalon, nouvel Hérode, nouveau Cromwel, nouveau Néron.
s. l. n. d. in-4. v. fauve, tr. d. (*Bauzonnet-Trautz.*)

Cette violente satyre contre le prince d'Orange, devenu roi
d'Angleterre, sous le nom de Guillaume III, est généralement
attribuée à Ant. Arnauld. — Cet exemplaire, d'une condition
qui ne laisse rien à désirer, provient de la vente de M. Barrau,
faite à Paris en 1841. — On y a ajouté un ancien portrait du
prince Guillaume Henry de Nassau.

611 Proclamations de S. A. R. le prince royal de Suède et bulletins publiés au quartier-général de l'armée combinée du Nord de l'Allemagne depuis le commencement des opérations jusqu'au 16 Septembre 1813. Liège. s. d. in-8. v. fauve.

> Rare. Tiré à petit nombre.

612 Ant. Oleszozynski, variétés polonaises, contenant une collection de tableaux tirés des sujets les plus mémorables des annales polonaises et des portraits des hommes les plus distingués dans la guerre, dans la vie civique, en littérature, etc. avec fig. Paris, 1833. gr. in-4. dem. rel. dos de cuir de Russie.

> Magnifique exemplaire. Epreuves de choix.

613 C. Wordsworth, la Grèce pittoresque et historique, trad. par E. Regnault, avec illustrations sur acier et sur [bois par les premiers artistes de Paris et de Londres. Paris, Curmer, 1841. gr. in-8. cart. à la Bradel, non rogn. *Dans un étui.*

> Très bel exemplaire d'un ouvrage enrichi de 26 gravures sur acier, de 2 cartes et d'un grand nombre de vignettes sur bois.

614 Cy commence le liure de la fleur des hystoires de la terre dorient lequel frere Hayton seigneur de Cort, cousin germain du Roy darmenie compila par le commandement du Pape Clement le quint lan de nostre Seigneur M CCC et VIJ en la cité de Poitiers. in-fol. v. éc. d. s. tr. et pl.

> Précieux Ms. du commencement du XIVe siècle, de 85 ff. à 2 col. sur vélin, orné de quatre belles miniatures peintes avec beaucoup de délicatesse et entourées d'un cadre en filigrane et avec lettres majuscules en bleu, rehaussées d'or.
>
> Frère Hayton, l'auteur de cet ouvrage, prit d'abord une part active à la guerre que Hayton II, roi d'Arménie, son cousin germain, soutint contre les mameluks d'Egypte en 1305, ensuite il entra dans l'ordre des Prémontrés, vint à Rome et à Avignon, et fût nommé par Clément V supérieur du couvent de son ordre à Poitiers.
>
> Ce curieux ouvrage a été imprimé plusieurs fois, il parût à Hagenau en 1529, à Helmenstadt en 1585, à Berlin en 1671, enfin il en existe des traductions françaises qui sont amplement décrites dans le *Manuel* de M. Brunet.

615 André **Thevet**, les singularitéz de la France antarctique, autrement nommée Amerique, et de plusieurs terres et isles decouvertes de nostre temps. Anvers, Plantin, 1558. pet. in-8. v. m. *Avec figures en bois.*

HISTOIRE DE LA CHEVALERIE ET DE LA NOBLESSE.

616 Histoire de tous les ordres militaires ou de chevalerie, avec les figures de leurs habits, armes, devises, etc. par Adr. Schoonebeek. Amst., 1699. 2 tom. 1 vol. pet. in-8. vél. *Première reliûre.*

> Très bel exemplaire en grand papier; les épreuves des gravures sont très fraiches.

617 Etat armorial de noblesse, chevalerie et dignités, accordés par S. M. I. R. depuis son avénement au throne jusqu'aujourd'hui. Bruxelles, 1775. in-12. dem. rel. *Avec armoiries.*

> Exemplaire très curieux, auquel on a ajouté 354 armoiries coloriées des familles nobles des Pays-Bas, et 66 de grands d'Espagne.

618 Cérémonies des gages de bataille selon les constitutions du bon roi Philippe de France, représentées en onze figures, publiées d'après le manuscrit de la bibliothèque du roi, par G. A. Crapelet. Paris, Crapelet, 1830. gr. in-8. dem. rel. dos de mar. bl. non rogn. (*Thouvenin.*)

> Précieux exemplaire, un des neuf sur grand papier de Hollande, avec doubles gravures sur papier vélin et sur PEAU DE VÉLIN; celles-ci soigneusement coloriées et richement rehaussées d'or, à l'imitation du manuscrit original.

619 Les ordonnances de l'ordre de la Toison d'or. in-4. mar. rouge dent. tr. d. doubl. de tabis. *Reliûre anglaise.*

> Magnifique exemplaire imprimé sur PEAU DE VÉLIN, provenant de la bibliothèque du comte Mac-Carthy. — Voyez sur les ordonnances, dont il y a eu trois éditions différentes, Van Praet, *Catal. des livres impr. sur vélin*, t. V, N° 157 et 58 et t. VI, p. 157bis.

ANTIQUITÉS.

620 Alex. Lenoir, musée des monumens français, ou description historique et chronologique des statues en marbre et en bronze, bas-reliefs, tombeaux, etc. pour servir à l'histoire de France et à celle de l'art, ornée de grav. et augmentée d'une dissertation sur les costumes de chaque siècle. Paris, an IX-1800. 5 vol. — Histoire de la peinture sur verre et description des vitraux anciens et modernes, par le même, avec fig. Paris, an XII-1803. — Musée des monumens français, par le même, avec fig. Paris, 1821. 2 vol. — Musée des monumens français, recueil de portraits inédits, avec fig. Paris, 1809. ens. 9 vol. in-8. dem. rel. dos de mar. rouge, non rogn.

Collection complète et très intéressante.

621 Aug. Legrand, galeries des antiques, ou esquisses des statues, bustes et bas-reliefs, fruit des conquêtes de l'armée d'Italie, avec fig. Paris, Ant. Aug. Renouard, an XI (1803). in-8. v. mar. dent.

Bel exemplaire en grand papier.

622 V. Denon, discours sur les monuments d'antiquité, arrivés d'Italie. Paris, Didot, an XII, in-18. dem. rel. dos de mar. bl. non rogn.

Papier vélin. Tiré à petit nombre.

623 Description des antiques du Musée royal, commencée par le Ch. Visconti, continuée par le Cte de Clarac. Paris, Herissant le Doux, 1820. in-8. v. fauve dent. (*Simier.*)

Très bel exemplaire en papier vélin.

624 Panthéon égyptien. Collection de personnages mythologiques de l'ancienne Egypte, d'après les monuments ; avec un texte explicatif, par J. F. Champollion, le jeune, et les figures d'après les dessins de L. J. J. Dubois. Paris, Firmin Didot, 1823-1831. in-4. dem. rel. dos de v. vert. *Avec gravures coloriées.*

Il n'a paru que les 15 premiers cahiers de cet ouvrage.

625 M. J. De Bast, recueil d'antiquités romaines et gauloises, trou-

vées dans la Flandre proprement dite. Gand, Steven, 1804. in-8. v. rac. *Avec figures.*

Première édition. Exemplaire en grand papier.

626 M. J. De Bast, recueil d'antiquités romaines et gauloises, trouvées dans la Flandre proprement dite. Gand, 1808. — Premier supplément. Gand, 1809. — Second supplément. Gand, 1815. 5 vol. gr. in-4. dem. rel. dos et coins de cuir de Russie, non rogn.

Magnifique exemplaire sur grand papier.

627 Zeldzaamheden verzameld en uytgegeven door Joan D'Huyvetter, in het koper gesneden door Ch^s Ongbena. Gent, De Goesin-Verhaeghe, 1829. in-fol. dem. rel. dos de v. vert, non rogn.

Les 22 planches qui ornent cet ouvrage sont tirées sur papier de Chine. — Exemplaire de présent, auquel on a ajouté quelques planches séparées.

628 Musée royal de Naples, peintures, bronzes et statues du cabinet secret, avec leur explication, par M. C. F. et 60 gravures coloriées. Paris, Ledoux, 1836. gr. in-4. v. f. fil. non rogn. (*Bauzonnet.*)

Magnifique exemplaire en papier vélin.

629 (Léop. Van Alsteyn), description ou notice sur la momie d'Egypte, exposée au salon de la société des Beaux-Arts, le 1 Février 1824. Gand, Goesin-Verhaeghe, 1824. gr. in-8. avec fig. dem. rel. non rogn.

Seul exemplaire tiré sur peau de vélin.

630 Cours d'archéologie, professé par Raoul-Rochette, à la bibliothèque du roi. Paris, 1828. in-8. dem. rel. dos de v. vert, non rogn.

631 Ant. Le Pois, discours sur les médailles et gravures antiques principalement romaines, avec fig. Paris, Mamert Patisson, 1579. in-4. mar. rouge, d. s. tr. dent. *Lavé réglé.* (*Bozerian.*)

Très bel exemplaire de cet ouvrage recherché. On y trouve la gravure représentant un *Priape*, qui manque quelquefois.

632 Le reveil de Chyndonax prince des vacies druydes celtiques dijonois, avec la sainceté, religion, et diuersité des ceremo-

nies obseruees aux anciennes sepultures , par **J. G. D. M. D.**
Dijon , Claude Guyot , 1621. in-4. v. br.

> Ouvrage dont les exemplaires sont très rares, surtout quand
> comme dans celui-ci les figures représentant le tombeau et l'urne
> s'y trouvent.

653 Muret, cérémonies funèbres de toutes les nations. Paris, Mich.
Petit, 1675. in-12. v. jasp.

> Volume recherché, de même que le suivant.

654 De Gaya, cérémonies nuptiales de toutes les nations. Paris,
Michallet, 1680. in-12. v. jasp.

> Edition la plus recherchée.

655 Muret, traité des festins. Paris, Desprez, 1682. in-12. v. br.

656 (Spon), de l'origine des étrennes, discours historique et moral,
contenu dans une lettre. 1774. in-4. mar. rouge, dent. doublé
de tabis, tr. d.

> Manuscrit sur vélin, de 35 pages, écrit. ronde, chaque feuil-
> let encadré d'un filet bleu et or, exécuté avec beaucoup de soin.
> — Copié en 1811, sur l'exemplaire de la bibliothèque impériale.

657 Gregoire, essai historique et patriotique sur les arbres de la
liberté. Paris, Desenne Bleuet, an II. pet. in-18. mar. rouge
à comp. mors de mar. tabis dent. (*Bozerian.*)

> Délicieux exemplaire d'un ouvrage qui contient des maximes
> les plus sanguinaires, et qu'on rencontre d'ailleurs rarement
> surtout en papier vélin comme celui-ci ; il provient **de la** biblio-
> thèque de Mr de Pixérécourt, dont la vente a été faite à Paris en
> 1839 ; Mr Brunet le cite dans son *Manuel*, t. 2, p. 452.

658 Trésor de numismatique et de glyptique. Prospectus. Brux.,
1854. gr. in-fol. cart. à la Bradel.

HISTOIRE LITTÉRAIRE.

659 Kesteloot, discours sur les progrès des sciences, lettres et arts,
depuis 1789 jusqu'à ce jour, par Kesteloot. La Haye, 1809.
in-8. mar. rouge dent. tr. d.

> Papier vélin. — Exemplaire offert par Mr Kesteloot, au roi Louis
> de Hollande, père du président actuel de la république française.

640 Observations de quelques patriotes sur la nécessité de conserver
les monuments de la littérature et des arts (par Ant. Aug.
Renouard). Paris, Didot l'aîné, an II-1795. — Lettre au comité
d'instruction publique, par le même. 4 pag. in-8. — Décret
qui défend d'enlever ou de détruire les livres, gravures, etc.
revêtus de signes de la féodalité, avec le rapport y relatif.
Paris, de l'imprimerie nationale, an II-1795. 18 pag. in-8.
rel. en vél. bl.

> Cet exemplaire est l'un des quatre qui ont été tirés sur PEAU DE
> VÉLIN; un seul ou tout au plus deux ont été tirés du décret.

641 A. G. Camus, rapport à l'Institut national, d'un voyage fait à la
fin de l'an X, dans les départements du Bas-Rhin, de la rive
gauche de ce fleuve, de la Belgique, du Nord, du Pas de Ca-
lais et de la Somme. Paris, Baudouin, an XI. in-4. dem. rel.
dos et coins de mar. rouge du Levant, non rogn.

> Ce rapport est très intéressant pour connaître l'état littéraire de
> la Belgique sous le gouvernement français. — C'est l'exemplaire
> vendu 32 fr. à la vente de M^r De Bremmaecker; mais depuis on
> y a inséré un grand nombre de gravures curieuses.

642 Des hommes célèbres de France au XVIIIe siècle, et de l'état de
la littérature et des arts à la même époque, par Goethe, trad.
de l'allem. par De Saur et De Saint-Géniés, avec portr. Paris,
Renouard, 1823. in-8. dem. rel. dos de mar. viol. non rogn.
(*Thouvenin.*)

> Exemplaire en papier vélin.

643 Choix de curiosités tirées des trésors de la nature, des sciences
et arts, biographie, histoire, etc. trad. de l'angl. orné de
12 fig. Paris, 1822. in-12. dem. rel. dos de v. (*Thouvenin.*)

644 L'abbé Rive, éclaircissemens historiques et critiques sur l'invention des cartes à jouer. Paris, Fr. Ambr. Didot, 1780.
in-8. mar. rouge du Levant, doubl. de mar. et de vél. bl.
riche dent. tr. d. (*Lewis.*)

> L'un des quatre exemplaires sur PEAU DE VÉLIN; superbe et élé-
> gante reliûre de Lewis. — De la collection de Chateaugiron.

645 (De Hauterive), de la lecture et de l'étude des manuscrits des

archives. in-8. dem. rel. dos de v. fauve, non rogn. (*Simier*.)

> Très bel exemplaire d'un ouvrage tiré à petit nombre.

646 Le Glay, mélanges historiques et littéraires. Cambrai, 1854. gr. in-8. dem. rel. dos de mar. vert du Levant, d. en tête.

> Très bel exemplaire d'un ouvrage dont il n'existe que 50 exemplaires.

647 Oct. Delepierre, la Belgique illustrée par les sciences, les arts et les lettres. Brux., 1840. in-8. dem. rel. dos de v. viol. **non** rogn. *Avec frontispice colorié.*

> Exemplaire en papier vélin.

BIBLIOGRAPHIE.

TRAITÉS SUR LES LIVRES, LES BIBLIOTHÈQUES, ETC.

648 Paul Louis Courier, lettre à M. Renouard sur une tache faite à un manuscrit de Florence. Rome, 1810. in-8. dem. rel. dos de mar. rouge, non rogn.

> Lettre fort spirituelle relative à la fameuse tache d'encre, que Paul Louis Courier fit très involontairement sur un Ms. de Longus de la bibliothèque Laurentienne de Florence, et qui mit dans le temps toute l'Italie en émoi.

649 Notice sur les anciens livres d'heures, par un membre de la société des antiquaires de Normandie. Caen, Chalopin. in-8. dem. rel. dos et coins de mar. vert, d. en tête. (*Capé*.)

> Très bel exemplaire d'un ouvrage qui n'a été tiré qu'à cinquante exemplaires.

650 Lettre d'un relieur français à un bibliographe anglais, par Lesné, relieur. Paris, Crapelet, 1822. gr. in-8. mar. rouge, riche rel. à comp. mosaïque d. à petits fers tr. d. dans un étui. (*Thouvenin*.)

> En papier vélin. Cette magnifique reliûre, chef d'œuvre d'un des plus habiles artistes de Paris, a été faite pour l'exposition de l'industrie française de 1827.

651 Gabr. Peignot, essai historique et archéologique sur la reliûre des livres et sur l'état de la librairie chez les anciens, avec

pl. Paris, Jules Renouard, 1834. — Ch. Nodier, de la reliûre en France au XIXe siècle. ens. en 1 vol. in-8. dem. rel. dos et coins de mar. rouge du Levant, non rogn.

652 Tableau historique de la bibliothèque du roi et des différents dépôts qui la composent, avec le tableau des bibliothèques publiques et particulières de Paris. Paris, 1782. in-18. bas.

> Exemplaire de Ansse de Villoison, qui l'a écrit lui-même sur le titre du volume.

653 Aug. Voisin, documents pour servir à l'histoire des bibliothèques en Belgique et de leurs principales curiosités, avec fig. Gand, C. Annoot-Braeckman, 1840. gr. in-8. dem. rel. dos de veau vert, non rogn. *Avec le portrait de Voisin ajouté.*

> Un des vingt cinq exemplaires en grand papier.

654 M. P. Namur, manuel du bibliothécaire, accompagné de notes critiques, historiques et littéraires. Brux., 1834. in-8. dem. rel. dos de v. br.

HISTOIRE DE L'IMPRIMERIE ET DES IMPRIMEURS.

655 Histoire de l'invention de l'imprimerie par les monuments, avec pl. Paris, Verneuil, 1840. in-fol. dem. rel. dos et coins de mar. rouge, non rogn.

> Grand papier. Impression polychrome, tirée à 150 exemplaires numérotés ; voyez au sujet de ce bel ouvrage le Bulletin du Bibliophile des mois d'Août et de Septembre 1840.

656 Daunou, analyse des opinions diverses sur l'origine de l'imprimerie. Paris, an XI (1804). in-8. dem. rel. dos de mar. rouge, non rogn.

> Résumé succint fait avec beaucoup de soin.

657 Joh. Chr. Seiz, het derde jubeljaar der uitgevondene boekdrukkonst, met pl. Haerlem, 1740. in-8. v. br. fil.

> Bel exemplaire.

658 Vinc. Loosjes, gedenkschriften wegens het vierde eeuwgetyde van de uitvinding der boekdrukkunst door Lourens Koster, met pl. Haarlem, 1824. in-8. halven band.

659 Bon de Westreenen de Tiellandt, rapport sur les recherches
relatives à l'invention première et à l'usage le plus ancien de
l'imprimerie stéréotype, fr. et holl. La Haye, 1833. in-8.
dem. rel. dos de v. fauve.

660 Ferd. Henaux, recherches historiques sur l'introduction de l'imprimerie dans le pays de Liège. Gand, 1845. in-8. cart. à la
Bradel.

661 (Van Praet), notice sur Colard Mansion, libraire et imprimeur
de la ville de Bruges. Paris, De Bure, frères, 1829. in-8.
dem. rel. dos de v. vert, non rogn. *Avec fac-simile.*

662 Aug. Voisin, Josse Lambert, imprimeur, graveur, poète et
grammairien gantois du XVIᵉ siècle. Gand, Hebbelynck, 1842.
in-8. br. *Dans un étui.*

> Un des douze exemplaires sur fort papier vélin. Les gravures
> sont tirées en or. Don de l'auteur, avec la lettre d'envoi.

663 Le même ouvrage.

> Papier vélin.

664 P. C. Van der Meersch, recherches sur la vie et les travaux de
quelques imprimeurs belges établis à l'étranger, pendant les
XVᵉ et XVIᵉ siècles. liv. I-IX. Gand, 1844-47. in-8. dem. rel.
dos de v. vert, non rogn.

> Un des 12 exemplaires en grand papier. Don de l'auteur.
> Cet ouvrage n'est pas dans le commerce.

665 A. De Reume, recherches historiques, généalogiques et bibliographiques sur les Elsevirs. Brux., 1847. in-8. dem. rel. dos
de veau bleu, non rogn. *Avec portrait et fac-simile.*

DICTIONNAIRES DE LIVRES RARES, ET MÉLANGES BIBLIOGRAPHIQUES.

666 G. Peignot, dictionnaire raisonné de bibliologie. Paris, Renouard, an X (1802). 3 vol. in-8. v. rac.

667 De la Serna Santander, dictionnaire bibliographique du XVᵉ siècle.
Brux., 1805-1807. 3 vol. in-8. dem. rel. dos de veau br.
non rogn.

668 G. Peignot, dictionnaire critique, littéraire et bibliographique des principaux livres condamnés au feu, supprimés ou censurés. Paris, A. A. Renouard, 1806. 2 vol. in-8. v. éc.

669 Brunet, manuel du libraire et de l'amateur de livres. Paris, Crapelet, 1820. 4 vol. in-8. dem. rel. dos de veau fauve, non rogn. (*Simier*.)

> Très bel exemplaire provenant de la bibliothèque de Mme la duchesse de Berry, dont il porte la marque.

670 Ch. Brunet, *nouvelles recherches bibliographiques, pour servir de supplément au Manuel du libraire et de l'amateur de livres.* Paris, Silvestre, 1834. 5 vol. in-8. dem. rel. dos de veau, non rogn.

> Exemplaire en papier fin.

671 (L'abbé Rive), la chasse aux bibliographes et antiquaires mal-advisés, par un des élèves que M. l'abbé Rive a laissés dans Paris. Londres (Aix), 1789. 2 vol. in-8. dem. rel. dos de mar. viol. non rogn.

> Satyre violente contre plusieurs bibliographes et surtout contre l'auteur de la *Bibliographie instructive*. Il n'a été tiré que **300** exemplaires de cet ouvrage.

672 L'abbé Rive, lettre vraiment philosophique à Mons. l'Evêque de Clermont. à Nomopolis, chez le compère Eleuthère, 1790. in-8. dem. rel. dos de veau fauve. (*Simier.*)

> Très bel exemplaire d'un ouvrage peu commun.

673 L'abbé Rive, diverses notices calligraphiques et typographiques, pour servir d'essai à la collection alphabétique de notices calligraphiques de manuscrits de différens siècles, et de notices typographiques de livres du XVe siècle. Paris, 1785. in-8. dem. rel. dos de v.

> Papier fin. Opuscule peu commun.

674 (J. Barrois), bibliothèque protypographique ou librairies des fils du roi Jean, Charles V, Jean de Berri, Philippe de Bourgogne et les siens. Paris, 1830. in-4. dem. rel. dos de v. non rogn. *Avec figures.*

> Tiré seulement à 200 exemplaires.

14

675 E. H. Langlois, essai sur la calligraphie des manuscrits du
moyen-âge et sur les ornements des premiers livres d'heures
imprimés. fig. Rouen, Lefevre, 1841. gr. in-8. dem. rel. dos
et coins de mar. bl. du Levant petits fers, d. en tête, non rogn.
(*Simier.*)

> Magnifique exemplaire d'un ouvrage très curieux, dans lequel
> l'auteur a reproduit un grand nombre de sujets tirés des plus
> beaux manuscrits du moyen-âge.

676 Barbier, dissertation sur soixante traduction françaises de l'Imitation de Jésus-Christ. Paris, 1812. in-12. mar. bl. dent. à
froid, doublé de tabis, tr. d. (*Bozerian jeune.*)

> Magnifique exemplaire en papier vélin, d'un ouvrage fait avec
> soin, comme tout ce qui a été publié par le savant bibliothécaire
> du conseil d'état.

677 Hultman, bibliographische zeldzaamheden. 's Hertogenbosch,
1848. in-8. dem. rel. dos de v. fauve.

> Opuscule peu commun.

678 (Brunet), notice sur deux anciens romans intitulés : les Chroniques de Gargantua. Paris, 1834. in-8. dem. rel. dos de v.
non rogn.

> L'un des six exemplaires en papier de Hollande.

679 Aimé Martin, plan d'une bibliothèque universelle. Paris, 1837.
in-8. dem. rel. dos de mar. rouge, non rogn.

680 P. Jul. Fontaine, manuel de l'amateur d'autographes. Paris, 1836.
in-8. dem. rel. dos et coins de v. br. non rogn. (*Bauzonnet.*)

> Très bel exemplaire.

681 Ch⁸ Nodier, mélanges tirés d'une petite bibliothèque ou variétés
littéraires et philosophiques. Paris, Crapelet, 1829. in-8. dem.
rel. non rogn.

> Très bel exemplaire en grand raisin vélin, orné du portrait
> de l'auteur.

682 H. J. Hoyois, musée bibliographique ; collection d'ouvrages
imprimés et manuscrits, dont le moindre prix est de 1000 fr.
Mons, Hoyois-Derely, 1837. in-8. dem. rel. dos de veau fauve,
non rogn.

683 Rev. Th. Frognalt Dibdin, voyage bibliographique, archéologique et pittoresque en France, trad de l'angl. avec des notes
par Th. Licquet. Paris, Crapelet, 1825. 4 vol. gr. in-8. dem.
rel. dos et coins de v. non rogn. *Avec gravures en bois.*

> Exemplaire en très grand raisin vélin.

684 Bulletin du bibliophile, avec table de 1834-41. Paris, Techener,
1834-1848. 14 vol. in-8. dem. rel. dos et coins de v. br. non
rogn. (*Bauzonnet.*)

> Recueil qui a particulièrement dû son succès à la spirituelle
> collaboration de M^r Ch. Nodier.

685 Analectabiblion ou extraits critiques de divers livres rares,
oubliés ou peu connus, tirés du cabinet du marquis du Roure.
Paris, Techener, 1836. 2 vol. in-8. dem. rel. dos et coins de
v. br. non rogn. (*Bauzonnet.*)

CATALOGUES DES BIBLIOTHÈQUES PUBLIQUES ET PARTICULIÈRES.

686 Van Praet, catalogue des livres imprimés sur vélin de la bibliothèque du roi. Paris, De Bure frères, 1822. 6 tom. en
5 vol. in-8. dem. rel. dos et coins de mar. vert, non rogn.

> Il n'a été tiré que 200 exemplaires de cet excellent catalogue.

687 Van Praet, catalogue des livres imprimés sur vélin, qui se
trouvent dans des bibliothèques tant publiques que particulières, avec suppl. Paris, 1824. 4 vol. in-8. dem. rel. dos
de mar. rouge, non rogn.

> Tiré également à 200 exemplaires.

688 (Van Praet), inventaire ou catalogue des livres de l'ancienne
bibliothèque du Louvre, fait en 1373, par Gilles Mallet, précédé de la dissertation de Boivin le jeune sur la même bibliothèque sous les rois Charles V, Charles VI et Charles VII.
Paris, De Bure frères, 1836. in-8. dem. rel. dos de v. br.
non rogn. *Avec fac-simile.*

> Très bel exemplaire en grand papier.

689 (Van Praet), recherches sur Louis de Bruges, seigneur de la
Gruthuyse, suivies de la notice des manuscrits qui lui ont

appartenu. Paris , De Bure frères, 1831. gr. in-8. dem. rel.
dos de v. vert, non rogn. *Avec figures.*

> Fort bel exemplaire en grand papier raisin vélin.

690 A. Le Glay , catalogue descriptif et raisonné des manuscrits de
la bibliothèque de Cambrai , avec fig. Cambrai , 1831. gr. in-8.
dem. rel. dos de v. bl.

691 Catalogue des manuscrits de la bibliothèque publique de la ville
de Gand, par Walwein. Gand, 1816. in-8. dem. rel. dos de
mar. rouge , non rogn.

> Ce catalogue n'ayant pas été dans le commerce, est devenu
> très peu commun.

692 Catalogue des livres qui composent la bibliothèque de M. Mérard
de S. Just. Paris, Didot, l'aîné , 1783. in-18. dem. rel. dos
de veau ant. non rogn. (*Thouvenin.*)

> Charmant exemplaire de ce catalogue, qui n'a été tiré qu'à
> *vingt-cinq exemplaires.*

693 Catalogue d'une très belle collection de livres et d'une nom-
breuse collection d'estampes et d'un cabinet d'histoire naturelle,
de M. Potter, prévôt de Ste Pharaïlde. Gand , 1789. in-4. dem.
rel. dos de v. *Avec les prix ajoutés.*

> Ce catalogue qui contient des ouvrages fort importants , se
> rencontre rarement.

694 Catalogue de la bibliothèque des livres de l'abbé Rive , par
Achard. Marseille , 1793. dem. rel. dos de mar. vert , non
rogn. (*Purgold.*)

> Catalogue difficile à trouver.

695 Catalogue de la bibliothèque du comte Boutourlin , par Barbier
et Pougens. Paris , 1805. in-8. dem. rel. dos de v.

> C'est le catalogue de la bibliothèque incendiée à Moscou en
> 1812 ; il a été rédigé par Et. Audin et Sloana. — Il n'en a été
> tiré que 200 exemplaires.

696 Catalogue des livres du cabinet de Firmin Didot. Paris, 1810. —
Idem de Clos. Paris , 1812. — Idem de Nardot. Paris , 1812.
ens. en 1 vol. in-8. cart. *Avec les prix en marge.*

697 Catalogue des livres du cabinet de M*** (D'Ourches), par Brunet. Paris, 1811. in-8. dem. rel. non rogn. *Avec les prix en marge.*

698 Catalogue de la bibliothèque de M. Crozat. Paris, 1812. — Idem de Méon. Paris, 1813. — Idem de Scherer. ens. en 1 vol. in-8. cart. à la Bradel.

699 Catalogue des livres rares et précieux du cabinet de M. Lair. Paris, 1819. in-8. cart. à la Bradel. *Avec les prix à l'encre rouge.*

700 Catalogue des livres rares et singuliers de M*** (Leduc). Paris, 1819. in-8. cart. à la Bradel. *Avec les prix à l'encre rouge.*

701 Catalogue des livres rares et précieux de la bibliothèque du Cte Mac-Carthy Reigh, avec le suppl. Paris, 1815. 2 vol. in-8. dem. rel. *Avec les prix imprimés et ajoutés à l'encre rouge.*

> Exemplaire en papier fin. — Bibliothèque importante surtout par la grande quantité d'ouvrages précieux et de livres imprimés sur vélin dont elle était composée.

702 (Renouard), catalogue de la bibliothèque d'un amateur, avec notes bibliographiques, critiques et littéraires. Paris, Ant. Aug. Renouard, 1819. 4 vol. in-8. dem. rel. dos de mar. jaune, non rogn.

> Très bel exemplaire en papier fin.

703 Catalogue d'une belle et riche collection de livres, d'estampes, tableaux, etc. de Fr. Huyttens. Gand, 1819. — Catalogue de la bibliothèque du chanoine De Bast. Gand, 1825. — Catalogue des tableaux de Ch. Spruyt. Gand, 1815. ens. en 1 vol. in-8. dem. rel.

704 Bibliotheca Hultmanniana. Sylvæ ducis, 1821. dem. rel. non rogn. *Avec les prix imprimés.*

705 Catalogue des livres rares et précieux, des manuscrits, etc. de la bibliothèque rassemblée par M. Paignon Dijonval, et continuée par M. le vicomte de Morel-Vindé. Paris, 1822. in-8. dem. rel. non rogn. *Avec les prix en marge.*

706 Notice d'un choix de livres précieux, la plupart sur papier vélin, provenant du cabinet de M**. Paris, 1822. in-8. dem. rel. dos de v. vert, non rogn. *Avec les prix manuscrits.*

707 Catalogue d'une riche collection de tableaux , composant le cabinet de M. De St. Victor. Paris , 1822. — Catalogue des livres de la bibliothèque de Dufourny. — Idem de la bibliothèque du duc de Plaisance. Paris , 1824. — Idem de Didot, l'aîné. Paris, 1823. ens. en 1 vol. in-8. dem. rel.

708 Bibliotheca Meermanniana , sive catalogus librorum impressorum et codicum manuscriptorum bibliothecæ Joan. Meerman. Hagæ Comit., 1824. 4 tom. en 2 vol. in-8. dem. rel. *Avec les prix imprimés.*

709 Catalogue des livres composant la bibliothèque de M. Hurtault. Paris , 1824. in-8. avec portrait. dem. rel. dos de bas. non rogn. *Avec les prix en marge.*

710 Catalogue des livres imprimés et manuscrits composant la bibliothèque de feu M. Louis Math. Langlès. Paris , Merlin, 1825. in-8. dem. rel. dos de v. non rogn. *Avec les prix imprimés.*

711 Catalogue d'un choix précieux de manuscrits et de livres la plupart sur vélin. — Catalogue des livres rares et précieux , de premières éditions , de livres du XVe siècle, de la bibliothèque de M***. Paris , 1825. — Catalogue des livres restants de l'ancienne bibliothèque de M^r le Cte Emmery. ens. en 1 vol. in-8. dem. rel.

712 Catalogue d'un choix précieux de manuscrits et de livres la plupart sur vélin, provenant d'une des plus belles bibliothèques de l'Europe (*le prince de Gallitzin*). Paris , 1825. in-8. dem. rel. non rogn.

    Catalogue qui se distingue par un choix de beaux livres.

713 Catalogue d'une partie de livres rares , singuliers et précieux dépendant de la bibliothèque de M^r Ch. Nodier. Paris , 1827. — Catalogue des livres rares et précieux , composant la bibliothèque de M^r Ch. Nodier. Paris, 1829, ens. en 1 vol. in-8. cart.

714 Catalogue des livres rares et précieux de la bibliothèque de Jean Baptiste Lauwers. Anvers, 1829. in-8. dem. rel. dos de veau. *Avec les prix imprimés.*

715 Catalogue des livres de la bibliothèque de Van de Velde. Gand , 1831. 2 vol. in-8. dem. rel. *Avec les prix imprimés.*

716 Catalogue de la collection littéraire, laissée par Jacq. Koning.
Amst., 1833. 2 tom. en 1 vol. in-8. dem. rel. dos de veau.
Avec les prix imprimés.

> Collection très curieuse ; le catalogue des manuscrits et celui
> des livres sont reliés ensemble.

717 Catalogue des livres faisant partie du fonds de librairie de
De Bure, frères, part. 1, 2, 3, 4 et 7. Paris, 1834. 3 vol.
in-8. cart. à la Bradel, et le dern. br.

718 Catalogue des livres imprimés et manuscrits de la bibliothèque
de Mr J. L. D***. Paris, 1834. in-8. dem. rel. dos de v. br.
non rogn. *Avec les prix ajoutés en marge.*

> Collection riche en éditions du XVe siècle, romans de cheva-
> lerie, manuscrits, etc.

719 Catalogue des livres de la bibliothèque de Mr J. B. Van den
Zande. Anvers, 1834. in-8. cart.

720 Bibliotheca Hulthemiana ou catalogue méthodique de la riche
et précieuse collection de livres et des manuscrits délaissés
par Mr Ch^s Van Hulthem, (par Aug. Voisin et P. C. Van der
Meersch), avec portr. Gand, J. Poelman, 1836. 6 vol. gr. in-8.
dem. rel. dos de veau vert, non rogn.

> Un des vingt-cinq exemplaires sur grand papier de Hollande.

721 Catalogue des livres rares et précieux de la bibliothèque de M^r le
comte de La Bedoyère, avec table des auteurs. Paris, Silvestre,
1837. gr. in-8. dem. rel. dos de v. br. non rogn. (*Bauzonnet.*)

> L'un des douze exemplaires sur papier de Hollande. Les prix
> imprimés se trouvent à la fin du volume.

722 Bibliothèque de Mr G. De Pixcrécourt, avec des notes littéraires
et bibliographiques de Ch. Nodier et Paul Lacroix. Paris, 1838.
— Autographes et manuscrits de Mr G. De Pixcrécourt. Paris,
1841. in-8. dem. rel. dos de v. fauve, non rogn. *Avec les
prix à l'encre.*

> Grand papier.

723 Catalogue analytique des archives de M^r le Bon de Joursanvault,
contenant une précieuse collection de manuscrits, chartes et
documents originaux, au nombre de plus de 80,000. Paris,

Techener, 1858. 2 vol. in-8. dem. rel. dos de v. fauve, non rogn. (*Simier.*)

Magnifique exemplaire.

724 Bibliothèque de Mr G. De Pixerécourt, avec notes littéraires et bibliographiques de ses deux excellens amis Ch. Nodier et Paul Lacroix. Paris, 1858. dem. rel. dos de veau fauve, non rogn. (*Simier.*)

Avec les prix ajoutés à la main. Très bel exemplaire en grand papier.

725 Catalogue des livres imprimés, manuscrits, estampes, dessins et cartes à jouer, composant la bibliothèque de Mr Leber, avec des fac-simile. Paris, Techener, 1839. 3 vol. gr. in-8. dem. rel. dos et coins de v. f. non rogn. (*Bauzonnet.*)

Magnifique exemplaire d'une condition qui ne laisse rien à désirer.

726 Catalogue des livres et des manuscrits, la plupart relatifs à l'histoire de France, composant la bibliothèque du bibliophile Jacob (Paul Lacroix). Paris, 1839. in-8. cart. à la Bradel.

727 Catalogue des livres rares, précieux, singuliers et curieux, provenant de la bibliothèque de M^r M***. Paris, 1839. in-8. cart. *Avec les prix.*

728 Catalogue de la bibliothèque de M^r le comte D. Boutourlin. Paris, 1839-1841. 3 vol. gr. in-8. *Avec les prix.* — Catalogue de 6000 estampes gravées par et d'après les maîtres des écoles italienne, allemande, flamande et française, formant la collection de M^r le comte D. Boutourlin. Paris, 1841. ens. 4 vol. in-8. dem. rel. dos de veau. (*Simier.*) *Avec les prix.*

Bel exemplaire, les 3 vol. du catal. des livres sont en grand papier vélin, dont il n'en a été tiré que 36.

729 Catalogue d'un choix de livres, provenant de la bibliothèque de Mr F. D. (Fossé-d'Arcosse). Paris, 1840. in-8. dem. rel. dos et coins de v. br. non rogn. *Avec les prix.*

730 Catalogue de beaux livres anciens et modernes et de quelques manuscrits précieux provenant de la bibliothèque de M^r le Cte de St Maurice. Paris, Crozet, 1840. in-8. dem. rel. dos de v. non rogn. *Avec les prix en marge.*

731 Catalogue des livres composant la bibliothèque de Mr Hérisson.
Paris, 1841. in-8. dem. rel. dos de v. br. *Avec les prix.*

732 Catalogue des livres composant le fonds de librairie de Mr Crozet.
Paris, 1841. in-8. cart. à la Bradel. *Avec les prix.*

733 Catalogue des livres composant le fonds de librairie de Mr Crozet,
2e partie. Paris, 1841. in-8. dem. rel. dos de v. f. *Avec
les prix.*

734 Catalogue des livres rares, précieux, singuliers et curieux,
provenant des bibliothèques de MM. Deville et Dufour. Paris,
1841. in-8. cart. *Avec les prix en marge.*

735 Catalogue de livres et manuscrits rares et précieux ayant formé
la bibliothèque de feu M. Rymenans. Gand, 1842. gr. in-8.
dem. rel. dos de v. vert. *Avec les prix ajoutés à l'encre.*
Un des 12 exemplaires tirés sur papier fort.

736 Bibliothèque dramatique de Soleinne, par **P. L. Jacob**, bibliophile (Paul Lacroix). Paris, 1843-45. 9 part. en 5 vol. —
Goizet, table générale du catalogue de la bibliothèque dramatique de Soleinne. Paris, 1845. — Bibliothèque dramatique
de Pont de Vesle. Paris, 1847. ens. 11 part. en 6 vol. in-8.
dem. rel. dos de veau fauve, non rogn. (*Simier.*)
Magnifique exemplaire sur papier vélin, dont il n'en a été tiré
que 24. Avec les prix à l'encre rouge.

737 Catalogue des livres et manuscrits la plupart d'une haute antiquité, rares, précieux, singuliers, etc. Paris, 1843. in-8. br.
Avec les prix de vente.

738 Catalogue de livres provenant de la bibliothèque de M^r B***
(Bohaire). Paris, 1843. in-8. dem. rel. dos de v. viol. *Avec
les prix.*

739 Description raisonnée d'une jolie collection de livres, par Charles
Nodier, précédée d'une introduction par G. Duplessis, de la
vie de Ch. Nodier, par Fr. Wey et d'une notice bibliographique
sur ses ouvrages. Paris, Techener, 1844. dem. rel. dos et coins
de v. fauve, non rogn. d. en tête. (*Niedrée.*)
Magnifique exemplaire. Un des vingt en grand papier vélin,
orné du portrait de Nodier. *Avec les prix imprimés.*

740 Catalogue de la bibliothèque du docteur Gratiano. Paris, 1844. in-8. cart. *Avec les prix.*

741 Catalogue des livres rares et précieux provenant du cabinet de M^r M** (Millot), rédigé par le bibliophile Jacob. Paris, 1846. in-8. dem. rel. dos de mar. rouge du Levant, non rogn. *Avec les prix en marge.*

742 Catalogue de la bibliothèque de M^r L*** (Libri). Paris, 1847. in-8. dem. rel. dos de mar. vert du Levant, non rogn. *Avec les prix ajoutés à la main.*

BIOGRAPHIE.

743 Portraits et histoire des hommes utiles, publiés par la société Montyon et Franklin. Paris. 2 vol. in-8. dem. rel. non rogn.

744 Pierre le Moyne, la galerie des femmes fortes. à Leiden, chez Jean Elsevier, 1660. pet. in-12. mar. dit raisin de Corinthe, à comp. dent. tr. d.

> Superbe exemplaire de cette jolie et rare édition Elzevirienne.

745 Ch. Morren, mémoires pour servir aux éloges biographiques des savans de la Belgique. Gand, 1852. in-4. dem. rel. dos de mar. vert. *Avec portraits.*

746 Karel Van Mander, het schilderboek. Amsterdam, Jac. Wachter, 1618. met pl. in-4. vél. cord.

> Exemplaire en grand papier, d'une conservation qui ne laisse rien à désirer.

747 De Bie, het gulden cabinet van de edel vry schilderconst, inhoudende den lof van de vermaerste schilders, architecten, beeldhouwers ende plaetsnyders. Ant., Jul. Van Montfort, 1662. in-4. v. br.

> Belles épreuves des gravures.

748 De Piles, abrégé de la vie des peintres, avec des réflexions sur leurs ouvrages. Paris, 1715. in-12. mar. rouge fil. tr. d. *Armes.*

> Très bel exemplaire.

749 Arn. Houbraken , de groote schouburgh der nederlantsche
konstschilders en schilderessen , met portr. Amst., 1718.
5 vol. in-8. v. br.

> Première édition et la meilleure de cet ouvrage estimé ; les
> épreuves des gravures sont très belles.

750 Campo Weyerman, de levensbeschryvingen der nederlandsche
konstschilders en konstschilderessen, met koperen plaeten door
J. Houbraken. 's Gravenhage, 1729. 5 deelen in-4. v. jasp.
fil. *Grand papier.* — Campo Weyerman, levensbeschryvingen der nederlandsche konstschilders. Dordregt , 1769. in-4.
dem. rel. non. rogn.

> Magnifique exemplaire ; les trois premiers volumes sont en
> grand papier.

751 Descamps , la vie des peintres flamands, allemands et hollan-
dois , avec des portraits gravés en taille douce. Paris, 1753.
4 vol. in-8. — Du même , le voyage pittoresque de la Flandre et du Brabant avec des réflexions relativement aux arts
et quelques gravures. Paris, 1769. ens. 5 vol. in-8. v. gauffr.
d. s. tr. et pl. (*Bozerian jeune.*)

> Magnifique et précieux exemplaire de l'édition originale ,
> avec toutes les gravures en anciennes épreuves, et orné de
> 43 portraits , gravés par Houbraken , avant la lettre et sur
> papier fort, ajoutés et reliés à la fin du 4e volume. *De la biblio-*
> *thèque de M. le chanoine Kervyn.*

752 Van Gool , nieuwe schouburg der nederlantsche kunstschilders
en schilderessen , met portr. 's Gravenh., 1750. 2 vol. in-8.
dem. rel. non rogn.

> Exemplaire curieux, au quel on a ajouté 20 portraits en bel-
> les et premières épreuves ; à la fin du 1er vol. se trouve : *Brief*
> *aan een vrient behelzende eenige aanmerkingen op het eerste deel*
> *van den nieuwen schouburg der nederlandsche kunstschilders ;*
> et à la fin du 2d : *Gér. Hoets aanmerkingen op het eerste en*
> *tweede deel des nieuwen schouburgs der nederlantsche kunst-*
> *schilders , door Van Gool.*

753 D'Argenville, abrégé de la vie des plus fameux peintres , avec

leurs portraits gravés en taille-douce. Paris, De Bure, l'aîné,
1762. 4 vol. in-8. mar. rouge fil. tr. d. *Reliûre anglaise.*

> Superbe exemplaire d'un ouvrage rare et très recherché.

754 R. Van Eynden en Adr. Van der Willigen, geschiedenis der
vaderlandsche schilderkunst, sedert de helft der XVIIIe eeuw.
Haarlem, 1816-1841. 4 vol. in-8. dem. rel. dos de v. fauve.

> Exemplaire sur papier fort, dans lequel on a intercallé un
> grand nombre de portraits; le dernier volume, qui a paru sous
> forme de supplément, contient la biographie d'un grand nom-
> bre d'artistes contemporains.

755 Landon, vies et œuvres des peintres les plus célèbres de toutes les écoles, recueil classique reduit et gravé au trait,
d'après les estampes de la bibliothèque royale et des plus
riches collections particulières. Paris, 1817. 2 vol. in-fol.
dem. rel. dos de mar. vert, non rogn.

> Exemplaire en papier vélin.

756 Immerzeel, de levens en werken der hollandsche en vlaamsche
kunstschilders, beeldhouwers, graveurs en bouwmeesters,
van het begin der vyftiende eeuw tot heden, met portretten.
Amst., 1842. 3 vol. in-8. dem. rel. dos de chagrin noir,
non rogn.

> Très bel exemplaire de souscription.

757 C. H. Balkema, biographie des peintres flamands et hollandais, qui ont existé depuis Jean et Hubert Van Eyck, jusqu'à
nos jours. Gand, Hebbelynck, 1844. gr. in-8. dem. rel. dos
de mar. rouge du Levant, non rogn.

> Magnifique exemplaire en grand papier vélin, dans lequel on
> a inséré 81 portraits de différents peintres.

758 Traduction abrégée de la Storia pittorica della Italia, de l'abbé
Lanzi, avec des notes et 80 gravures. Paris, 1823. in-8. dem.
rel. dos et coins de cuir de Russie, non rogn. (*Duplanil.*)

> Première traduction française de cet excellent ouvrage.

759 Delpierre, galerie d'artistes brugeois, ou biographie des peintres, sculpteurs et graveurs célèbres de Bruges, ornée de

portraits par **P. De Vlamynck**. Bruges , 1840. in-8. cart. non rogn.

760 Gongenot, la vie de Duvivier (de Liège) , graveur des médailles du roy. In-fol. vél. bl.

> Ms. de 27 pages très proprement écrit. — Duvivier appartient à cette nombreuse série d'artistes Liégeois , qui gravèrent les coins des monnaies et des médailles des rois de France , depuis Louis XIII jusqu'à Louis XV.

761 L'abbé De Monville, la vie de Pierre Mignard , premier peintre du roy , avec le poëme de Molière sur les peintures du Val de Grace et deux dialogues de Mr de Fénélon , archevêque de Cambrai, sur la peinture. Amst., 1751. in-12. v. fauve tr. d. lavé réglé (*Simier.*)

> Avec quatre portraits ajoutés. Charmant exemplaire.

762 J. F. M. Michel , histoire de la vie de P. P. Rubens. Brux., De Bel , 1771. in-8. dem. rel. dos de veau. *Avec portrait gravé par Cardon.*

763 Gault de Saint-Germain , vie de Nic. Poussin, considéré comme chef de l'école française. Paris , Renouard , 1806. gr. in-8. dem. rel. dos de mar. vert, non rogn. (*Hering et Muller.*)

> Magnifique exemplaire. Aux 35 figures de l'édition on a ajouté plusieurs doubles (épreuves avant la lettre) et une tren- taine de figures de l'œuvre de Poussin, dont les sept Sacrements, la plupart sont avant la lettre.

764 Quatremere de Quincy , histoire de la vie et des ouvrages de Raphaël , avec portr. Paris, 1814. dem. rel. dos et coins de veau , non rogn.

765 Notice historique sur Antonello de Messine, trad. de l'italien (par Mr Rassmann), augmentée de notes et de la description du tableau de ce peintre, par L. De Bast. Gand, De Goesin-Verhaeghe , 1825. in-8. dem. rel. dos de cuir de Russie , non rogn.

> Un des quatre exemplaires tirés sur grand papier vélin ; il est orné de quatre planches au trait et de deux lettres autographes du prince royal de Prusse et de Frédéric Guillaume de Prusse.

766 Vie de Benvenuto Cellini, orfèvre et sculpteur florentin, écrite
par lui-même, et traduite par D. D. Farjasse, avec des notes
sur les contemporains, les faits historiques et les ouvrages
de cet artiste, avec fig. Paris, 1855. 2 vol. in-8. dem. rel.
de mar. bl. dos long à filets, coins, filets sur les jonctions,
non rogn. (*Bauzonnet.*)

>Magnifique exemplaire, parfaitement relié par l'habile Bauzonnet.

767 Ed. De Busscher, biographie historique et artistique de J. C. De
Meulemeester de Bruges. Gand. in-4. br. dans un porfeuille.

>Exemplaire précieux, tiré in-4° et orné d'un grand nombre
de planches, dont quelques unes avant la lettre, d'autres avant
toutes lettres.

768 Ed. De Busscher, biographie historique et artistique de J. C. De
Meulemeester, de Bruges, graveur en taille douce. Gand,
De Busscher, frères. gr. in-8. dem. rel. dos de veau bleu.
Avec portrait et gravures.

>Don de l'auteur.

769 Table des artistes et auteurs mentionnés dans le choix des monumens, édifices, etc. par P. J. Goetghebuer. in-fol. cart.

770 (Naigeon), notice sur la vie de La Fontaine, avec quelques
observations sur ses fables. Paris, Renouard, 1795. in-8. mar.
rouge, dent. non rogn. *On y a ajouté un portrait de La Fontaine, gravé par Fiquet.*

>L'un des six exemplaires imprimés sur PEAU DE VÉLIN.

771 J. L. Kesteloot, lofrede op Hermanus Boerhaave. Leiden,
1825. in-8. dem. rel. dos et coins de mar. vert, fil. sur
les jonctions, non rogn.

>Exemplaire de choix sur grand papier vélin, avec un dessin
original représentant le portrait de Boerhaave, et trois autres
portraits du même personnage, dont un sur papier de Chine.

772 J. M. Schrant, lofrede op Godfried van Bouillon. Gent,
A. B. Steven, 1826. in-4. dem. rel. dos de mar. rouge ébarbé.

>Un des six exemplaires tirés sur grand papier, tiré in-fol.

avec les dessins originaux et de doubles gravures sur papier blanc et sur papier de Chine.

773 Notice sur Henri Goethals, célèbre dans l'histoire de l'église et dans les annales diplomatiques. Gand , 1829. in-8. avec portr. lith. dem. rel. sur brochure dos de veau.

774 Huet, recherches historiques et critiques sur la vie, les ouvrages et la doctrine de Henri de Gand, surnommé le Docteur solennel. Gand, C. Annoot-Braeckman, 1838. gr. in-8. dem. rel. dos de veau, non rogn. *Orné de deux portraits.*

775 Quelques souvenirs autour d'un tombeau, notice consacrée à rappeler la mémoire et les services de Jean Henri Mussche, jardinier en chef du jardin de l'université de Gand (par N. Cornelissen). Gand, 1835. in-8. dem. rel. dos de mar. rouge, non rogn. *Avec portrait et deux planches.*

> Don de l'auteur.

776 Delmotte, notice biographique sur Roland de Lattre, connu sous le nom d'Orland de Lassus. Valenciennes, 1836. in-8. dem. rel. dos de v. olive, non rogn. *Avec deux frontispices et un portrait sur papier de Chine.*

> Bel exemplaire.

777 Ad. Burggraeve, études sur André Vesale. Gand, Annoot-Braeckman , 1841. gr. in-8. dem. rel. dos de v. fauve, non rogn.

> Exemplaire en grand papier vélin.

778 Notice nécrologique sur le professeur Kluyskens. Gand, Gyselynck, 1843. gr. in-4. dem. rel. dos de veau, non rogn. *Avec portrait.*

> Sur grand papier vélin.

779 J. J. Steyaert, levensschets van den heer Joseph Van Crombrugghe, in zyn leven burgemeester der stad Gent. Gent, Snoeck-Ducaju , 1844. in-8. dem. rel. dos de mar. rouge, non rogn.

780 Notice nécrologique sur Mademoiselle De Hemptinne, décédée à Gand le 7 Novembre 1846 , à l'âge de 28 ans. Gand ,

Ad. Van der Meersch. in-8. dem. rel. dos de mar. rouge du Levant, non rogn.

Exemplaire unique sur PEAU DE VÉLIN.

781 Carton, notice sur Simon Stevin, avec portr. Gand, Annoot-Braeckman, 1847. in-12. dem. rel. dos de mar. rouge du Levant.

Un des vingt-cinq exemplaires tirés de format in-4º et sur papier vélin.

782 Quelques paquets varia.

II

DESSINS ET ESTAMPES.

CATALOGUE

DE DESSINS ET D'ESTAMPES.

DESSINS EN FEUILLES.

ACCOU, dessinateur de Middelbourg.

1 — *Deux jolies marines*, soigneusement coloriées. P. en L.
   D'une exécution très soignée.

2 — *Deux belles marines*, lavées à l'encre de Chine. P. en L.

Mad⁰ AVENARIUS.

5 — *Le ménage du menuisier*, coloriée d'après le tableau de Rembrandt du musée de France. P. en H.

BAILLIU de Gand, peintre de mérite.

4 — *Un dessin capital*, sur papier bleu représentant un paysage, avec des figures d'hommes, de femmes et d'animaux, d'après les panneaux d'une des chambres de la maison de M^r d'Oudart à Gand. P. en L.

5 — *Deux charmants dessins*, représentant des combats de cavalerie. Lavés et soigneusement coloriés. P. en L.
   Très jolis morceaux.

CARRACHE (ANNIBAL), peintre célèbre, naquit à Bologne en 1560 et mourût à Rome en 1609.

6 — *La sainte famille*, avec Ste Catherine adorant l'enfant Jésus. Lavé et colorié. P. en H.

7 — *La sainte famille*, accompagnée du petit S. Jean, de Ste Catherine et de Ste Susanne. Lavé et colorié. P. en H.
   Très belle composition.

COENE.

8 — *L'intérieur d'un cabaret*, dessin de genre. Lavé et colorié en jaune et noir en demi teinte. P. en L.

COYPEL, peintre et graveur, naquit à Paris en 1661 et y mourût en 1722.

9 — *Portrait d'Israël Van Meckenen*. Dessin à la mine de plomb, avec une longue note manuscrite. P. en H.

JONGHE (DE), excellent peintre et dessinateur, né à Courtrai et mort dans la même ville.

10 — *Vue des environs de Mouscron*. Lavé à l'encre de Chine. P. en L.

11 — *Un paysage* avec animaux. Dessin colorié. P. en L.

12 — *Un riche paysage* de grand effet. Dessin colorié. P. en L.
.Pièce capitale de ce maître.

DEREY (J.).

13 — *Le portrait de la mère de Rembrandt*, dessiné avec art et colorié avec beaucoup de soin. P. en H.
Superbe pièce.

DURER (ALBERT), célèbre peintre et graveur, né à Nuremberg le 20 Mai 1471, mort le 6 Avril 1528.

14 — *Dessin fait à la plume*, représentant la Vierge au pot de fleur. P. en H.
Dessin de mérite.

VAN EYCK (JEAN), chef de l'ancienne école flamande, né vers 1370, mort vers 1445.

15 — *Têtes de caractères*, sur un fond pourpre, sur papier, encadré d'un filet en or. P. en H.
Superbe dessin.

16 — *Deux dessins*, l'un représentant Jacqueline de Bavière, l'autre Philippe-le-Bon, duc de Bourgogne.
Deux précieux dessins d'une parfaite conservation, provenant de la collection de Henri Hamal.

17 — *Un dessin dans le même genre*, représentant une femme debout habillée d'une robe trainante. P. en H.
Très beau.

FABER (J.). Cet artiste vivait vers l'année 1691.

18 — *Le portrait de Henri Dirksen Spiegel*, bourgmestre, coiffé d'un chapeau à larges bords. Dans un ovale.

> Sur vélin. Dessin d'une conservation irréprochable.

19 — *Deux jolis dessins* faits à la plume, coloriés et artistement rehaussés d'or, représentant la vanité et le monde renversé. Avec deux strophes Ms. au dos.

FOSSE (F.).

20 — *Un paysage*, orné d'arbres, d'une tour en ruines et de quatre personnages, sur le haut d'une colline. Lavé, colorié et encadré dans une bordure de fil d'or. P. en L.

> Charmant dessin.

LANGENDYK (DIRCK), artiste de ce siècle.

21 — *Un choc de cavalerie*. Lavé à l'encre de Chine, signé. P. en L.

> Dessin artistement fait.

22 — *Un dessin dans le même genre*. Lavé à l'encre de Chine, et signé. P. en L.

LANGENDYK (J. A.), dessinateur moderne.

23 — *Combat de soldats*. A la plume et lavé à l'encre de Chine. P. en L.

24 — *Halte de Cosaques*. Dessin soigneusement colorié.

> Superbe morceau.

MAITRES ANONYMES.

25 — *Un dessin* représentant l'ancienne église de l'abbaye de S. Bavon, avant sa démolition en 1539. P. en H.

> Dessin curieux pour l'histoire de la ville de Gand.

26 — *Les portraits des artistes suivants*, lavés à l'encre de Chine : Jacob Willemsz, Cornelis Jacobsz, Van der Helst, Rochus Jacobs, Antony Palamedes, Pieter Van Asch, Thomas Van der Wilt et Willem Jacobsz. P. en H.

MAITRES INCONNUS.

27 — *Dessin* de la verrière de l'église de S. Michel à Anvers. P. en H.

28 — *Portrait d'Israël van Meckenen*, fait à la plume d'après l'estampe de ce maître. P. en H.

29 — *La Vierge avec l'enfant Jésus*, qui dort sur les bras de sa mère. A la mine de plomb, sur papier gris. Belle et grande composition par un bon maître italien. P. en H.

30 — *Le portrait d'Oldenbarnevelt*, dessiné à la mine de plomb, sur papier gris.

> Dessin très achevé.

NOTER (A. DE), fils, peintre et dessinateur, mort à Gand.

31 — *Joli paysage*. Lavé à l'encre de Chine, relevé de blanc. P. en L.

OVERBEKE (L.), naquit à Harlem en 1752 et mourût en 1815.

32 — *Un beau paysage italien*, orné de figures et de quelques fabriques. Lavé à l'encre de Chine. P. en L.

> Très belle pièce.

OVERLAET (ANTOINE VAN), d'Anvers, dessinateur à la plume.

33 — *Cinq différents dessins*, faits à la plume, et exécutés vers 1762.

PELCHIN (J. F. DE). Cet artiste, qui avait une grande facilité, vivait à Courtrai en 1810.

34 — *Une vue d'Italie*, dessinée et coloriée à l'aquarelle. Dessin signé. P. en L.

35 — *Un autre dessin* dans le même genre. Egalement signé. P. en L.

REMBRANDT, peintre célèbre, né aux environs de Leide en 1606; il mourût à Amsterdam en 1674.

36 — *Le songe de Joseph*. Sujet composé de trois personnages. Au bistre, monté sur papier fort et entouré d'un filet d'or. P. en H.

REYSSCHOOT, peintre et dessinateur gantois.

37 — *Deux dessins* lavés à l'encre de Chine et représentant *la fête du roi boit*. P. en H.

38 — *Un groupe d'Orientaux*, devant un temple en ruines. En couleurs. P. en L.

Melle RIDDERBOSCH.

59 — *Un buveur*, tenant dans les mains une canette, d'après Adr. Brauwer. En ovale.

> Magnifique pièce achevée avec tout le soin que Melle Ridderbosch savait donner à ses dessins.

RUBENS (PIERRE PAUL).

40 — *La charité romaine*. Dessin en couleurs, entouré d'un filet d'or. P. en H.

> Pièce capitale.

41 — *Un homme terrassant un sanglier*. Au crayon roüge. P. en L.
> Superbe morceau.

SOUTMAN (PIERRE), né à Harlem vers 1580.

42 — *Jésus-Christ arrêté et garrotté par les juifs*. Beau dessin au bistre. P. en L.

VERBOECKHOVEN (E. J.), peintre et dessinateur célèbre, demeurant à Bruxelles.

43 — *Un taureau*. Dessin fini et achevé avec soin. Signé. P. en L.
> Pièce capitale du maître.

44 — *Un mouton*. A la mine de plomb. Dessin signé. P. en H.
> Belle pièce.

45 — *Une vache*. Dessiné en 1827 et lavé à l'encre de Chine. Signé. P. en L.

> Charmant dessin.

VEREYK (T.).

46 — *Deux dessins*, représentant des fêtes de village. Lavés à l'encre de Chine et signés. P. en H.

> Charmants dessins.

VERKOLJE (JEAN), né en 1650, mort en 1693.

47 — *Une danse champêtre*. Dessiné à la plume et lavé à l'encre de Chine. P. en L.

48 — *Le concert de musique*. Dessiné à la plume et lavé à l'encre de Chine. P. en L.

ESTAMPES EN FEUILLES.

ÉCOLE ALLEMANDE.

A

ALDEGREVER (HENRI), peintre et graveur au burin, né à Soest en Westphalie, en 1502, mort dans la même ville en 1562. Élève d'Albert Durer, Aldegrever est au nombre des *petits-maîtres* celui qui a le plus imité sa manière de graver.

BARTSCH, *le Peintre graveur*, tom. VIII, pag. 562 et suiv.

SUJETS DE LA BIBLE.

49 — *L'histoire d'Adam et d'Eve.* 1540. P. en H. B. 1-6.

Suite de six estampes.

1. Eve créée pendant le sommeil d'Adam. B. 1.
2. Adam et Eve séduits par le serpent, mangent du fruit defendu. B. 3.
3. Ils cherchent à éviter la présence de Dieu. B. 4.
4. L'ange les chasse du paradis terrestre. B. 5.

50 — *Adam et Eve.* 1551. P. en H. B. 7-8.

Deux estampes.

51 — *Adam et Eve.* 1529. P. en H. B. 9-10.

Deux estampes.

52 — *Adam et Eve.* P. en H. B. 11-12.

Deux estampes.

53 — *L'histoire de Loth.* 1555. P. en H. B. 14-17.

Suite complète de quatre estampes.

54 — *L'histoire de Joseph.* 1528 et 1532. P. en H. B. 18-21.

Suite complète de quatre estampes.

55 — *L'histoire d'Ammon et de Thamar.* P. en H. B. 22-28.

Suite complète de sept estampes.

56 — *Le jugement de Salomon.* 1555. Salomon par son jugement, termine le différend qui s'était élevé entre deux femmes au sujet de leurs enfans. P. en H. B. 29.

57 — *L'histoire de Susanne.* 1555. P. en H. B. 30-33.
   Suite complète de quatre estampes.

58 — *Judith.* 1528. Judith à mi-corps, vue de profil et montrant de la main gauche la tête d'Holoferne qu'elle a sur un plat. P. en H. B. 34.

59 — *Dalila.* 1528. Samson dort sur les genoux de sa maîtresse, qui tient de la main gauche la mâchoire d'âne. Pièce ronde. B. 26.

60 — *Bethsabée.* 1532. David appercevant d'une galerie de son palais Bethsabée au bain. P. en H. B. 37.
   Belle.

61 — *L'annonciation.* 1553. P. en H. B. 38.
   Deux exemplaires, l'épreuve originale et la copie.

62 — *La nativité.* 1553. On y voit à gauche la Vierge et S. Joseph, et à droite les bergers adorant l'enfant Jésus. P. en H. B. 39.

63 — *La parabole du Samaritain charitable.* 1554. P. en L. B. 40-43.
   Suite complète de quatre estampes. Les Nos 40, 41 et 42 sont des copies trompeuses, le No 43 seul est original.

64 — *La parabole du mauvais riche.* 1554. P. en L. B. 44-48.
   Suite complète de cinq estampes. Copies décrites par Bartsch.

65 — *Jésus-Christ à la croix.* 1553. P. en H. B. 49.

VIERGES ET SAINTS.

66 — *La Vierge debout.* 1553. Elle est debout sur un croissant, ayant l'enfant Jésus sur ses bras. P. en H. B. 50.

67 — *La Vierge assise.* 1553. La Vierge assise sur un banc de gazon, au-delà duquel s'élève une espèce de treillis. P. en H. B. 52.
   Avec marge.

68 — *Les quatre évangélistes.* Gravés en 1559 d'après des dessins de G. Pencz. P. en H. B. 57-60.
   Suite complète de quatre estampes.

SUJETS DE L'HISTOIRE PROFANE.

69 — *Sophonisbe.* 1553. Sophonisbe prenant le poison que lui envoye Massinisse son époux, afin de lui éviter la honte d'être menée en triomphe à Rome. P. en H. B. 62.

70 — *Médée et Jason.* 1529. Médée mettant entre les mains de Jason les Pénates, pour gage de sa foi. P. en H. B. 65.

71 — *L'enlèvement.* 1550. Un Silvain monté à cheval, enlevant une femme malgré ses cris. P. en H. B. 68.

72 — *Marc Curce.* 1552. Marc Curce à cheval, se précipitant dans un gouffre en présence de cinq femmes. P. en H. B. 68bis.

73 — *Mutius Scévola.* 1550. Mutius Scévola devant Porsenna. P. en H. B. 69.

> Belle.

74 — *Hector.* 1552. Hector à cheval combattant avec les Troyens contre les Grecs. P. en L. B. 70.

75 — *Annibal et Scipion.* 1558. Les Romains sous la conduite de Scipion combattant contre les Carthaginois commandés par Annibal. P. en L. B. 71.

76 — *Le père sévère.* 1553. Un père malade poignardant son fils. P. en H. B. 73.

> Belle.

SUJETS DE LA FABLE.

77 — *Les divinités qui président aux sept planètes.* 1533. P. en H. B. 74-80.

> Suite complète de sept estampes. Les N°s 74 et 78 sont des copies.

78 — *Mars.* 1529. Mars debout tenant un arc de la main droite. P. en H. B. 82.

79 — *Les travaux d'Hercule.* 1550. P. en H. B. 83-95.

> Suite complète de treize estampes.

80 — *Hercule et Anthée.* 1529. Hercule étouffant Anthée. P. en H. B. 96.

81 — *Hercule.* Il déchire le lion de la forêt de Némée. Pièce ronde. B. 97.

> On y a joint une copie non décrite par Bartsch.

82 — *Orphée.* Orphée jouant du violon auprès d'Euridice. P. en H. B. 100.

> Pièce gravée à l'eau forte.

83 — *Thisbé.* Thisbé arrivant au rendez-vous, et y trouvant Pyrame qui expire. Pièce ronde. B. 101.

> Belles marges.

84 — *Thisbé*. 1553. Thisbé se donnant la mort avec le même poignard dont Pyrame s'était percé. P. en H. B. 102.
> Belle.

ALLÉGORIES ET DIFFÉRENTS AUTRES SUJETS DE FANTAISIE.

85 — *Diverses figures allégoriques*. 1549 et 1550. P. en H. B. 103-116.
> Suite de quatorze estampes.

    1. La Concorde. B. 103.
    2. La Paix. B. 104.
    3. La Diligence. B. 105.
    4. La Fortune. B. 106.
    5. La Richesse. B. 107.
    6. La Paresse. B. 108.
    7. L'Intempérance. B. 109.
    8. La Lascivité. B. 110.
    9. Le Sauveur victorieux. B. 116.

86 — *Les vertus et les vices qui leur sont opposés*. 1552. P. en H. B. 117-130.
> Suite complète de quatorze pièces.

87 — *La Foi*. 1528. La foi représentée par une femme qui tient une calice de la main droite et de l'autre embrasse le pied de la croix de Jésus-Christ. P. en H. B. 131.
> Deux épreuves : l'originale et une copie non décrite par Bartsch, elle est gravée dans le même sens, seulement l'année 1528 ne s'y trouve pas, et il a une différence dans le monogramme.

88 — *L'Intempérance*. 1528. L'intempérance représentée par une femme à mi-corps qui tient un serpent de la main gauche. P. en H. B. 132.

89 — *La Force*. 1528. La force représentée par une femme qui soutient une colonne de la main gauche. P. en H. B. 133.

90 — *Le pouvoir de la mort*. 1541. P. en H. B. 135-142.
> Suite complète de huit estampes.

91 — *La Fortune*. 1555. Une femme nue, enlevée en l'air sur un globe. P. en H. B. 143.
> Deux épreuves : l'originale et la copie mentionnée par Bartsch.

92 — *Les danseurs de noce*. P. en H. B. 144-151.
> Suite de huit estampes. Manque la dernière.

93 — *Les danseurs de noce*. 1551. P. en H. B. 152-159.
  Suite complète de huit estampes.

94 — *Les danseurs de noce*. 1538. P. en H. B. 160-171.
  Suite de douze estampes.

95 — *Les deux amans*. 1529. Une jeune femme présentant une pomme à un homme qui lui fait des caresses. Pièce ronde. B. 173.

96 — *Le soldat*. 1529. Un soldat portant un plat avec du feu de la main gauche. P. en H. B. 174.

97 — *Le moine et la religieuse*. 1530. Un homme armé d'une épée, surprenant dans la campagne un moine avec une religieuse. P. en H. B. 178.
  Cette pièce libre est extrèmement rare.

98 — *La nuit*. 1553. Une femme nue endormie dans un lit, dans une attitude indécente. P. en H. B. 180.
  Morceau très rare.

PORTRAITS.

99 — *Bernard Knipperdolling*. 1536. P. en H. B. 183.
  Copie gravée par Jean Muller.

100 — *Albert Van der Helle*. 1538. Il est représenté à mi-corps, tourné vers la droite. P. en H. B. 186.

101 — *Buste de vieillard*. 1528. Buste d'un homme couronné de pampre et tenant de ces deux mains une tablette. P. en H. B. 187.

102 — *Henri Aldegrever*, âgé de 28 ans. 1530. Il est à mi-corps, tourné vers la droite. P. en H. B. 188.

VIGNETTES, RINCEAUX D'ORNEMENS ET AUTRES DESSINS D'ORFÉVRERIE.

103 — *Quatre vignettes*. P. en L.
  1. Vignette avec deux branches de rinceaux d'ornemens. B. 193.
  2. Vignette où l'on a représenté un Triton portant deux Néréides. B. 201.
  3. Des enfans nuds dansant en rond sous un dais. B. 205.
  4. L'alphabet romain. B. 206.

104 — *Trois vignettes*. P. en L.
  1. Deux amours supportant un globe. B. 208.
  2. Un amour qui tient un vase de ses deux mains. B. 209.
  3. Un satyre ailé qui joue de la musette. B. 210.

105 — *Deux dessins de gaine formant pendants.* P. en H.

1. La partie supérieure offre un homme nu debout, tenant une baguette de la main gauche. B. 213.

2. Vers le haut est une femme nue, debout, tenant un voile de ses deux mains. B. 214.
Belles.

106 — *Deux dessins de gaine, formant pendants.* P. en H.

1. En haut est un seigneur allemand, ayant un perroquet perché sur sa main gauche. B. 215.

2. En haut est une dame allemande, vue de profil, et tournée vers la gauche. B. 216.

107 — *Vignette* où l'on voit au milieu un vase d'où sortent deux rinceaux qui descendent à gauche et à droite. P. en L. B. 222.

108 — *Dessin de gaine.* La partie supérieure présente la prostituée de Babylone. P. en H. B. 226.

109 — *Vignette représentant deux petits génies ailés debout,* dont celui à gauche est vu par le dos. P. en L. B. 228.
Deux épreuves : l'originale et une copie en contre partie, non décrite par Bartsch.

110 — *Vignette représentant un centaure* et une femelle de centaure qui combattent ensemble. P. en L. B. 229.
Copie en contre partie, non indiquée par Bartsch ; la table est aussi au milieu de la droite, mais le chiffre et l'année n'y sont pas marqués.

111 — *Deux vignettes.* P. en H.

1. Deux enfans nuds qui se tiennent par la main. B. 230.

2. Trois amours qui portent un ours couché sur une tablette ronde. B. 231.

112 — *Un montant d'ornemens* où l'on voit vers le haut deux mascarons en regard. P. en H. B. 236.

113 — *Un panneau rempli de feuillages* qui naissent du milieu d'en bas. P. en L. B. 238.

114 — *Un enfant assis,* tenant de ses deux mains des branches de feuillage. P. en H. B. 244.

115 — *Dessin de feuillage* où est représenté, en haut, un enfant debout, vu par le dos et ayant le pied droit posé sur une boule. B. 246.

116 — *Deux dessins de gaine.* P. en H.

    1. La partie supérieure représente un jeune **homme**, accompagnant une dame qu'il mène par la main. B. 247.

    2. La partie supérieure représente un soldat qui fait des caresses à une femme toute nue. B. 249.

117 — *Six enfans* rangés aux deux côtés d'un tableau où est représenté l'alphabet romain. P. en L. B. 250.

118 — *Quatorze enfans* dansant en rond au son du violon et de la trompette. P. en L. B. 252.

119 — *Dessin de gaine,* enrichie de divers ornements propres à être ciselés. P. en H. B. 254.

120 — *Une composition d'ornemens,* au bas de laquelle est un enfant sur le dos d'un sphinx qui tient un écusson. P. en H. B. 255.

121 — *Un enfant soutenant un autre qui est assis à terre* d'où naissent des branches de feuillage. P. en H. B. 256.

122 — *Trois différens dessins d'agraffes d'orfévrerie* sur une même planche. P. en L. B. 258.

123 — *Deux vignettes.* P. en L.

    1. Vignette, au milieu de laquelle est une femme vue de face et un homme vu par le dos. B. 260.

    2. Autre vignette semblable. L'homme et la femme sont vus de profil. B. 261.

124 — *Dessin d'une agraffe d'orfévrerie* pour un ceinturon. P. en H. B. 263.

      Deuxième état.

125 — *Dessin d'un poignard dans sa gaine,* enrichie de divers ornemens. P. en H. B. 265.

      Epreuve non découpée.

126 — *Un enfant* au milieu d'un entrelacs de feuillage. P. en L. B. 266.

127 — *Des enfans qui veulent précipiter deux de leurs compagnons dans un puits* qui est au mllieu de l'estampe. P. en L. B. 267.

      Deux épreuves : l'originale et la copie en contre partie.

128 — *Dessins de deux cuilliers* qui se croisent et dont les manches sont ciselés. P. en L. B. 268.

129 — *Montant d'ornemens*, dans lequel sont deux enfans debout sur des cuisses de satyre écartées. P. en H. B. 279.

Deux épreuves : l'originale et la copie gravée en contre partie.

130 — *Montant d'ornemens* qui partent de deux têtes de dauphins. P. en H. B. 283.

131 — *Montant d'ornemens* qui sortent d'un vase placé au bas de l'estampe. P. en H. B. 285.

132 — *Deux montants d'ornemens.* P. en H.
1. Un vase surmonté de rinceaux d'ornemens. B. 287.
2. Un montant d'ornemens, remplie de feuillages, qui sortent d'une cuirasse. B. 288.

PIÈCES FAUSSEMENT ATTRIBUÉES A HENRI ALDEGREVER.

133 — *Un homme nud*, assis dans une niche et foulant aux pieds un autre homme qui est terrassé. P. en H. B. 4.

134 — *Une jeune femme* ayant un livre de musique sur ses genoux, et appuyant sa tête sur l'épaule droite de son amant, qui accorde un luth. P. en H. B. 6.

135 — *Loth et ses filles.* Pl. ronde.

Copie faite par un anonyme, qui y a mis le chiffre d'Aldegrever.

136 — *Mars.* 1529. Mars debout tenant un arc de la main droite, et de l'autre le flambeau de la guerre. P. en H. B. 82.

137 — *Thisbé.* Thisbé arrivant au rendez-vous, et y trouvant Pyrame qui expire. Pièce ronde. B. 101.

138 — *Les danseurs de noce.* P. en H. B. 144-151.

Suite de huit estampes.
1. Couple de danseurs. L'homme tient de sa main droite élevée celle de la dame. B. 145.
2. Autre couple. Un homme et une femme dirigeant leurs pas vers la gauche. B. 146.
3. Autre couple. L'homme tient de la main gauche son chapeau. B. 147.

4. *Autre couple.* L'homme est couvert d'un large manteau. B. 148.

5. *Autre couple.* Un homme avancé en âge, conduisant une dame. B. 149.

6. *Autre couple.* L'homme saute, le pied gauche en avant. B. 150.

139 — *Couple de danseurs.* Un homme et une dame dirigeant leurs pas vers la gauche. P en H. B. 146.

> Copie gravée en contre partie, le chiffre et l'année sont à rebours.

140 — *Les danseurs de noce.* P. en H. B. 154 et 159.

141 — *Des enfans nuds dansant en rond sous un dais.* P. en L. B. 205.

> Copie trompeuse sans le chiffre du graveur dans la tablette suspendue au milieu de l'estampe.

142 — *Deux dessins de gaine.* P en H.

1. Un homme nud debout, tenant une baguette de la main gauche. B. 213.

2. Un homme nud, mettant le bras droit sur les épaules d'une femme qui a le cadenas florentin. B. 248.

> Ces deux pièces ne sont que la partie supérieure de l'estampe.

ALTDORFER (ALBERT), peintre et graveur, mort en 1538. On prétend qu'il a été élève d'Albert Durer.

BARTSCH, *le Peintre graveur*, vol. VIII, pag. 41 et suiv.

143 — *Salomon idolâtre.* Une des femmes de Salomon, persuadant à ce prince d'adorer les idoles. P. en H. B. 4.

144 — *Repos en Egypte.* A la gauche de l'estampe, S. Joseph debout parle à la Vierge qui est assise, considérant l'enfant Jésus qu'elle a sur ses genoux. P. en H. B. 5.

145 — *La religieuse.* L'intérieur de la cour d'un cloître. On y remarque une religieuse, qui semble parler à quelqu'un. P. en H. B. 24.

146 — *Deux estampes diverses.* P. en H.

1. Vénus entrant au bain ; elle est accroupie, et accompagnée par l'Amour qui est derrière elle. B. 33.

2. Vénus sortant du bain ; elle est assise à droite, occupée à sécher son pied droit. B. 54.

147 — *Le jugement de Pâris.* Pâris est assis vers le fond d'une grande grotte, il écoute ce que lui dit un roi qui semble être Priam. P. en H. B. 36.

> Belle.

148 — *Didon.* Didon se perçant le sein d'un poignard. P. en H. B. 42.

149 — *Deux estampes diverses.* P. en H.

1. Le jugement de Pâris. B. 36.

2. Pyrame et Thisbé. Thisbé exprime sa douleur sur la mort de Pyrame. B. 44.

150 — *L'homme armé de toutes pièces.* Il est debout et tourné vers la gauche. P. en H. B. 50.

151 — *Le petit porte-enseigne.* Un porte-enseigne dirigeant ses pas vers la droite. P. en H. B. 52.

152 — *Le joueur de violon.* Il est debout dans une salle. P. en H. B. 54.

153 — *Un gobelet avec son couvercle.* P. en H. B. 86.

154 — *Un gobelet avec son couvercle.* P. en H. B. 87.

AMMAN (JOSSE), peintre et graveur, naquit à **Zurich** en **1539**, et mourût à Nuremberg en **1591**.

BARTSCH, *le Peintre graveur*, vol. IX, p. 351 et suiv.

155 — *Les douze mois de l'année*, représentés par des figures d'hommes de diverses conditions. P. de forme ovale. B. 3.

> Suite de douze estampes gravées à l'eau forte. Manquent les mois de *Mai* et d'*Août*.

156 — *Les duellistes.* P. de forme ovale. B. 7.

Suite de cinq pièces.

1. Deux sculpteurs armés de poussoirs. B. 2.

2. Deux autres hommes dont l'un est armé d'une brosse, l'autre de quelque chose qui ressemble à un jambon. B. 5.

B

BEHAM (HANS SEBALD), peintre et graveur en taille de bois et au burin, né à Nuremberg en 1500, mort à Francfort-sur-le-Mein, en 1540. Elève de son oncle Barthélemy Beham.

BARTSCH, *le Peintre graveur,* vol. VIII ; p. 112 et suiv.

SUJETS DE L'ANCIEN TESTAMENT.

157 — *Adam et Eve assis.* 1519. P. en H. B. 1-2.
La 1re est du 2me état, la seconde du 1re. — Belles.

158 — *Adam et Eve assis ensemble.* P. en H.
Copie en contre partie gravée par un anonyme qui a mis son monogramme, L, sur une pierre qui se trouve à la droite de l'estampe.

159 — *Adam et Eve.* 1543. Adam et Eve près de l'arbre de vie qui est figuré par la mort entortillée du serpent. P. en H. B. 6.
Belle.

160 — *Judith.* Judith, debout à la gauche de l'estampe, tient un glaive de la main droite et de l'autre met la tête d'Holoferne dans un sac que tient sa servante. P. en H. B. 10.

161 — *Judith.* 1547. Elle est représentée assise, sous une arcade et presque nue, tenant de la main droite la tête d'Holoferne. P. en H. B. 12.

162 — *Job s'entretenant avec ses amis.* 1547. Job est assis à terre à gauche de l'estampe, vis-à-vis de ses trois amis. P. en L. B. 16.

163 — *Adam et Eve chassés du Paradis.* 1542. P. en H. B. 7.

164 — *Moïse et Aaron.* 1526. Moïse et Aaron, lisant dans un livre, sont représentés à mi-corps. P. en L. B. 8.
Belle.

165 — *Loth et ses filles.* Loth assis à la droite de l'estampe, tient un vase de la main gauche ; ses deux filles sont à gauche. Pièce ronde. B. 9.
Deux épreuves : l'originale et la copie gravée en contre partie.

166 — *La même estampe.*

SUJETS DU NOUVEAU TESTAMENT.

167 — *La Vierge immaculée.* 1520. La Vierge debout sur un croissant ayant sur ses bras l'enfant Jésus. P. en H. B. 17.

168 — *La Vierge assise.* 1520. La Vierge assise au pied d'un arbre, ayant sur ses genoux l'enfant Jésus. P. en H. B. 18.

169 — *La Vierge au perroquet.* 1549. La Vierge est assise au pied d'un arbre, elle soutient de son bras droit l'enfant Jésus qui regarde un perroquet. P. en H. B. 19.

170 — *Les nôces de Cana.* Jésus-Christ changeant l'eau en vin aux nôces de Cana. P. en L. B. 23.
Deux épreuves : l'originale et la copie.

171 — *Jésus-Christ et la Samaritaine.* B. en L. B. 24.
Très belle.

172 — *Jésus-Christ chez Simon le Pharisien.* P. en L. B. 25.

173 — *L'homme de douleurs.* Il est debout au pied de la croix, contre la quelle une échelle est appuyée. P. en H. B. 26.

174 — *Le Sauveur.* 1546. Il est debout sur le globe de la terre, et tient sa bannière de la main gauche. P. en H. B. 30.

175 — *La Parabole de l'enfant prodigue.* P. en L. B. 31-34.
Suite complète de quatre estampes.

1. L'enfant prodigue quitte la maison paternelle. B. 31.
2. Il dissipe son bien. B. 32.
3. Il est reduit à garder les pourceaux. B. 33.
4. Il retourne chez son père. B. 34.

176 — *L'enfant prodigue gardant les pourceaux.* P. en L. B. 35.

SAINTS.

177 — *Jésus-Christ et les douze apôtres.* P. en H. B. 36-42.
Suite complète de sept estampes.

1. Le Sauveur. B. 36.
2. S. Pierre et S. Paul. B. 37.
3. S. Philippe et S. Jacques le majeur. B. 38.
4. S. André et S. Thomas. B. 39.
5. S. Mathieu et S. Jean. B. 40.
6. S. Simon et S. Thadée. B. 41.
7. S. Barthélemy et S. Mathias. B. 42.

178 — *Les douze apôtres.* P. H. B. 45-54.
    Suite de douze estampes. Manque S. *Barthélemy.* B. 48.

179 — *Les quatre Evangélistes.* P. en H. B. 55-58.
    Suite complète de quatre estampes.

180 — *S. Jerôme.* 1519. Il est vu de profil marchant vers la droite. P. en H. B. 59.

181 — *S. Jerôme.* 1520. Le saint est représenté debout, tenant de la main gauche un long bâton surmonté d'un crucifix. P. en H. B. 60.

182 — *S. Jerôme.* 1520. Il est debout à droite sous une porte voûtée. P. en H. B. 62.

183 — *S. Jerôme.* 1521. Il est assis à gauche sur une pierre, ayant les jambes croisées. P. en H. B. 63.

184 — *S. Antoine l'Ermite.* 1521. Il est représenté assis et écrivant dans un livre. P. en H. B. 64.

185 — *La même estampe.*

186 — *S. Sibalde.* 1521. Il est assis sur une butte, au pied de deux arbres. P. en H. B. 65.

SUJETS DE L'HISTOIRE PROFANE.

187 — *Achille et Hector.* Combat à cheval entre Achille et Hector. Ces deux héros sont accompagnés de quelques guerriers. P. en L. B. 68.
    Très belle.

188 — *Combat entre les Grecs et les Troyens.* P. en L. B. 69.

189 — *Simon nourri par sa fille.* 1544. Simon est assis à terre à droite de l'estampe, enchaîné par les pieds. P. en H. B. 75.

190 — *Cléopatre.* 1529. Elle est dans la prison et se fait piquer par un aspic. P. en H. B. 76.
    Belle.

191 — *Cléopatre.* Elle est assise sur une pierre carrée, tenant de la main gauche un aspic, qu'elle applique à son sein. P. en H. B. 77.

192 — *Lucrèce.* Elle se donne la mort avec un poignard. P. en H. B. 79.

193 — *Didon*. 1519. Didon se perçant le sein d'un poignard. P. en H. B. 80.

194 — *Trajan*. Une femme prosternée devant l'empereur Trajan, et lui demandant justice contre le meurtrier de son fils. P. en H. B. 82.
> Belle.

195 — *Bustes de l'empereur Trajan et de Domitia Calvilla.* P. en H. B. 83-84.
> Deux pièces.

SUJETS DE LA MYTHOLOGIE.

196 — *Un Triton et une Néréide*. 1523. P. en L. B. 86.

197 — *Le jugement de Pâris*. Planche ronde. B. 88.
> Avec marge.

198 — *Le jugement de Pâris*. 1546. Pâris est assis à gauche, sur une pierre carrée, et présente la pomme à Vénus. P. en H. B. 89.
> Belle.

199 — *Vénus et l'Amour*. Elle est debout tenant un javelot de la main droite. P. en H. B. 91.

200 — *L'Amour*. Il est monté sur un dauphin. P. en H. B. 92.
> Copie gravée en contre partie, par un anonyme.

201 — *Combat entre des Centaures*. P. en L. B. 94.
> Belle.

202 — *Combat de trois hommes*. P. en L. B. 95.
> Deuxième état.

203 — *Les travaux d'Hercule*. P. en L. B. 96-107.
> Belles.

204 — *Nessus et Déjanire*. Une nymphe vue de profil, et tournée vers la droite, est assise sur les genoux d'un satyre qui lui fait l'amour. P. en H. B. 108.

205 — *Léda*. 1548. Jupiter en cigne, faisant l'amour à Léda. P. en L. B. 112.
> Belle.

206 — *Les sept planètes.* P. en H. B. 113-120.

Suite de huit estampes.

1. Saturne accompagné du capricorne et du verseau. B. 114.
2. Jupiter accompagné des poissons et du sagittaire. B. 115.
3. Mars accompagné du bélier et du scorpion. B. 116.
4. Le soleil accompagné du lion. B. 117.
5. Vénus accompagné du taureau et de la balance. B. 118.
6. Mercure accompagné de la vierge et des gémeaux. B. 119.

SUJETS ALLÉGORIQUES.

207 — *Les sept arts libéraux.* P. en H. B. 121-127.

Suite de sept estampes. — Belles.

208 — *La religion chrétienne victorieuse.* Une femme ailée debout, ayant un serpent sous ses pieds. P. en H. B. 128.

Premier état.

209 — *La connaissance de Dieu et les sept vertus chrétiennes.* P. en H. B. 129-136.

Suite de huit estampes.

1. La connaissance de Dieu. B. 129.
2. La Prudence. B. 130.
3. La Justice. B. 132.
4. La Force. B. 135.
5. La Tempérance. B. 156.

210 — *La Charité.* Une femme ailée est assise accompagnée de deux enfants. P. en H. B. 137.

211 — *La Patience.* 1540. Une femme ailée, assise et tenant entre ses bras un agneau. P. en H. B. 138.

Premier état.

212 — *La même estampe.*

Troisième état.

213 — *La bonne fortune.* 1541. Une femme ailée tenant une palme de la main droite. P. en H. B. 140.

Belle.

214 — *La fortune contraire.* Une femme marchant vers la gauche et retenue dans son chemin par un mauvais génie. P. en H. B. 141.

215 — *Le triomphe.* En forme de frise. B. 145.

216 — *La Mélancolie*. 1539. Une femme ailée assise qui rêve profondément. P. en H. B. 144.

> Première épreuve avant l'année 1539. — Très belle.

217 — *La mort surprenant la femme endormie*. La mort surprenant une femme nue, endormie, et couchée sur un lit, dans une attitude indécente. P. en L. B. 146.

> Belle.

218 — *Une jeune femme accompagnée d'un bouffon*. 1540. P. en H. B. 149.

> Deuxième état.

SUJETS DE GENRE.

219 — *Les noces de village*. 1546. P. en L. B. 154-165.

> Suite complète de dix estampes. — Belles.

220 — *Deux couples de danseurs villageois*, et une autre pièce. B. 158.

221 — *Le banquet*. Une femme conduite par deux paysans venant prier à danser d'autres paysans qui sont à table. P. en L. B. 164.

222 — *Un paysan vu presque par le dos*, dansant avec une jeune femme. P. en H. B. 167.

223 — *Le paysan au marché*. — La paysanne au marché. — Le paysan à la fourche. 1542. — Et son compagnon. P. en H. B. 186-189.

> Premier état.

224 — *Le joueur de la cornemuse*. 1520. Un joueur de cornemuse embrassant une jeune villageoise. P. en H. B. 195.

> Cette estampe est gravée à l'eau forte.

225 — *Les trois soldats et le chien*. — La sentinelle auprès des tonneaux. P. en H. B. 196-197.

> Premier état.

226 — *L'enseigne, le tambour et le fifre*. Un porte-enseigne, un tambour et un fifre debout et causant ensemble. P. en H. B. 199.

> Deuxième état.

227 — *Le porte-enseigne*. 1526. Un porte-enseigne allemand, marchant vers le spectateur, et tournant sa tête vers la droite. P. en H. B. 200.

> Deuxième état. — Belle.

228 — *Le soldat amoureux.* 1521. Un soldat assis sur un banc auprès d'une jeune femme qu'il tient embrassée. **P. en H. B. 202.**
Faible.

229 — *Le soldat.* 1520. Un soldat allemand debout, ayant le corps de face et la tête retournée vers la droite. **P. en H. B. 205.**

250 — *Un enfant assis, endormi.* Pièce ronde. **B. 211.**

251 — *Le bouffon et les deux couples d'amoureux.* **P. en L. B. 212.**
Copie gravée en contre partie, aussi estimée que l'estampe originale.

252 — *Les deux bouffons.* Deux bouffons assis l'un vis-à-vis de l'autre. Chacun a la tête couverte d'une marotte à oreilles d'âne. **P. en L. B. 213.**
Premier état.

253 — *Le bouffon et les baigneuses.* 1541. Un bouffon entraîné dans un bain par deux femmes impudiques. **P. en L. B. 214.**

254 — *Etude d'une tête d'homme.* 1542. — Etude d'une tête de femme. 1542. **P. en L. B. 219-220.**

VIGNETTES.

255 — *Cinq vignettes.* **P. en L. B. 223-227.**
1. Vignette à la cuirasse. **B. 223.**
2. Vignette à l'aigle. **B. 224.**
3. Vignette aux satyres. **B. 225.**
4. Vignette au sphinx. 1544. **B. 226.**
5. Vignette à la cuirasse entre deux génies. 1544. **B. 227.**

256 — *Vignette au mascaron.* 1544. **P. en L. B. 228.**

257 — *L'alphabet romain.* 1545. **P. en L. B. 229.**
Belle.

258 — *Le petit bouffon.* 1542. **P. en L. B. 250.**
Belle.

259 — *Le mascaron.* 1545. **P. en L. B. 231.**

240 — *Les deux têtes de poissons.* **P. en L. B. 235.**

241 — *Les deux génies.* 1544. — Le char de triomphe. **P. en L. B. 236-237.**

242 — *Vase.* 1550. — Vase aux oves allongés. 1550. **P. en H. B. 239 et 241.**

243 — *Vase orné d'enfans.* 1531. P. en H. B. 242.

244 — *Montant d'ornemens.* 1524. — Montant d'ornemens. 1527. P. en H. B. 243 et 245.

245 — *Dessins de chapiteaux de colonnes.* P. en H. B. 249-250.

246 — *Colonne corinthienne finie.* P. en H. B. 253.

ARMOIRIES.

247 — *Les armoiries de Sébald Beham.* Planche ronde. B. 254.

248 — *Armoiries d'imagination.* 1544. Planche de forme hexagone. B. 255.

249 — *Les armoiries au coq.* 1543. P. en H. B. 256.

250 — *Les armoiries à l'aigle.* 1543. P. en H. B. 257.

251 — *Génie tenant un écusson d'armes.* P. en H. B. 259.

252 — *Trois sujets divers.* P. en H. et en L.

  1. Une femme conduite par deux paysans, venant prier à danser d'autres qui sont à table. B. 161.

  2. Des paysans qui se battent, armés de différentes armes. B. 162. *Copie.*

  3. Le vendeur d'œufs. 1520. B. 193.

253 — *Trois sujets divers.* P. en H.

  1. Buste de l'empereur Trajan. 1546. B. 83.

  2. Buste de Domitia Calvilla. 1546. B. 84.

  3. Buste d'une jeune femme couronnée de vigne. Copie avec le chiffre de Hans Sébald Beham.

254 — *Deux sujets différents.*

  1. Le jugement de Pâris. Pièce ronde. Rognée.

  2. Satyre femelle jouant de la cornemuse. P. en H. B. 110. *Copie.*

PIÈCES GRAVÉES A L'EAU FORTE.

255 — *Un religieux.* Il a la tête couverte d'un bonnet bordé d'une large fourrure. P. en H. B. 134.

256 — *Un jeune religieux de l'ordre de S. Dominique.* P. en H. B. 135.

Ces deux pièces, désignées comme des épreuves de planches sur bois, sont gravées à l'eau forte. Voy. Duchêne, *Voyage d'un iconophile*, p. 330.

PIÈCES GRAVÉES EN BOIS.

257 — *Deux pièces de la Passion de Jésus-Christ.* P. en H. B. 88 et 94.

258 — *La Vierge assise sous une tente*, et ayant sur ses genoux l'enfant Jésus. P. en H. B. 121.

259 — *La Vierge assise sous un arbre*, ayant l'enfant Jésus sur ses genoux. P. en H. B. 123.

260 — *S. Jérôme* faisant pénitence dans le désert. P. en H. B. 124.

261 — *Jeune homme assis à terre*, près d'une treille, à côté d'une jeune femme qu'il embrasse. P. en H. B. 161.

262 — *Un bain* où l'on voit plusieurs femmes et enfans nus qui se baignent. Pièce ronde. B. 167.

PIÈCES FAUSSEMENT ATTRIBUÉES A H. S. BEHAM.

263 — *Les sept planètes*, représentées par les Dieux de la fable. P. en H. B. 5.

Suite de sept estampes gravées par un anonyme qui y a mis la marque d'Hans Sébald Beham. On les croit gravées par Th. De Bry. Manque *Jupiter*.

BEHAM (BARTHÉLEMY), peintre et graveur en bois et au burin, né à Nuremberg vers la fin du XVe siècle, mort à Rome vers 1540. Elève de Marc Antoine.

Bartsch, *le Peintre graveur*, vol. VIII, pag. 81 et suiv.

264 — *Judith.* 1525. Judith assise sur le corps d'Holoferne, dont elle tient la tête de la main gauche. P. en H. B. 5.

265 — *Judith.* Elle est à mi-corps, vue de profil, elle tient un couteau de la main droite. P. en H. B. 4.

266 — *La Vierge au pot de fleurs.* Elle est à mi-corps, vue de profil, elle embrasse l'enfant Jésus. P. en H. B. 6.

267 — *La Vierge au perroquet.* Elle est assise, ayant entre ses bras l'enfant Jésus qui regarde un perroquet. P. en H. B. 7.

268 — *S. Christophe.* 1520. Il est assis à terre, tenant un tronc d'arbre de la main droite. P. en H. B. 10.

269 — *Cléopatre.* 1524. Cléopatre se faisant piquer par un aspic, elle est debout auprès d'un **arbre**. P. en H. B. 12.

270 — *Lucrèce.* Elle est debout dans une niche et se donne la mort avec un poignard. P. en H. B. 15.

271 — *Combat d'hommes nus.* Combat de dix-huit hommes nus, armés de massues, de sabres et de poignards. En forme de frise. B. 16.

>Deux épreuves, dont une très belle.

272 — *Combat d'hommes nus.* Combat d'hommes nus, ils sont à pied et à cheval. En forme de frise. B. 17.

273 — *Apollon et Daphné.* A droite, Apollon vu par le dos, exprime par ses gestes son étonnement de la métamorphose de Daphné. P. en H. B. 25.

>Deux épreuves : l'originale et une copie gravée en contre partie.

274 — *Quatre têtes de mort.* Trois sont rangées de front, la quatrième est placée au milieu et au dessus de la seconde et de la troisième. P. en L. B. 28.

>Deux épreuves : l'originale et une copie gravée en contre partie.

275 — *L'amour en postillon.* 1520. L'amour en l'air, assis sur un globe, et tenant de ses deux mains un bâton. P. en H. B. 32.

276 — *Jeune homme armé d'un arc.* 1525. Un jeune homme nu ayant un manteau qui lui couvre le dos, il tient un arc de la main droite. P. en L. B. 35.

>Très belle.

277 — *L'avare.* A la droite, une femme exprime sa douleur sur un avorton qu'elle vient de mettre au monde ; à gauche est un homme tenant de chaque main une bourse d'argent. P. en L. B. 38.

>Deuxième état, avec le cadre d'un tableau qui est au haut de la gauche. Très belle.

278 — *La femme couchée, vue par le dos.* Une femme nue, couchée à terre, elle a auprès d'elle un enfant tourné vers la droite. P. en H. B. 43.

>Deux épreuves : l'originale et une copie gravée en contre partie. — L'originale est très belle.

279 — *Portrait de l'empereur Ferdinand I.* Il est en buste, vu de trois quarts et tourné vers la gauche. P. en H. B. 64.

>Premier état avant l'adresse de *J. ab Heyden.* — Très belle.

BINK (JACQUES), naquit en 1490 ou 1504, selon les uns à Nuremberg, selon les autres à Cologne ; il mourût à Königsberg vers 1560.

BARTSCH, *le Peintre graveur*, vol. VIII, pag. 249 et suiv.

280 — *Deux estampes diverses.* P. en H.

  1. Eve ; elle est debout au pied de l'arbre de vie. B. 3.

  2. David vainqueur de Goliath. 1526. B. 5.

  Copie en contre partie, citée par Bartsch.

281 — *Le massacre des innocens.* On remarque à gauche un bourreau debout, tirant son épée pour tuer un enfant qu'il tient de la main gauche. P. en H. B. 10.

282 — *Le Sauveur.* Le Sauveur debout, tenant le livre de l'évangile de la main gauche. P. en H. B. 14.

283 — *La décollation de S. Jean Baptiste.* Le bourreau, au devant de la droite, remet de la main gauche la tête de S. Jean qu'il vient de couper, à Hérodiade, qui la reçoit dans un plat. P. en H. B. 15.

284 — *La Vierge couronnée par deux anges.* La Vierge, ayant sur ses genoux l'enfant Jésus, est assise sur une grande pierre ; deux anges en l'air soutiennent une couronne royale au-dessus de sa tête. P. en H. B. 18.

285 — *La Vierge assise sur un banc de gazon.* P. en H. B. 19.

286 — *S. Antoine l'ermite.* Il est représenté à mi-corps, le capuchon sur la tête. P. en H. B. 20.

287 — *Hercule et Nessus.* Hercule debout, ayant le pied gauche sur la tête du centaure Nessus. P. en H. B. 49.

  Très belle.

288 — *La mort terrassant le soldat.* P. en H.

289 — *Deux estampes diverses.* P. en H.

  1. Le vase entre deux licornes. B. 87.

  2. Deux Amours montés sur des dauphins, liés à un vase qui occupe le milieu de l'estampe, et qui se termine en un feuillage de vigne. Le chiffre se trouve au milieu d'en bas.

  Cette dernière pièce n'est pas décrite par Bartsch.

290 — *Quatre estampes diverses.* P. en H.

   1. Le porte-enseigne. B. 64.

   2. Le tambour et les deux soldats. B. 65.

   3. Portrait de François I, roi de France. B. 89.

   4. Portrait de Claude de France, première femme de François I. B. 90.

291 — *Portrait de Lucas Gassel.* 1529. Il est représenté à mi-corps, vu de trois quarts. P. en H. B. 95.

     Premier état de la copie en contre partie, avant l'adresse de *S. Kloeting.*

292 — *Quatre estampes diverses.* P. en H.

   1. Dessin de gaine, représentant un soldat allemand debout tourné vers la gauche. B. 88.

   2. Un homme nu, les épaules couvertes d'un petit manteau tenant de la main droite une épée, et de la gauche la chevelure d'un homme. Le chiffre avec l'année 1530, se trouve au haut de la droite.

   3. Le portrait de l'empereur Charles-Quint. Il est en buste, coiffé d'un bonnet et tourné vers la droite. Le chiffre se trouve au haut de la gauche. On lit dans la marge inférieure : CAROLVS CAESAR.

   4. Le buste de l'empereur Soliman II. Il est coiffé d'un turban, et tourné vers la droite. Le chiffre se trouve au bas du même côté. Dans la marge inférieure on lit l'inscription suivante : TVRCORV CAESAR.

     Les trois dernières pièces ne sont pas décrites par Bartsch, Duchesne aîné a signalé les deux dernières, dans son *Voyage d'un iconophile*, pag. 330.

293 — *La Vierge couronnée par un ange.* La Vierge assise sur un banc de bois, couvert d'un coussin ; elle tient de ses deux mains l'enfant Jésus, qui a un oiseau de la main gauche. L'année 1526 et la marque de l'artiste se trouvent au bas de la droite. P. en H.

     Copie en contre partie, mais plus petite, du N° 37 de l'œuvre d'Albert Durer.

294 — *La Vierge avec l'enfant Jésus emmailloté.* La Vierge assise sur une pierre carrée et couverte d'un coussin ; elle considère l'enfant Jésus qui est emmailloté et qui dort entre ses bras. P. en H.

     Copie en contre partie du N° 38 de l'œuvre d'Albert Durer.

295 — *Les offres d'amour.* Le chiffre est gravé au haut de la gauche. P. en H.

> Gravée d'après le N° 93 de l'œuvre d'Albert Durer.

296 — *Dessin de gaine.* Trois vases superposés, enrichis d'ornemens, et se terminant par un génie ailé. Au milieu du bas se trouve le chiffre du graveur. P. en H.

> Pièce inconnue à Bartsch et NON DÉCRITE.

297 — *Un dessin d'ornemens,* représentant un enfant couché à terre et caressant un chien, qui se repose sur lui. P. ronde.

> Pièce inconnue à Bartsch et NON DÉCRITE.

298 — *Une famille composée de huit personnes,* parmi lesquelles un enfant, et une femme portant une cruche sur la tête, et dirigeant ses pas vers la droite. P. en L.

> Cette estampe porte le chiffre de Bink, mais elle ne peut avoir été gravée par lui.

299 — *S. Jerôme.* Le saint est assis au milieu de l'estampe, tenant un caillou de la main gauche et un crucifix de la main droite. La marque se trouve au haut de la gauche. P. en H.

> Morceau inconnu à Bartsch et NON DÉCRIT ; il aura probablement été gravé par un anonyme, qui y aura mis le chiffre de Bink.

300 — *Un homme nu,* couvert d'un manteau court et tenant une épée de la main droite, et de la gauche une tête qu'il vient de trancher. Le chiffre et l'année 1530, se trouvent au haut de la droite. P. en H.

> Pièce inconnue à Bartsch et NON DÉCRITE ; elle doit avoir été gravée par un anonyme, car elle n'est pas exécutée dans la manière de Jacques Bink.

BOCHOLT (FRANÇOIS DE), ancien graveur allemand que l'on croit antérieur à Israël Van Mecken.

BARTCH, *le Peintre graveur,* tom. VI, pag. 77.

301 — *Le jugement de Salomon.* Le roi assis sur le trône, tient le sceptre de la main gauche. P. en H. B. 2.

> Très belle épreuve.

BROSAMER (JEAN), dessinateur et graveur, dont la naissance et
la mort sont inconnues; on ne connait même pas sa patrie;
il travailla entre les années 1537-1550.

BARTSCH, *le Peintre graveur*, vol. VIII, pag. 455 et suiv.

502 — *Trois estampes diverses.* P. en H.
1. Dalila et Samson. 1545. B. 1.
2. Salomon adorant les idoles. 1545. B. 2.
3. Bethsabée au bain. B. 3.

503 — *Jésus-Christ à la croix.* 1545. P. en H. B. 5.

304 — *Deux estampes diverses.*
1. Le jugement de Pâris. Pièce ronde. B. 12.
2. Hercule étouffant Anthée. 1540. B. 14.

505 — *Vénus et l'Amour.* 1541. Vénus est debout, elle tient de
la main gauche une pique et tient l'autre pour recevoir un gâ-
teau de miel que l'Amour lui présente. P. en H. B. 13.

506 — *Deux estampes diverses.*
1. Le baiser. 1549. Pièce ronde. B. 16.
2. Le mari subjugué par sa femme. P. en H. B. 18.
   Très belle.

C

CATS (JACOB), peintre et graveur à l'eau forte, naquit à Altona
le 11 Juin 1741, et mourût le 9 Novembre 1799.

507 — *L'œuvre de Cats*, en six estampes montées sur papier fort
et reliées en 1 vol. pet. in-fol. dos de mar. rouge.

CRANACH (LUCAS), fameux peintre et graveur, naquit à Kronach,
dans le territoire de Bamberg en Franconie, en 1470; il mourût à Weimar, le 16 Octobre 1553.

BARTSCH, *le Peintre graveur*, tom. VIII, pag. 273.

PIÈCE GRAVÉE SUR CUIVRE.

308 — *Les deux ducs de Saxe.* Portraits d'Albert le Courageux et
de son fils Henri le Pieux, ducs de Saxe. P. en H. B. 2.
   Très belle épreuve d'une pièce très rare.

PIÈCES GRAVÉES EN BOIS.

309 — *Adam et Eve dans le Paradis.* P. en H. B. 1.

310 — *Jésus-Christ à la croix.* Au bas, à gauche la Vierge, à droite S. Jean. P. en H. B. 21.

311 — *Jésus mis au tombeau.* P. en H. B. 23.

312 — *Le portement de croix.* P. en H. B. 24.

313 — *S. George* se reposant sur sa lance, après avoir tué le dragon. P. en H. B. 67.

D

DURER (ALBERT), peintre-graveur célèbre, naquit à Nuremberg le 20 Mai 1471, mourût dans la même ville en 1528. Il fût élève de Michel Wohlgemuth.

BARTSCH, *le Peintre graveur*, tom. VII, pag. 1 et suiv.

314 — *Portrait d'Albert Durer*, par Lucas Kilian. 1608. P. en L.

PIÈCES GRAVÉES SUR CUIVRE.

315 — *Adam et Eve.* Ils sont représentés debout auprès de l'arbre de vie. P. en L. B. 1.

On y a joint la copie gravée par Wiericx.

316 — *La même estampe.*

Epreuve de toute beauté. Voy. Duchesne, *Voyage d'un iconophile*, p. 330.

317 — *La nativité.* La Vierge adore à genoux l'enfant Jésus couché sur une grosse pierre carrée P. en L. B. 2.

Epreuve originale.

318 — *La passion de Jésus-Christ.* P. en H. B. 3-18.

Suite de quinze estampes, plus *S. Pierre et S. Jean guérissant le boiteux à la porte du temple*, montées sur quatre feuilles. — Très belles.

319 — *Jésus-Christ en prières au jardin des Olives.* Il est à genoux, vu de profil et dirigé vers un rocher au dessus du quel parait l'ange. P. en L. B. 19.

Ce morceau est gravé à l'eau forte sur une planche d'étain.

320 — *L'homme de douleurs, aux bras étendus.* Le Sauveur est debout au pied d'un tronc d'arbre, qui est censé être l'arbre de la croix. P. en H. B. 20.

Epreuve avec marges.

521 — *L'homme de douleurs, aux mains liées.* P. en H. B. 21.
> Morceau très rare.

522 — *L'homme de douleurs, assis.* P. en H. B. 22.
> Gravé à l'eau forte sur une planche d'étain.

523 — *Crucifix.* Petite planche ronde. B. 23.
> Epreuve originale certifiée par Adam Bartsch. Cette estampe, qu'on prétend qu'Albert Durer a gravée, sur le pommeau de l'épée de l'empereur Maximilien I, est la plus rare de l'œuvre, aussi a-t-elle été payée 1001 fr. à la vente Delbecq à Paris.

524 — *Jésus-Christ expirant sur la croix.* Une sainte femme donne du secours à la Vierge qui s'évanouit au pied de la croix. P. en H. B. 24.
> Premier état.

525 — *La face de Jésus-Christ.* Deux anges en l'air soutenant un drap sur le quel la face de Jésus-Christ est imprimée. P. en L. B. 25.
> Deux épreuves : l'originale et une copie.

526 — *La face de Jésus-Christ.* Un ange en l'air, tenant de ses deux mains élevés un voile, sur le quel la face de Jésus-Christ est imprimée. P. en L. B. 26.
> Pièce gravée sur une planche d'étain.

527 — *La Trinité.* Dieu le Père assis, soutenant le corps mort de Jésus-Christ, au milieu de deux groupes d'anges. P. en H. B. 27.
> Pièce faussement attribuée à Albert Durer, elle est très rare.

528 — *L'enfant prodigue.* L'enfant prodigue gardant des pourceaux, est vu de profil et dirigé vers la droite. P. en H. B. 28.
> Magnifique épreuve d'une conservation irréprochable. Voy. Duchesne, *Voyage d'un iconophile*, pag. 331.

SUJETS DE VIERGES.

529 — *Sainte Anne et la jeune Vierge.* S. Anne debout à la gauche, touche de ses mains la tête de la petite Vierge, qu'une femme tient sur ses bras. P. en H. B. 29.
> Belle et rare.

530 — *La Vierge aux cheveux longs*, liés avec une bandelette. P. en H. B. 30.
> Belle épreuve du premier état, provenant du cabinet de Mariette, et en dernier lieu de celui de M. Debois.

531 — *La Vierge à la couronne d'étoiles.* La Vierge debout sur un croissant est toute resplendissante de lumière. P. en L. B. 31.
> Premier état

532 — *La Vierge à la couronne d'étoiles et au sceptre.* La Vierge est debout sur un croissant, et porte sur ses bras l'enfant Jésus. P. en H. B. 52.

533 — *La Vierge aux cheveux courts liés avec une bandelette.* Elle est debout sur un croissant et tient sur ses bras l'enfant Jésus qui tient une pomme. P. en H. B. 33.

534 — *La Vierge allaitant l'enfant Jésus.* Elle est assise sur un siége de gazon bordé d'une espèce de treillis. P. en H. B. 54.
> Très belle.

535 — *La Vierge assise,* embrassant l'enfant Jésus. Elle est assise sur un siége de gazon, au pied d'un arbre. P. en H. B. 35.

536 — *La Vierge donnant le sein à l'enfant Jésus.* Elle est assise sur un siége de gazon bordé de planches de bois. P. en H. B. 36.

537 — *La Vierge couronnée par un ange.* Elle est assise sur un banc de bois, couvert d'un coussin. P. en H. B. 37.
> Premier état.

538 — *La Vierge avec l'enfant Jésus emmailloté.* Elle est assise sur une pierre carrée et couverte d'un coussin. P. en H. B. 58.

539 — *La Vierge couronnée par deux anges.* La Vierge assise sur une grosse pierre auprès d'une haie, ayant sur ses genoux l'enfant Jésus, et tenant une pomme de la main droite. P. en H. B. 59.

540 — *La Vierge assise au pied d'une muraille.* La Vierge a sur ses genoux l'enfant Jésus qui tient une pomme. P. en H. B. 40.
> Belle. — Du cabinet Delbecq.

541 — *La Vierge à la poire.* La Vierge est assise sur une butte au pied d'un grand arbre. P. en H. B. 41.

542 — *La Vierge au singe.* Elle est assise au bord d'une rivière, sur un siége de gazon, à la gauche, un singe attaché à une des planches du siége. P. en H. B. 42.
> Belle épreuve du cabinet de Mariette.

343 — *La sainte famille.* La Vierge assise sur un siége de gazon, tient l'enfant Jésus sur ses genoux. P. en H. B. 43.
> Morceau gravé à l'eau forte sur une planche de fer.

544 — *La sainte famille au papillon.* La Vierge est assise sur un siége de gazon, ayant l'enfant Jésus sur ses bras ; on voit un papillon au bas de la droite. P. en H. B. 44.

> Belle.

545 — *La Vierge à la porte.* La Vierge assise sur un coussin placé sur une butte, donne le sein à l'enfant Jésus, qu'elle a sur son bras. P. en H. B. 45.

> Pièce extrêmement rare. Belle épreuve avec marges.

SUJETS DE SAINTS.

546 — *Les cinq disciples de Jésus-Christ.* P. en H. B. 46-50.

> Suite de cinq estampes.

547 — *S. Christophe*, à la tête retournée. P. en H. B. 51.

548 — *S. Christophe.* Il passe la rivière à gué, en se dirigeant vers la droite. P. en H. B. 52.

> Deux épreuves : l'originale et la copie.

549 — *S. George à pied.* Il est représenté debout, armé de toutes pièces. P. en H. B. 53.

> Belle.

550 — *S. George à cheval.* Le saint est représenté en habit de guerre, monté à cheval et dirigé vers la droite. P. en H. B. 54.

551 — *S. Sébastien attaché à un arbre.* Ce saint percé de flèches est attaché par ses deux mains élevées au-dessus de sa tête, à la branche d'un arbre, contre lequel il est adossé. P. en H. B. 55.

> Belle.

552 — *S. Sébastien attaché à une colonne.* Il est dirigé vers la droite, et attaché à une colonne, les mains liées derrière le dos. P. en H. B. 56.

> Très belle.

553 — *S. Eustache.* Ce saint vu de profil, est à genoux à la gauche de l'estampe ; il est dirigé vers le fond de la droite, où marche sur une hauteur, un cerf portant entre ses bois un crucifix que le saint adore. P. en H. B. 57.

> Une des estampes les plus rares de l'œuvre. — Belle. Voy. Duchesne, *Voyage d'un iconophile*, p. 331.

554 — *S. Antoine.* S. Antoine s'occupant à la lecture, est assis à terre à la droite de l'estampe et tourné vers la gauche. P. en L. B. 58.

Avec marge.

555 — *S. Jerôme.* Ce saint est assis dans le creux d'un rocher, ayant devant lui une table sur laquelle est un livre ouvert, et, vers la gauche, un crucifix au quel il adressa sa prière. P. en H. B. 59.

Gravé à l'eau forte sur une planche en fer. — Très rare.

556 — *S. Jerôme dans sa cellule.* Ce saint est représenté écrivant dans sa cellule, assis devant une table, près d'une des deux fenêtres qui se voient à la gauche de l'estampe. P. en H. B. 60.

557 — *S. Jerôme en pénitence.* Il est représenté à genoux, étendant la main droite, de laquelle il tient une pierre pour se frapper la poitrine. P. en H. B. 61.

Très belle.

558 — *Sainte Geneviève.* Elle est représentée nue et assise dans le creux d'un rocher, nourissant un enfant qu'elle tient sur le bras gauche. P. en H. B. 63.

Magnifique épreuve.

SUJETS PROFANES.

559 — *Les trois génies.* Trois génies ailés en accompagnement d'un écusson d'armes. P. en H. B. 66.

560 — *La sorcière.* Elle est montée à reculons sur un bouc, en se soutenant de la main gauche à la corne de cet animal, et ayant un fuseau dans l'autre. P. en H. B. 67.

561 — *Apollon et Diane.* Apollon debout à gauche tire une flèche, près de Diane qui est assise sur une butte. P. en H. B. 68.

Belle.

562 — *La famille du satyre.* Un satyre debout à la gauche de l'estampe, jouant de la flûte, près d'une femme, qui est assise à terre, et qui regarde un enfant couché sur ses genoux. P. en H. B. 69.

Très belle.

563 — *Cinq études de figures.* P. en H. B. 70.

Gravé à l'eau forte sur une planche de fer.

564 — *L'enlèvement d'Amymone.* Triton ravissant par ordre de Neptune, Amymone, une des cinquante filles de Danaüs, P. en H. B. 71.

> Très belle.

565 — *Le ravissement d'une jeune femme.* Un homme est monté sur une licorne et enlève de force une jeune femme nue. P. en H. B. 72.

> Ce morceau est gravé à l'eau forte sur une planche de fer. — Belle. De la vente de Mᵣ Dumesnil, faite à Londres.

566 — *L'effet de la jalousie.* Une femme nue est étendue entre les genoux d'un satyre ; elle retourne sa tête vers une autre femme qui vient de la surprendre. P. en H. B. 73.

> Très belle. Voy. Duchesne, *Voyage d'un iconophile*, p. 331.

567 — *La Mélancolie.* Elle est représentée par une femme ailée, assise à la droite de l'estampe, ayant la tête appuyée sur sa main gauche. P. en H. B. 74.

568 — *Le groupe des quatre femmes nues.* Elles sont représentées debout, et dans une chambre, où l'on voit à terre une tête de mort et d'autres ossemens. P. en H. B. 75.

> Epreuve d'une conservation parfaite, ayant un pouce de marge.

569 — *L'Oisiveté.* Vénus et le démon de l'impureté inspirant des désirs criminels à un homme plongé dans l'oisiveté et qui dort tranquillement sur des coussins. P. en H. B. 76.

> Très belle. — Rare.

570 — *La grande Fortune.* Elle est représentée par une femme nue, ayant des ailes au dos, et élevée sur un globe. P. en H. B. 77.

> Superbe épreuve. Voy. Duchesne, *Voyage d'un iconophile*, p. 331.

571 — *La petite Fortune.* Elle est représentée par une femme nue, vue de profil, et élevée sur un globe. P. en H. B. 78.

572 — *La Justice.* Un homme assis sur un lion, ayant une épée dans la main droite, et de l'autre portant une balance. P. en H. B. 79.

> Très belle.

573 — *Le petit courrier.* Un homme à cheval, allant au galop vers la gauche de l'estampe. P. en H. B. 80.

574 — *La dame à cheval.* Une dame de condition assise à cheval, et dirigeant ses pas vers la droite. P. en H. B. 82.
> Belle. — Du cabinet de Mr Debois.

575 — *Le paysan et sa femme.* Un paysan à côté d'une femme, dirigeant ses pas vers la gauche de l'estampe. P. en H. B. 83.

576 — *L'hôtesse et le cuisinier.* Une hôtesse accompagnée d'un cuisinier qui tient de la main droite une poêle et une cuiller à pot. P. en H. B. 84.
> Belle.

577 — *L'Oriental et sa femme.* Un Oriental tenant un arc et deux flèches ; il marche, suivi de sa femme qui porte un enfant. P. en H. B. 85.

578 — *Les trois paysans.* P. en H. B. 87.
> Belle.

579 — *L'enseigne.* Un soldat allemand mettant la main gauche sur la garde de son épée, et de l'autre tenant un drapeau. P. en H. B. 87.
> Très belle.

580 — *L'assemblée des gens de guerre.* On y remarque deux hommes de distinction, qui sont au milieu de l'estampe. P. en L. B. 88.

581 — *Le paysan de marché.* Un paysan tenant son bonnet de la main gauche et offrant de l'autre des œufs qui sont dans un panier. P. en H. B. 89.

582 — *Le branle.* Une paysanne dansant un branle avec un villageois qui la tient par la main. P. en H. B. 90.

583 — *Le joueur de cornemuse.* Il est debout au pied d'un arbre, contre lequel il est appuyé. P. en H. B. 91.

584 — *Le violent.* Un vieillard sec et décharné, assis sur un siége de gazon, faisant violence à une femme assise auprès de lui. P. en H. B. 92.
> Très belle. — Morceau rare.

585 — *Les offres d'amour.* Un vieillard mettant la main à l'escarcelle pour obtenir des faveurs d'une jeune femme, assise auprès de lui. P. en L. B. 93.

586 — *Le seigneur et la dame.* Un jeune seigneur et une dame, se promenant ensemble dans une campagne. P. en H. B. 94.

587 — *Le pourceau monstrueux.* P. en L. B. 95.
Très belle.

588 — *Le petit cheval.* Un cheval sans selle et sans bride, vu de profil et tourné vers la gauche. P. en H. B. 96.
Très belle.

589 — *Le grand cheval.* Un guerrier armé, tient par la bride un cheval sans selle et dirigé vers la gauche. P. en H. B. 97.

590 — *Le cheval de la mort.* Un cavalier armé de toutes pièces, se dirige vers la gauche, il est accompagné de la mort montée sur une masette. P. en H. B. 98.
Magnifique épreuve, citée par Duchesne, *Voyage d'un iconophile*, p. 351.

591 — *Le canon.* Un hongrois, suivi de quelques guerriers voit passer un grand canon monté sur un affût. P. en L. B. 99.

592 — *Les armoiries au coq.* P. en H. B. 100.

593 — *Les armoiries à la tête de mort.* P. en H. B. 101.
Magnifique épreuve de ce morceau estimé.

PORTRAITS.

594 — *Albert de Mayence*, vu de face. P. en H. B. 102.
Pièce très rare.

595 — *Albert de Mayence*, vu de profil. P. en H. B. 103.

596 — *Frédéric*, électeur de Saxe. P. en H. B. 104.
Rogné.

597 — *La même estampe.*
Epreuve intacte, provenant de la vente de Mr Wolterbeek, faite à Amsterdam en 1845.

598 — *Philippe Mélanchton.* P. en H. B. 105.

399 — *Bilibald Pirkheimer.* P. en H. B. 106.

400 — *Erasme de Rotterdam.* P. en H. B. 107.

401 — *Joachim Patenier*, peintre de Dinant. P. en H. B. 108.
Morceau rare. — L'œuvre d'Albert Durer est ici au complet; il y manque seulement les N°s 62, 64, 65 et 81, qui, *on le sait, sont presque introuvables.* Les épreuves sont en général belles et bien conservées. Mr B. a formé cet œuvre, pièce par pièce, pendant l'espace de plus de 50 ans.

COPIES D'APRÈS ALBERT DURER.

402 — *La nativité.* P. en H. B. 2.
>   Copie décrite par Bartsch.

403 — *Deux estampes.* P. en H.
   1. Jésus-Christ amené à Pilate. B. 7.
   2. Jésus-Christ à la croix. B. 13.
>   Deux copies gravées en contre partie.

404 — *La Vierge au singe.* P. en H. B. 42.
>   Belle copie gravée par Jérôme Wierx.

405 — *Trois estampes.* P. en H.
   1. S. Christophe. B. 52.
   2. La même. B. 52.
   3. S. George à cheval. B. 54.
>   Trois copies.

GRAVURES EN BOIS.

406 — *La Vierge assise sur un croissant.* P. en H. B. 76.

407 — *La présentation au temple.* P. en H. B. 88.

408 — *La sainte famille.* P. carrée. B. 97.

F

FULCARUS (SÉBASTIEN), dessinateur et graveur au burin, naquit à Goslar en 1589. Instruit dans les principes de son art, il partit pour l'Italie afin de se perfectionner; en 1620 il retourna en Allemagne et s'établit à Francfort où il mourût à l'âge de 77 ans.

409 — *Le jugement dernier,* d'aprés Michel Ange. P. en H.
>   Copie en petit de l'estampe de *George Mantuan.*

G

GLOCKENTON (ALBERT), dessinateur et graveur, sur lequel on possède peu de renseignemens.

BARTSCH, *le Peintre graveur,* vol. VI, pag. 344.

410 — *La descente aux limbes.* Jésus-Christ tenant une bannière de la main droite. P. en H. B. 12.
>   Epreuve du premier état. N° 11 de la *Passion de Jésus-Christ.*

GREUTER (JEAN FRÉDÉRIC), dessinateur et graveur au burin, naquit à Rome vers 1600 et mourût en 1660.

411 — *Un empereur à la tête de son armée,* montre à son général un parc, d'après Stella. P. en L.

> Cette estampe tirée de la Flora du P. Ferrari, provient du cabinet de Mariette, et en dernier lieu de celui de Mᴿ Lousbergs.

GRUN (HANS BALDUNG), peintre et graveur, né à Gemunde, vers 1474.

> BARTSCH, *le Peintre graveur*, tom. VII, pag. 301 et suiv.

PIÈCES GRAVÉES EN BOIS.

412 — *Descente de croix.* Jésus-Christ descendu de la croix est pleuré par la Vierge, la Madelaine et S. Jean. P. en H. B. 5.

> Avec marges.

413 — *Jésus-Christ dans une gloire d'anges,* tenant le globe terrestre de la main gauche. P. en H. B. 6.

414 — *S. Jerôme dans le désert.* On voit le saint au milieu du fond, il est à genoux. P. en H. B. 35.

> Avec marge.

415 — *Le corps mort de Jésus-Christ* transporté dans le ciel, par quatre anges. P. en H. B. 45.

H

HAID (JEAN JACQUES), père, peintre et graveur en manière noire, naquit à Klein-Aeslingen dans le duché de Wurtemberg en 1703, mourût à Augsbourg en 1767.

416 — *La Ratisseuse.* P. en H.

HESS (CH.), graveur à l'eau forte et au burin, né dans le Palatinat, dans le siècle dernier.

417 — *L'œuvre de Hess,* composé de huit pièces gravées d'après les tableaux de Rembrand, de Dusseldorf. P. en H.

> Très belles épreuves avant la lettre. — On y a joint une estampe gravée par B. Picart.

418 — *L'adoration des rois,* d'après le tableau de Jean Van Eyck, de la galerie du roi de Bavière. P. en L.

21

HOGENBERG (NICOLAS), de Munich.

419 — *Entrée de Charles-Quint à Bologne en 1529. 13 grandes feuilles in-fol. plano. dem. rel. dos de mar. vert.*

> Nous plaçons cette suite sous le nom de Hogenberg, malgré qu'il soit douteux qu'elle ait été gravée par cet artiste. Nous en connaissons quatre différentes éditions : la 1re se trouve dans la collection de Mr le duc d'Aremberg, à Bruxelles, la 2me contient la généalogie de Charles-Quint, il en existe un exemplaire chez Mr Goetgebuer, à Gand, la 3me a été publiée à La Haye, par Hondius, la 4me est celle-ci ; elle n'est pas décrite.

HOLLAR (WENCESLAS), dessinateur et graveur à l'eau forte, naquit à Prague en 1607, et mourût à Londres en 1677.

420 — *Portrait d'Albert Durer*, d'après lui-même. P. en H.
> Très belle épreuve.

421 — *Portrait de Jean Maximilien*, conseiller de la ville de Francfort, d'après le même. P. en H.
> Très belle.

422 — *Deux portraits.* P. en H.
1. Une femme à mi-corps, coiffée en cheveux.
2. Marguerite d'Autriche.
> Cette dernière pièce est gravée par Pierre De Jode.

423 — *Quatre pièces diverses.*
1. Un portrait en buste d'après Leonard de Vinci. P. en H.
2. La chambre de malade. P. en L.
3. Femme en costume de Vienne. P. en H.
4. Femme en costume d'Anvers. P. en H.

424 — *Une taupe morte.* P. en L.
> Belle.

425 — *Junon*, d'après Elsheimer. P. en L.

426 — *La ville de Prague.* P. en L.
> Pièce capitale.

427 — *Les lions*, d'après Rubens. P. en L.

HOPFER (DAVID ou DANIEL), orfèvre, dessinateur et graveur; on ignore les dates de sa naissance et de sa mort; il parait avoir vécu à Nuremberg en 1527.

BARTSCH, *le Peintre graveur*, tom. VIII, pag. 473.

428 — *David coupant la tête de Goliath.* P. en L. B. 3.
> Belle.

429 — *Jésus-Christ se séparant de la Vierge*, pour aller souffrir la mort à Jérusalem. P. en H. B. 8.

430 — *Jésus-Christ à la croix.* P. en H. B. 11.
> Belle.

431 — *Le centenier*, perçant d'une lance le corps mort de Jésus-Christ attaché à la croix. P. en H. B. 14.
> Premier état. — Belle.

432 — *Frontispice d'architecture* où l'on a représenté, dans la partie inférieure la famille de Jésus-Christ, au-dessus d'un crucifiement. Morceau composé de deux planches jointes. P. en H. B. 21.
> Belle.

433 — *La S. Vierge assise*, ayant sur ses genoux l'enfant Jésus, qui est adoré par une sainte. P. en H. B. 36.

434 — *La S. Vierge*, placée au milieu d'un rond rempli d'ornemens. P. en H. B. 37.
> Très belle. Avec marge.

435 — *Des anges formant une danse en rond*, en présence de la S. Vierge qui caresse l'enfant Jésus. P. en L. B. 40.

436 — *Combat entre deux Tritons*, dont chacun a une femme en croupe. P. en L. B. 48.
> Très belle.

437 — *L'empereur Maximilien I* à mi-corps, accompagné de deux anges. P. en H. B. 79.
> Belle.

438 — *Portrait en buste de l'empereur Charles V*, placé dans une bordure d'ornemens. P. en H. B. 80.

439 — *François I, roi de France*, à mi-corps, vu de profil et tourné vers la gauche. P. en H. B. 81.
> Superbe épreuve.

HOPFER (LAMBERT), orfèvre, dessinateur et graveur, qui paraît avoir vécu à Nuremberg au commencement du 16e siècle.

BARTSCH, *le Peintre graveur*, tom. VIII, pag. 526.

440 — *Trois sujets* dans des formes rondes, sur une même planche. B. 23.

441 — *Dessin d'un autel d'église*, avec un tableau où l'on a représenté le mariage de S. Catherine. P. en H. B. 22.

442 — *Montant d'ornemens*, accompagné de deux autres qui sont moins larges et qui se voient de chaque côté. P. en H. B. 28.
Belles marges.

K

KRUG (LOUIS), orfèvre, peintre et graveur à Nuremberg, mort vers 1535; il parait avoir été fils ou parent de l'un des deux *Jean Krug*, l'aîné et le jeune, dont l'un est mort en 1514, l'autre en 1519.

BARTSCH, *le Peintre graveur*, tom. VII, pag. 555 et suiv.

443 — *La nativité*. La Vierge à droite et S. Joseph à gauche, adorant à genoux l'enfant Jésus couché. P. en H. B. 1.

444 — *L'adoration des Rois*. La Vierge ayant l'enfant Jésus sur ses genoux est assise au milieu de l'estampe. P. en H. B. 2.
Très belle épreuve.

L

LADENSPELDER (JEAN) d'Essen, naquit à Essen, ville frontière du duché de Berg, en 1511, on ignore la date de sa mort.

BARTSCH, *le Peintre graveur*, vol. IX, pag. 57.

445 — *S. Jean assis*, vu de profil et dirigé vers la droite. Il tient une plume de la main droite et de l'autre un livre ouvert. P. en H. B. 8.
Cette estampe fait partie de la suite des *quatre Evangélistes*.

446 — *Les péchés mortels*. P. en H.

1. L'Orgueil. Une femme nue, tenant un miroir de la main gauche, et de l'autre se peignant les cheveux. B. 16.

2. L'Avarice. Une femme nue tenant de la main droite un crapaud et de l'autre un sac d'argent qui se crève.

3. La Paresse. Une femme nue debout, ayant le coude de son bras gauche appuyé sur un piedestal. B. 17.

4. *La Luxure*. Une femme nue dans une position indécente , pressée dans les bras d'un homme , qui se tient debout à côté d'elle.

5. *La Colère*. Un homme nu , remettant dans un fourreau un sabre qui lui a servi à couper une tête qui se trouve sous son pied gauche.

6. *La Gourmandise*. Une femme nue debout, buvant dans une coupe qu'elle tient de la main gauche.

7. *L'Envie*. Un homme nu , les cheveux en désordre et tenant un poignard de la main gauche.

Suite complète et très rare , dont seulement deux pièces ont été connues et décrites par Bartsch.

LANTENSACK (HANS SÉBALD), dessinateur et graveur à l'eau forte; on ignore la date de sa naissance et de sa mort. Ses estampes ont été gravées entre les années 1544 et 1560.

BARTSCH , *le Peintre graveur*, vol. IX, pag. 207.

447 — *Portrait de Jerôme Schurstab* , à mi-corps et vu de face. P. en L. B. 7.

Epreuve à grandes marges.

448 — *Portrait d'homme à mi-corps*, vu de trois quarts et tourné un peu vers la droite. P. en H. B. 9.

449 — *Paysage en largeur*. Un vaste bâtiment sur un rocher entouré de l'eau d'une rivière dont le bord à droite est garni de quelques fabriques. B. 59.

Belle.

LORCH (MELCHIOR) , peintre , graveur et antiquaire, naquit à Flensbourg, dans le Holstein, en 1517, la date de sa mort n'est pas connue.

BARTSCH , *le Peintre graveur*, vol. IX, pag. 500.

450 — *La taupe*. 1548. Une taupe dont la tête est dirigée vers la gauche. Le fond offre un paysage. P. en L. B. 5.

La marge coupée.

451 — *Le joueur de cornemuse*. 1547. Un paysan debout, portant une cornemuse sur le bras droit ; sur le devant à gauche est debout, un jeune garçon, vu par le dos. P. en H. B. 7.

Belle.

452 — *L'homme crucifié*. 1550. Un homme crucifié à un tronc d'arbre. Sa jambe gauche est tendue l'autre est retirée. P. en H. B. 8.

> Belles marges.

453 — *Portrait d'Auger de Busbec*. Il est à mi-corps, vu de profil et tourné vers la gauche. P. en H. B. 9.

> Belle épreuve.

454 — *Portrait d'Albert Durer*. 1550. Il est en buste, vu de profil et tourné vers la droite. P. en H. B. 10.

M

MAITRE (le) de l'an 1466. On n'a pas de renseignemens sur ce maître; ces estampes sont très rares. On sait que c'est le plus ancien graveur allemand connu avec date certaine.

> BARTSCH, *le Peintre graveur*, vol. I, pag. 1 et suiv.

455 — *Le Sauveur*. Il est représenté à mi-corps, vu de trois quarts et tourné un peu vers la droite. P. en H. B. 84.

> PIÉCES INCONNUES ET NON DÉCRITES PAR BARTSCH.

456 — *L'Homme de douleur*, assis sur son tombeau, tourné à gauche; de chaque côté sont deux anges. Dans le fond est la croix avec les instrumens de la Passion. P. en. H.

> Morceau mentionné par Duchesne, ainé, *Voyage d'un iconophile*, p. 329.

457 — *Sainte Barbe*, debout avec de longs cheveux flottans. Tournée vers la droite, sa main gauche est posée sur une tour pointue, elle tient une palme de la droite. P. en H.

> Morceau également mentionné par Duchesné, ainé, ibid. p. 329.

458 — *Saint Grégoire à genoux* devant l'homme de douleur placé sur un autel à gauche. P. en H.

> Mr Duchesne croyait cette pièce gravée par un copiste du maître de 1466; elle est fort curieuse.

MAITRE (le) à l'Ecrevisse.

> BARTSCH, *le Peintre graveur*, vol. VII, pag. 527.

459 — *La Nativité*. Au milieu de l'estampe, la Vierge vue de face et à mi-corps, adore l'enfant Jésus couché. P. en H. B. 3.

MAITRE au Caducée. Le maître qui s'est servi de cette marque est inconnu ; Brulliot croit qu'il se nommait *Jacques de Barbary*. Malgré qu'il a gravé dans le goût italien , on le place ordinairement dans l'école allemande.

Bartsch , *le Peintre graveur*, tom. VII , pag. 516 et suiv.

460 — *S. Catherine.* Elle est debout tenant une palme de la main gauche et de la droite un glaive. P. en H. B. 8.

Très belle épreuve.

461 — *L'homme portant le berceau.* Un paysan dirigeant ses pas vers la droite de l'estampe. P. en H. B. 11.

Charmante épreuve.

462 — *La femme au miroir.* Une femme toute nue, vue jusqu'aux genoux, elle est de face. P. en H. B. 12.

MAITRE ANONYME du XVᵉ siècle.

463 — *La Vierge soutenant le Christ mort.* P. en H.

Estampe grossièrement exécutée et fort ancienne.

MAITRE ANONYME.

464 — *Mutius Scevola.* P. en H.

MAITRE ANONYME.

465 — *Un évêque*, coiffé de la mitre et tenant la crosse épiscopale de la main gauche ; il est entouré de deux saints personnages. P. en H.

Gravé en bois.

MAITRE ANONYME.

466 — *La chasse à l'ours*, représenté par un grand nombre d'enfans qui attaquent des ours. P. en L.

MAITRE ANONYME du commencement du XVIᵉ siècle.

467 — *L'adoration des mages.* La sainte Vierge est assise à gauche sur un escalier, tenant sur ses genoux l'enfant Jésus adoré par un des trois rois. Les deux autres se tiennent à l'écart. P. en H.

MAITRE au Monogramme A. c. Le nom de l'artiste qui s'est servi de ce monogramme, n'est pas connu, on sait seulement qu'il a travaillé à Utrecht entre les années 1520 et 1555.

Bartsch , *le Peintre graveur*, tom. IX , pag. 117 et suiv.

468 — *Deux sujets.* P. en H.

1. Adam et Eve. Eve présente de sa main gauche élevée la

pomme à Adam qui est auprès d'elle et qui lui fait des caresses. B. 2.

    2. La S. Vierge et S. Anne. Deux dessins de gaîne sur une même planche. B. 15.

469 — *Deux sujets divers.*

    1. Amon et Thamar. En forme de losange. B. 5.

    2. Le jugement de Pâris. P. ronde. B. 25.

470 — *Deux sujets divers.*

    1. David et Goliath. P. ronde. B. 7.

    2. S. Pierre. P. en H. B. 18.

        Copie en contre partie.

471 — *Le soldat succombant sous la mort.* P. en H. B. 39.

472 — *La géométrie.* Une femme assise au milieu de l'estampe, tenant de la main droite une équerre. Le mot *geometria* se trouve au haut de la gauche, au haut de la droite on lit l'année 1526, le chiffre de l'artiste se trouve du même côté à mi-hauteur. P. en H.

        Pièce inconnue à Bartsch et NON DÉCRITE.

        MAITRE au Monogramme AS, dont Bartsch ne décrit que trois pièces.

        BARTSCH, *le Peintre graveur*, vol. IX, pag. 50.

473 — *La Fortune.* 1540. La fortune sous la forme d'une femme qui est debout, ayant la jambe droite sur une boule, et l'autre en l'air. Pièce ronde. B. 1.

        MAITRE au Monogramme B. M. Ces lettres dont on ne connait pas la signification, appartiennent à un ancien graveur qui paraît avoir travaillé avant Martin Schongauer. Voy. Brulliot, *Dict. des monogr.* vol. 2, pag. 33, Nº 265.

        BARTSCH, *le Peintre graveur*, tom. VI, pag. 392.

474 — *Le corps mort de Jésus-Christ* sur les genoux de la sainte Vierge au pied de la croix. P. en H.

        Belle et rare épreuve NON DÉCRITE par Bartsch. Voy. Brulliot, l. c.

MAITRE au Monogramme COR. MET. Le nom de l'artiste qui s'est servi de ces deux noms abrégés n'est pas connu.

BARTSCH , *le Peintre graveur*, vol. IX , pag. 90.

475 — *Les danseurs boiteux.* P. en H. B. 3-14.

Suite de douze estampes.

1. Un vielleur à jambes torses. B. 3.
2. Un gueux et une gueuse dirigeant leurs pas vers la gauche. B. 4.
3. Un homme boiteux menant à la main une jeune femme qui s'incline. B. 5.
4. Un homme vêtu d'un froc de moine , donnant le bras à une vieille courbée par l'âge. B. 6.
5. Un gueux estropié accompagnant une femme qui a les jambes désséchées. B. 8.
6. Un gueux ayant une jambe de bois , dansant avec une femme. B. 9.
7. Un homme marchant sur ses deux béquilles et accompagné d'une femme. B. 11.
8. Un homme couvert d'un manteau court de pélérin , marchant à côté d'une femme. B. 12.
9. Un homme ayant les deux mains appuyées sur des bâtons et accompagné d'une femme. B. 13. *Deux exemplaires.*

MAITRE au Monogramme E V enlacés.

476 — *Jésus au milieu des docteurs.* La marque se trouve au haut de la droite. P. en L.

MAITRE ANONYME.

477 — *Pyrame et Thisbé.* La marque se trouve sur une tablette au bas de la gauche. P. en H.

MAITRE au Monogramme F.B , qu'Heineken attribue par erreur *Frédéric Brentel,* peintre en miniature à Strasbourg.

BARTSCH , *le Peintre graveur*, tom. IX , pag. 443.

478 — *Les douze Apôtres et S. Paul.* P. en H. B. 1-13.

Suite de treize estampes. Manque le N° 5 ; les Nos 1 et 11 ne sont pas décrits par Bartsch. On y a ajouté : *Jésus-Christ , vu de face et portant de la main gauche le globe surmonté de la croix,* pièce également non décrite par Bartsch.

479 — *Le canonnier.* 1559. A la gauche est debout un canonnier, tenant la mèche de la main droite et de l'autre montrant le canon qui est placé à droite. P..carrée. B. 55.

> Belle.

480 — *Les deux officiers à cheval.* 1559. Deux officiers à cheval, précédés d'un hallebardier à pied, et suivi de deux autres. P. en H. B. 61.

> Très belle.

MAITRE au Monogramme F. G.

Bartsch, *le Peintre graveur*, tom. IX, p. 24.

481 — *Mutius Scevola.* Il porte un glaive dans la main droite qu'il tient sur un brasier, en présence de Porsenna. P. en H. B. 2.

> Très belle.

482 — *Le porte-enseigne.* Uu officier allemand debout, tenant de la main gauche un drapeau déployé. P. en H. B. 7.

> Très belle.

MAITRE ANONYME du XVe siècle. Il marque un H, accompagné d'un petit couteau; ni Bartsch, ni Brulliot, ne parlent de ce maître.

483 — *La Vierge tenant l'enfant Jésus et caressant S. François qui l'adore.* P. ronde.

> Cette estampe nous parait avoir été gravée par un maitre de la fin du XVe siècle.

MAITRE ANONYME du XVe siècle.

484 — *S. George.* Il est à cheval, armé d'une lance qu'il tient dans le bras gauche. P. en H.

> Pièce très grossièrement faite, et dont la manière dénote une haute antiquité.

MAITRE au Monogramme H. L.

Bartsch, *le Peintre graveur*, tom. IX, pag. 473.

485 — *Le Sauveur.* Il est à mi-corps, vu de profil, et tourné vers la gauche. Avec la date 1558. P. en H. B. 2.

MAITRE au Monogramme H V E enlacés.

486 — *Hercule.* Hercule déchirant le lion de Némée. Il est vu de profil et tourné vers la droite. P. en H. B. 2.

> Belle.

MAÎTRE au Monogramme I B.

487 — *Marc Curce.* 1529. Marc Curce à cheval, allant se précipiter dans le gouffre. Pièce ronde. **B. 8.**

> Deux épreuves : l'originale et la copie en contre partie sans la lettre I dans le mot *Curtius*.

488 — *Portrait de Martin Luther.* 1530. Il est en buste, vu presque de face et dirigé un peu vers la gauche. P. en H. **B. 9.**

489 — *Portrait de Melanchton.* 1530. Il est en buste, vu presque de face et tourné vers la droite. P. en H. **B. 10.**

490 — *Les divinités qui président aux sept planètes.* P. en H. **B. 11-17.**

> Suite de huit estampes.

1. Mars accompagné du belier et du Scorpion. **B. 13.**
2. Le Soleil accompagné du lion. **B. 14.**
3. Vénus accompagnée du taureau et de la balance. **B. 15.**
4. Mercure accompagné de la Vierge et des gémeaux. **B. 16.**
5. La Lune sous la forme de Diane accompagnée de l'écrevisse. **B. 17.**

491 — *Combat de gladiateurs à cheval et à pied.* P. en L. **B. 22.**

492 — *Les sept vertus chrétiennes.* Représentées par des figures de femmes nues. P. en H. **B. 23-29.**

> Suite complète de sept estampes.

493 — *Le génie de l'Histoire.* Il est représenté sous la figure d'une femme ailée qui écrit sur une table. Pièce ronde. **B. 31.**

494 — *Les enfans vendangeurs.* 1529. Vingt enfans nus, faisant la vendange. P. en L. **B. 35.**

> Très belle.

495 — *Le marché.* A la gauche de l'estampe une dame accompagnée de sa servante, marchande un canard d'un paysan, qui est debout. Pièce ronde. **B. 37.**

496 — *Deux vignettes.* P. en L. **B. 44-45.**

1. La vignette aux trois médaillons. **B. 44.**
2. La vignette aux deux Tritons. **B. 65.**

497 — *Deux sujets divers.*

    1. Les deux génies au pied de la colonne. P. en L. B. 34. *Il n'y a que la moitié de l'estampe.*

    2. Le marché. P. ronde. B. 37.

498 — *La gaine au guerrier.* 1528. P. en H. B. 50.
    Belle.

499 — *La gaine à la femme ailée.* P. en H. B. 51.

500 — *La gaine à la Vénus.* P. en H. B. 52.
    Epreuve avec marge. — Belle.

501 — *Cinq sujets de l'histoire d'Adam et d'Eve.* P. en H.

    1. La création de l'homme. Dieu formant le premier homme du limon de la terre.

    2. Adam et Eve, mangent du fruit défendu. Eve reçoit la pomme d'Adam, qui est assis à la gauche de l'estampe.

    3. Ils cachent leur nudité. L'arbre de vie se trouve au milieu de l'estampe, Adam est debout à droite, Eve est assise à gauche.

    4. Ils demandent à Dieu pardon de leur faute.

    5. L'ange les chasse du Paradis. Ils dirigent leurs pas vers la droite.

    Ces cinq pièces ne sont pas DÉCRITES par *Bartsch.*

    MAITRE au Monogramme I.M.S. Ces lettres appartiennent à un graveur allemand du 16e siècle, dont le nom n'est pas encore découvert.

    BARTSCH, *le Peintre graveur,* tom. VII, pag. 546.

502 — *La Vierge baisant l'enfant Jésus.* Elle est vue à mi-corps, assise à droite, au pied d'un arbre. P. en H. B. 1.

    MAITRE au Monogramme I.S. enlacés. Van Mander (vol. 4, p. 148 verso), attribue ce monogramme à Jean Swart, natif de Groningue, peintre-graveur de l'année 1500. Bartsch ne donne qu'une estampe de ce maître.

    BARTSCH, *le Peintre graveur,* tom. VII, pag. 492.

503 — Le milieu de ce morceau est occupé par un groupe de quatre Orientaux, dont un fait signe vers le lointain à droite, où l'on voit un saint apôtre dans un vaisseau, prêchant à une foule de payens assemblés sur le rivage de la mer. P. en L. B. 1.
    Très belle pièce.

MAITRE au Monogramme L.

BARTSCH, *le Peintre graveur*, vol. IX, pag. 10 et suiv.

504 — *Les mages apportant des présens à l'enfant Jésus nouvellement né*. P. ronde. B. 3.

C'est une des trois pièces pour *la vie de la Vierge*.

MAITRE au Monogramme M et T enlacés. Christ attribue cette marque à *Martin Treu*, sur lequel on ne trouve pas de renseignemens.

BARTSCH, *le Peintre graveur*, vol. IX, pag. 68.

505 — *L'histoire de l'enfant prodigue*. P. en L. B. 3-14.

Suite de douze estampes. Manque le N° 12 et le N° 14 est en double. — Très
belles épreuves.

506 — *La danse des gens de condition*. P. en H. B. 24-35.

Suite complète de douze estampes.

1. Un tambour et un fifre. B. 24.

Deuxième état.

2. Un seigneur vu par le dos, conduisant une dame de la main
droite. B. 25.

Deuxième état.

3. Un seigneur et une dame, dirigeant leurs pas vers la gauche.
B. 26.

Deuxième état.

4. Un gentilhomme vu de profil conduisant une dame qui tient
une fleur de la main droite. B. 27.

Troisième état.

5. Un seigneur vu par le dos conduisant une dame à la main.
B. 28.

Premier état.

6. Un seigneur ayant la main appuyé sur sa hanche et le bras
droit passé autour du cou d'une dame. B. 29.

Premier état.

7. Un seigneur et une dame vue de face, l'homme a la main
passé autour de la taille de la dame. B. 30.

Premier état.

8. Un seigneur avancé en âge, conduisant une dame à la main.
B. 31.

Deuxième état.

9. Un seigneur conduisant une dame de la main droite. Ils dirigent leurs pas vers la gauche. B. 32.

Premier état.

10. Un gentilhomme tournant la tête à droite, conduisant de la main droite une dame vue de face. B. 33.

Premier état.

11. Un homme avancé en âge et vu de profil, conduisant de la main droite une dame, qui détourne la tête pour le regarder. B. 34.

Deuxième état.

12. Un homme d'âge, vu presque de face, conduisant de la main droite une dame vue presque de profil. B. 35.

Suite complète et qui doit être fort rare, puisque Bartsch n'a jamais vu les douze pièces réunies. On y a ajouté le N° 16 des paysans dansans, gravés par le même maître.

MAITRE au Monogramme NAR entrecroisés. Le Musée de Berlin possède un tableau de ce maître inconnu, dans le genre de Lucas de Leyde. Bartsch, vol. VII, p. 545, ne décrit qu'une seule pièce de cet artiste.

507 — *La Vierge et l'enfant Jésus*, au milieu de l'estampe; la Vierge tournée à droite, est assise adossée contre un mur; l'enfant Jésus est dans ses bras tenant une pomme de la main droite. Le lointain à droite, offre la vue d'une ville. La tablette avec le chiffre de l'artiste est contre le mur, au milieu de la gauche. P. en H.

Pièce inconnue à Bartsch et NON DÉCRITE. — *Belle.*

MAITRE au Monogramme R.B.

508 — *Les petits vendangeurs.* Neuf enfans sont occupés à verser des raisins dans une grande cuve. La tablette avec les lettres R.B. est au haut de la droite. P. en H.

Cette estampe non mentionnée par Bartsch est décrite par Brulliot, Dict. des monogr. N° 2388ᵃ ; elle représente la partie gauche de celle gravée par le maître au monogramme I B et décrite par Bartsch, vol. VIII, pag. 311, N° 35.

MAITRE au Monogramme S. Cette lettre a servi de marque à un ancien graveur allemand, dont le nom n'est pas connu. Voy. Brulliot. *Dict. des monogr.*, t. 2, p. 339, N° 2460ᵃ

Bartsch, *le Peintre graveur*, tom. VIII, pag. 13.

509 — *Jésus-Christ attaché à la croix;* la croix est à terre, au milieu se trouve un panier, contenant les instrumens de supplice. P. en H.

Pièce NON DÉCRITE par Bartsch.

MAITRE au Monogramme V.G., dont Bartsch décrit trois pièces. Bartsch, IX, p. 22.

510 — *Vignette.* Un rinceau d'ornemens en forme de frise, où l'on voit au milieu un bouclier marqué du chiffre et de l'année 1554. P. en L. B. 1.

MATSYS (CORNEILLE), graveur sur lequel on a peu de renseignemens, on sait seulement qu'il a vécu vers les années 1544 et 1556.

Bartsch, *le Peintre graveur*, vol. IX, pag. 97.

511 — *L'histoire de Samson.* P. en L. B. 8-19.
Suite de douze estampes.

1. L'ange du Seigneur annonçant à la femme de Manué, qu'elle enfantera un fils. B. 8.
Premier état.
2. Samson déchire le lion dans les vignes de la ville de Thamnatha. B. 10.
Premier état.
3. Samson voulant aller voir sa femme, en est empêché par son beau-père. B. 13.
Premier état.
4. Samson mettant le feu aux champs de blé des Philistins. B. 14.
Une épreuve du premier état, et une du deuxième.
5. Samson tuant mille Philistins avec une mâchoire d'âne. B. 16.
Deux épreuves, une du premier et une du deuxième état.
6. Dalila coupant les cheveux à Samson. B. 18.

512 — *La vie de S. Jean Baptiste.* P. en L. B. 26-33.
Suite de huit estampes.
1. S. Jean montrant Jésus-Christ. B. 28.
2. S. Jean baptisant Jésus-Christ dans le Jourdain. B. 29.

3. S. Jean dans la prison. B. 30.

4. Hérodiade quittant la table du roi pour aller chercher la
tête de S. Jean. B. 31.

513 — *Les vertus*, représentées par des figures de femmes. P. en H.
B. 38-46.
Suite de neuf estampes, manquent les 7e et 8e (Nos 44 et 45).

514 — *Les quatre aveugles*. Quatre aveugles se menant l'un l'autre,
en se dirigeant vers la droite. P. en L. B. 53.

MECKEN (ISRAEL DE), ancien peintre-graveur, contemporain de
François de Bocholt. D'après Ottley, il serait mort en 1523.

BARTSCH, *le Peintre graveur*, tom. VI, pag. 184.

515 — *Israël Van Mecken, le jeune*. Il est représenté en buste. On
lit au bas: *Israhel van Meckenem Goltsmit*. P. en H. B. 2.
Magnifique épreuve d'une estampe fort rare.

SUJETS DE LA BIBLE.

516 — *Samson tuant un lion*. Le lion est vu de profil et dirigé
vers la gauche. P. en H. B. 3.
Epreuve d'une beauté extraordinaire et grande de marges. Dans le haut on
voit les trois lettres L. E. T. en rouge, qui paraissent désigner *Louis Euchaire
Trosch*, typographe allemand, qui a été le premier possesseur de cette pièce.

517 — *Judith*. Sur le devant à droite, Judith met la tête d'Holoferne dans un sac. P. en L. B. 4.
Très belle épreuve, citée par Mr Duchesne, aîné, dans son *Voyage d'un
iconophile*, p. 529.

518 — *La Passion de Jésus-Christ*. P. en H. B. 10-21.
Suite de douze estampes.

1. Le lavement des pieds. B. 10.
Deuxième état.

2. Jésus-Christ amené chez Caïphe. B. 12.
Premier état.

3. La flagellation. B. 13.
Premier état. Ancienne épreuve.

4. Le couronnement d'épines. B. 14.
Deuxième état.

5. Jésus-Christ amené chez Pilate. B. 15.
Premier état.

6. Le portement de croix. B. 17.
> Premier état.

7. Descente de croix. B. 19.
> Deuxième état.

8. La résurrection. B. 20.
> Deuxième état.
> Très belles épreuves.

VIERGES.

519 — *La vie de la Vierge.* P. en H. B. 30-41.

1, Le Grand-prêtre refusant l'offrande de Joachim. B. 30.
> On remarque derrière le Grand-prêtre et à sa droite, un homme tenant un livre, avec des caractères qui indiquent l'année 1461 ; si cette date se rapportait à celle de l'exécution, cette estampe serait la gravure la plus ancienne sur cuivre. Voy. Duchesne, ainé, *Voyage d'un iconophile*, p. 329-30.

2. La naissance de la Vierge. B. 31.

3. La présentation au Temple. B. 32.

4. Son mariage avec S. Joseph. B. 33.

5. L'annonciation. B. 54.

6. La naissance de Jésus-Christ. B. 35.

7. L'adoration des Rois. B. 36.

8. La circoncision. B. 57.

9. Le massacre des innocens. B. 58.

10. Jésus disputant au Temple. B. 59.

11. La mort de la Vierge. B. 40.
> Magnifiques épreuves de cette suite précieuse, à laquelle ne manque que la dernière pièce, représentant *la Vierge couronnée dans le ciel*. Voy. au sujet de ces estampes, Duchesne, ainé, *Voyage d'un iconophile*, p. 329.

520 — *La Vierge immaculée.* Elle est représentée debout sur un croissant. P. en H. B. 48.
> Très belle épreuve d'une conservation irréprochable.

521 — *La mort de la Vierge.* La Vierge est représentée mourante dans un lit. P. en H. B. 50.

SAINTS ET SAINTES.

522 — *Les douze apôtres.* P. en H. B. 79-84.
> Suite de six estampes.

1. S. Pierre et S. André. B. 79.

2. S. Jacques majeur et S. Jean l'évangéliste. B. 80.

3. S. Jacques le mineur et S. Judas Thadée. B. 81.

4. S. Barthélemy et S. Philippe. B. 82.

5. S. Paul et S. Thomas. B. 83.

6. S. Mathieu et S. Simon. B. 84.

> Suite complète d'une grande beauté d'épreuve et de conservation. Voy. Duchesne, aîné, *Voyage d'un iconophile*, p. 329.

523 — *S. Christophe*. Il est représenté portant sur ses épaules l'enfant Jésus. P. en H. B. 90.

> Belle et ancienne épreuve avec marges, provenant de la vente de M^r De Blankh, faite à Vienne en 1807.

524 — *S. George*. S. George perçant d'une lance la tête du dragon qui a des oreilles d'âne. Pièce ronde. B. 98.

> Pièce capitale, rare et très belle d'épreuve et de conservation.

525 — *S. Grégoire*. Chacun des assistans tient un long cierge. P. en H. B. 101.

> Exemplaire provenant de la collection de Mr Libert de Beaumont, à Lille.

526 — *S. Laurent*. Il est debout et dirigé vers la gauche. P. en H. B. 106.

> On sait que cette pièce est une copie en contre partie d'une estampe gravée par Martin Schongauer.

527 — *Sainte Elisabeth*. Elle est debout, couvrant de son manteau un pauvre estropié. P. en H. B. 127.

> Très belle épreuve.

DIFFÉRENS AUTRES SUJETS.

528 — *L'Homme de douleurs*. Il est représenté se tenant debout dans son tombeau. P. en H. B. 155.

529 — *La Vierge, S. André et Sainte Cathérine*. P. en H. B. 147.

> Epreuve à grandes marges.

530 — *Lucrèce*. Lucrèce se donnant la mort en présence de Collatin son époux et des principaux de la ville de Rome. P. en H. B. 168.

> Magnifique épreuve de la collection Révil.

531 — *La danse pour le prix*. Une femme proposant pour prix un anneau d'or à des gens qui dansent. Pièce ronde. B. 186.

MEIER (MELCHIOR), artiste allemand de beaucoup de mérite, mais dont l'histoire de l'art ne fait pas la moindre mention.

532 — *Apollon écorchant Marsias*. Avec la date 1581. P. en H. B. vol. XVI, p. 246.

> Estampe que quelques auteurs attribuent à Enée Vico, d'autres à Jules Romain, voy. Brulliot, *Dict. des monogr.* vol. 2. p. 267. N° 2024.

N

NERO. On ne sait si on doit attribuer les estampes ainsi marquées à *Durantes Alberti,* qui était surnommé Nero. Bartsch, ne décrit de cet artiste que la pièce suivante. Bartsch. IX, p. 48.

533 — *La Justice.* Une femme nue, vue par le dos et assise sur un siége orné de sculpture, elle tient le glaive de la Justice de la main droite. P. en H. B. 1.

Magnifique épreuve.

O

OLMUTZ (WENCESLAS D'), orfèvre, dessinateur et graveur, maître d'Albert Durer.

Bartsch, *le Peintre graveur,* vol. VI, pag. 517.

534 — *La Résurrection.* Jésus est représenté sortant du sépulcre dont un ange ôte la pierre. P. en H. B. 15.

Pièce rare formant le Nº 12 de la *Passion,* gravée d'après Martin Schongauer.

535 — *L'Oisiveté.* Vénus et le démon de l'impureté inspirant des desirs criminels à un homme plongé dans l'oisiveté. P en H. B. 49.

P

PENCZ (GEORGE), peintre graveur, né à Nuremberg en 1500, mort 1556. Elève de *Marc-Antoine,* il acquit à cette école une perfection de dessin qu'on rencontre rarement dans les autres petits maîtres allemands.

Bartsch, *le Peintre graveur,* vol. VIII, p. 319 et suiv.

SUJETS DE L'ANCIEN TESTAMENT.

536 — *L'histoire d'Abraham.* P. en L. B. 1-5.

Suite de cinq pièces.

1. Sara présentant Agar à Abraham, que l'on voit assis à gauche. B. 1.
2. Abraham servant les trois anges. *Copie.* B. 2.
5. Abraham renvoyant Agar. B. 5. *Exemplaire imprimé des deux côtés.*

557 — *Abraham caressant Agar*. Abraham assis sur un lit, et ayant entre ses bras Agar, à qui il fait des caresses. P. en H. B. 6.

> Superbe épreuve d'une pièce très rare. Voy. Duchène *Voyage d'un iconophile*, p. 330.

558 — *L'histoire de Joseph*. P. en H. B. 9-12.

> Suite complète de quatre estampes, les Nos 10, 11 et 12 sont très beau d'épreuve.

559 — *L'histoire de Tobie*. P. en H. B. 13-19.

> Suite complète de sept estampes.

540 — *Différens sujets de l'ancien Testament*. P. en L. B. 20-29.

1. Les filles de Loth enivrant leur père. B. 20.
2. David apercevant Bethsabée dans le bain. B. 21.
3. Salomon jugeant deux femmes qui étaient en différend au sujet de leurs enfans. B. 23.
4. Holoferne à table avec Judith dans une tente. B. 24.
5. Judith accompagnée de sa servante qui porte la tête d'Holoferne. B. 25.
6. Susanne surprise dans le bain par les deux vieillards. B. 26.
7. Le même sujet, traité différemment. B. 27.
8. Dalila coupant les cheveux à Samson. B. 28.
9. Hérodiade portant la tête de S. Jean Baptiste sur la table d'Hérode. B. 29.

SUJETS DU NOUVEAU TESTAMENT.

541 — *La vie de Jésus-Christ*. P. en L. B. 30-54.

> Suite complète de vingt six estampes, la plupart belles d'épreuve et de marges.

542 — *Une pièce de la suite précédente, et une autre*. P. en L. B. 52.

543 — *Jésus-Christ entouré des petits enfans*. Jésus-Christ faisant des caresses aux petits enfans qu'on lui amène. P. en L. B. 56.

544 — *Jésus-Christ à la croix*. 1547. Jésus-Christ à la croix au milieu de l'estampe. P. en H. B. 57.

545 — *Les sept œuvres de miséricorde*. B. 58-64.

> Suite de sept estampes de forme ronde.

1. Vêtir les nus. B. 59.
2. Donner à boire à ceux qui ont soif. B. 60.

3. Visiter les prisonniers. B. 61.
4. Loger les pélerins. B. 62.
5. Soigner les malades. B. 63.
6. Ensévelir les morts. B. 64.

546 — *La Parabole du mauvais riche.* P. en L. B. 65-67.
   Suite complète de trois estampes.

547 — *Le bon Samaritain.* 1543. Le Samaritain versant de l'huile
et du vin dans les plaies d'un inconnu qu'il rencontre sur son
chemin. P. en L. B. 68.
   Belle.

548 — *La conversion de S. Paul.* 1543. S. Paul se relevant de
terre et tournant sa tête vers Dieu qui lui apparait entouré
d'une lueur céleste. P. en L. B. 69.

SUJETS HISTORIQUES ET DE LA FABLE.

549 — *Quatre sujets de la Fable.* P. en H. B. 70-73.
   Suite complète de quatre estampes.

1. Thomiris, plongeant la tête de Cyrus dans une outre pleine
   de sang. B. 70.
   Belle.

2. Médée remettant à Jason ses dieux Pénates, pour gage de sa
   foi. B. 71.
   Belle.

3. Pâris amoureux d'Ænone. B. 72.

4. Procris tuée par Céphale. B. 73.
   Très belle.

550 — *Les quatre sujets de l'histoire Romaine* en hauteur. B. 74-77.
   Suite complète de quatre estampes.

1. Mutius Scévola se brulaut la main en présence de Porsenna.
   B. 74.
   Belle.

2. Marc Curce se devouant à sa patrie en se précipitant dans un
   gouffre. B. 75.
   Belle.

3. Titus Manlius faisant trancher la tête à son propre fils. B. 76.

4. Regulus renfermé dans un tonneau garni de cloux. B. 77.
   Très belle.

551 — *Les quatre sujets de l'histoire romaine* en largeur. B. 78-81.
Suite complète de quatre pièces. — Belles.

552 — *Sophonisbe.* Elle prend le poison que lui envoye Massinissa son époux, pour lui éviter la honte d'être menée en triomphe à Rome. P. en H. B. 82.
Belle.

553 — *Artémise.* Artémise faisant mettre dans sa boisson les cendres de son mari. P. en H. B. 83.
Belle épreuve, provenant du cabinet de Mariette.

554 — *Virginius.* Virginius tuant sa fille en présence du décemvir Appius Claudius. P. en H. B. 84.
Très belle.

555 — *Didon.* Didon s'enfonçant un poignard dans le sein. P. en H. B. 85.

556 — *La prise de Carthage.* 1539. Les Romains, sous la conduite de Scipion, escaladent les murs de la ville de Carthage. P. en L. B. 86.
Magnifique et rare épreuve du premier état, avant l'adresse d'*Ant. Salamanca.*

557 — *Un sujet d'un conte d'Albert d'Eyb.* P. en L. B. 88.

558 — *Le jugement de Pâris.* Les trois déesses se présentent pour être jugées par Pâris, qui est endormi auprès d'une fontaine. P. en L. B. 89.

559 — *Thétis et Chiron.* 1543. Thétis recommandant à Chiron l'éducation d'Achille. P. en H. B. 90.

560 — *Deux estampes diverses.* P. en H.
1. Diane au bain. B. 91.
Très belle.
2. La femme adultère. B. 55.

561 — *Triomphe de Bacchus.* Bacchus conduit en triomphe dans un char tiré par un centaure. P. en L. B. 92.

562 — *Deux estampes diverses.* P. en L.
1. La rivière passée à gué. B. 94.
2. Le juge. B. 95.

SUJETS ALLÉGORIQUES.

563 — *Les sept péchés mortels.* P. en H. B. 98-104.
Suite complète de sept estampes.

564 — *Les cinq sens.* P. en H. B. 105-109.
> Suite complète de cinq estampes.

565 — *Les sept arts libéraux.* P. en H. B. 110-116.
> Suite complète de sept estampes très belles d'épreuve.

566 — *Les six triomphes décrits par Petrarque.* P. en L. B. 117-122.
> Suite complète de six estampes.

1. Le triomphe de l'Amour. B. 117.
2. Le triomphe de la Chasteté. B. 118.
3. Le triomphe de la Renommée. B. 119.
4. Le triomphe du Temps. B. 120.
5. Le triomphe de la Mort. B. 121.
6. Le triomphe de l'Eternité. B. 122.

> Très belles épreuves. Voy. Duchesne, *Voyage d'un iconophile*, p. 330.

567 — *Portrait de Jean Frédéric*, électeur de Saxe, surnommé le Magnanime. Il est à mi-corps, vu presque de face, et tourné un peu vers la droite. P. en H. B. 126.

S

SCHAUFELEIN (HANS), peintre et graveur en bois, né à Nuremberg et mort à Nordlingen vers 1550.

BARTSCH, *le Peintre graveur*, vol. VII, pag. 244.

568 — *Deux danseurs de noces.* Un homme coiffé d'un grand chapeau orné de plumes, et appuyant sa main gauche sur une longue épée, conduit de la main droite une dame, ayant la tête ornée de fleurs. P. en H. B. 103.

SCHONGAUER (MARTIN), peintre et graveur, né à Augsbourg vers 1445, mort à Colmar en 1499.

BARTSCH, *le Peintre graveur*, tom. VI, pag. 103.

569 — *L'Annonciation.* La Vierge est à genoux à la droite de l'estampe, devant une chaise. P. en H. B. 3.

570 — *La Nativité.* Au milieu de l'estampe, la Vierge adore à genoux l'enfant Jésus étendu devant elle. P. en H. B. 4.

571 — *L'adoration des Rois*. La Vierge ayant l'enfant Jésus sur ses
genoux, est assise à la gauche de l'estampe. P. en H. B. 5.
>De toute beauté.

572 — *Fuite en Egypte*. La Vierge ayant sur ses genoux l'enfant
Jésus, est assise de côté sur un âne qui se dirige vers la droite.
P. en H. B. 7.

573 — *Le baptême de Jésus-Christ*. Jésus-Christ baptisé par S. Jean
dans le Jourdain, ce saint est à la gauche de l'estampe. P. en L. B. 8.
>Belle.

574 — *La même estampe dessinée à la plume*. P. en L.
>Morceau extrêmement précieux, imitant parfaitement l'estampe originale;
>l'exécution en paraît fort ancienne.

575 — *Jésus-Christ devant le grand-prêtre*; celui-ci vu de profil,
est assis à droite dans son tribunal. P. en H. B. 11.

576 — *Le couronnement d'épines*. Jésus assis au milieu de l'estampe
est entouré de bourreaux qui lui enfoncent la couronne d'épines.
P. en H. B. 15.
>Belle.

577 — *Jésus-Christ présenté au peuple*. Il est debout à la gauche
de l'estampe et couvert d'un manteau. P. en H. B. 15.
>Très belle.

578 — *La sépulture*. Les disciples mettent le corps de Jésus dans le
sépulcre. P. en H. B. 18. — La même estampe. Copie par un
maître anonyme.

579 — *Le portement de croix*. Jésus-Christ portant sa croix au
Calvaire; il est précédé et suivi d'un nombre de Juifs à pied et
à cheval. P. en L. B. 21.
>Ce morceau est un des plus considérables et des plus rares de l'œuvre. — Très
>belle épreuve.

580 — *Jésus-Christ en jardinier apparaissant à Madelaine*. Jésus
est debout à la droite de l'estampe, tenant une bannière de la
main gauche. P. en H. B. 26.

581 — *Jésus-Christ à la croix*. Jésus-Christ attaché à la croix, au
pied de laquelle la Vierge évanouie, entre les bras de S. Jean.
P. en H. B. 24.

582 — *La Vierge assise sur un siége de gazon.* La Vierge est assise au milieu de l'estampe sur un siége de gazon, placé contre une haie envergée. P. en H. B. 30.

583 — *La mort de la Vierge.* La Vierge est représentée mourante dans un lit surmonté d'un ciel d'où pendent des rideaux. P. en H. B. 33.

> Epreuve de toute beauté. — Du premier état. Voy. Duchesne, *Voyage d'un iconophile*, p. 329.

584 — *S. Antoine.* S. Antoine tourmenté par les démons qui l'ont transporté en l'air. P. en H. B. 47.

> Epreuve du premier état avec les traits horizontaux dans le haut de la planche. Cette pièce est une des plus considérables et des plus rares de l'œuvre. — Très belle.

585 — *S. Jacques le majeur.* S. Jacques, le majeur, apôtre et patron d'Espagne, assistant l'armée chrétienne. P. en L. B. 53.

> Très belle épreuve de ce morceau capital, qui est un des plus rares de l'œuvre.

586 — *S. Michel.* S. Michel perçant d'une lance le démon qu'il vient de terrasser. P. en H. B. 58.

> Epreuve d'une rare beauté.

587 — *L'Homme de douleurs.* Jésus-Christ, couronné d'épines, et ayant les mains croisées sur sa poitrine. P. en H. B. 69.

> Premier état.

588 — *La Vierge sur un trône auprès de Dieu.* Elle est assise à gauche, sur un trône auprès de Dieu, qui lui donne la bénédiction. P. en H. B. 71.

589 — *Dieu couronnant la Vierge.* Dieu est assis à la droite de l'estampe, il tient le sceptre et le globe du monde dans la main gauche. P. en H. B. 72.

> Très belle.

590 — *Deux hommes marchant de compagnie.* Ils se dirigent vers la gauche. P. en H. B. 90.

591 — *Les cochons.* A la droite une truie accompagnée de quatre cochons de lait. P. en L. B. 95.

592 — *Différentes armoiries.* En ronds. B. 96-105.

    1. Jeune femme debout. Elle a une rose dans la main droite, de l'autre elle soutient un écu coupé à trois étoiles. B. 99.

    2. Un sauvage. Il tient une massue de la main droite, de l'autre un écu. B. 103.

    3. Un sauvage. Il tient un bâton de la main droite, et de l'autre un écu coupé à la tête de cerf. B. 104.

    Belles épreuves.

593 — *La crosse.* Dessin d'une crosse où est représentée la Vierge assise sur un trône. P. en H. B. 106.

594 — *L'encensoir.* Dessin d'un encensoir orné de plusieurs figures d'anges. P. en H. B. 107.

    Belle épreuve non découpée.

595 — *Jésus-Christ au milieu de six anges.* Jésus-Christ marchant dans le désert, il est vu de face relevant son habit de la main gauche, de l'autre donnant la bénédiction. P. en H. B. vol. VI, p. 169, N° 6.

    Deuxième état, avec le chiffre de Martin Schongauer.

SOLIS (VIRGILE), naquit à Nuremberg en 1514 et mourût en 1562.

Bartsch, *le Peintre graveur*, vol. IX, pag. 242 et suiv.

596 — *Les Planètes.* Elles sont représentées par les divinités de la fable qui président à ces astres. P. en L. B. 163-169.

    Suite complète de sept estampes.

597 — *Deux estampes.* P. en H.

    1. La Rhétorique. B. 182.

    2. La Tempérance. B. 197.

    La première pièce fait partie des sept *Arts libéraux*, la seconde des *Vertus*.

598 — *Cinq sujets divers.* P. en L.

    1. Plusieurs bateleurs faisant des tours de souplesse. B. 257.

    2. Des ivrognes à table. B. 258.

    3. Trois hommes jouant de divers instrumens de musique. B. 259.

    Deux épreuves.

    4. Quatre soldats à table, prenant querelle. B. 258.

599 — *La société des Anabaptistes.* Un bain rempli d'hommes , de femmes et d'enfans nus en différentes attitudes. P. en H. B. 265.

Estampe la plus considérable de l'œuvre de *V. Solis.* — Très belle épreuve.

600 — *Deux médaillons.* Planches rondes.

1. Buste d'homme à grande barbe, dans un médaillon renfermé dans une bordure remplie de feuillages. B. 434.

2. Un lion rampant dans un médaillon renfermé dans une bordure remplie d'ornemens. B. 463.

601 — *Un vase* dont le corps représente un grand escargot. P. en H. B. 526.

Belles marges.

602 — *Deux sujets divers.*

1. Un dessin d'ornemens et de feuillage d'orfévrerie. P. en H.

2. Une pièce (Mars) de la suite des Planètes. P. en L.

STAR (THIERY VAN), ou le *Maître à l'étoile,* très habile graveur qui a vécu entre les années 1522 et 1544.

BARTSCH , *le Peintre graveur*, vol. VIII, pag. 26.

603 — *Le déluge.* Les hommes périssant dans les eaux du déluge. Composition riche en figures. P. en L. B. 2.

Très belle épreuve de cette estampe la plus considérable de l'œuvre.

604 — *Jésus-Christ appellant à lui S. Pierre et S. André.* 1523. P. en H. B. 3.

Très belle. — Provenant de la collection de Mr Rechberger, à Vienne.

605 — *S. Pierre marchant sur l'eau.* 1525. Jésus-Christ debout sur la mer , est à la gauche de l'estampe. P. en H. B. 4.

Très belle. — De la même collection.

606 — *Jésus-Christ tenté par le démon.* 1525. Jésus-Christ est debout à la gauche de l'estampe. P. en H. B. 5.

Belle. — De la même collection.

607 — *Jésus-Christ et la Samaritaine.* 1525. Jésus-Christ est à la gauche de l'estampe. P. en H. B. 6.

Belle. — De la même collection. On y a joint une copie en contre partie non mentionnée par Bartsch.

608 — *S. Bernard*. 1524. S. Bernard adorant l'enfant Jésus assis sur les genoux de la sainte Vierge. **P. en H. B. 8.**

> Superbe épreuve. — De la même collection.

609 — *S. Luc peignant le portrait de la Vierge*. **P. en H. B. 9.**

610 — *Deux estampes*. **P. en H.**

1. La Vierge et Sainte Anne. 1522. B. 7.
2. Sainte Elisabeth. 1524. B. 8.

> Ces deux pièces ont été successivement dans la collection Rechberger et dans celle de Winckler.

611 — *Vénus*. Vénus portée sur les eaux dans une conque. **P. en H. B. 11.**

> De la collection Rechberger. On y a joint une copie non indiquée par Bartsch.

612 — *Le Faune*. 1522. Un Faune assis sur un tonneau. **P. en H. B. 12.**

> Belle. De la même collection. On y a également joint la copie indiquée par Bartsch.

613 — *Deux estampes*. **P. en H.**

1. L'homme au poisson chimérique. 1522. B. 13.
2. L'homme dormant. Pièce gravée à l'eau forte. B. 15.

> De la même collection.

614 — *Deux estampes*. **P. en H.**

1. Le tambour ivre. 1525. Gravé à l'eau forte. B. 16.
2. Le tambour et l'enfant. 1525. Gravé à l'eau forte. B. 17.

> Belles. — De la même collection.

615 — *Deux estampes*. **P. en H.**

1. L'homme tenant un écusson d'armes. B. 18.
2. La femme tenant l'écusson. 1525. B. 19.

> De la même collection. — Il ne manque à cet œuvre, pour qu'il soit complet que les Nos 1 et 14; toutes les pièces sont très belles d'épreuves : M. Duchesne, l'a mentionné d'une manière toute particulière dans son *Voyage d'un iconophile*, p. 331.

W

WIENHER (PIERRE), graveur et essayeur de monnaies du duc de Bavière, il vivait à Munich vers 1580.

BARTSCH, *le Peintre graveur*, tom. IX, p. 551.

616 — *Portrait d'Albert duc de Bavière.* Il est vu de face et tourné un peu vers la droite. P. en H. B. 7.
> Très rare.

WILBORN (NICOLAS), graveur sur le quel on trouve peu de renseignements. Bartsch, vol. VII, p. 545 en a décrit 18 pièces.

617 — *La défaite d'Holoferne.* P. en L.
> Estampe inconnue à Bartsch, mais mentionnée par Brulliot, N° 2165.

WILLE (JEAN GEORGE), dessinateur et graveur de Königsberg, près de Giessen en Hesse, né en 1717.

618 — *Le repos de la Vierge*, d'après *Dietricy.* P. en H.
> Première épreuve. — Très belle.

619 — *L'observateur distrait*, d'après *Fr. Mieris.* P. en H.
> Très belle.

620 — *Le jeune joueur d'instrument*, d'après *Schalken.* P. en H.

621 — *Portrait de Louis Phelypeaux*, comte de Saint Florentin, d'après *Louis Tocqué.* P. en H.
> Belle.

WORMS (ANTOINE DE), peintre et graveur en bois, demeurait à Cologne en 1529.

BARTSCH, *le Peintre graveur*, tom. VII, pag. 488.

GRAVURE EN BOIS.

622 — *L'Adoration des Mages.* P. en H. B. 4.
> Epreuve à grandes marges.

Z

ZINGEL, ZINK ou ZATZINGEL (MARTIN), florissait vers l'année 1500.
BARTSCH, *le Peintre graveur*, vol. VI, p. 571.

623 — *Le martyre de S. Sébastien.* A la gauche de l'estampe, le saint percé de flèches, est attaché à un tronc d'arbre. P. en H. B. 4.

624 — *La décollation de Sainte Catherine.* La sainte, vue presque par le dos, est à genoux au milieu de l'estampe. P. en H. B. 8.

625 — *La pensée de la mort* exprimée par une femme nue, debout sur une tête de mort. P. en H. B. 17.

>Très belle.

ZWOLL ou ZWOTT, le *maître à la Navette*, ancien maître qu'on croit né vers le milieu du 15ᵉ siècle. Les estampes de ce maître sont très rares.

Bartsch, *le Peintre graveur*, tom. VI, pag. 90.

626 — *Jésus-Christ à la croix, entre les deux larrons*, sur le devant à gauche S. Jean soutient par les aisselles la Vierge qui est à genoux les mains jointes et élevées. P. en H. B. 5.

>Fort belle épreuve.

ÉCOLE ITALIENNE.

NIELLES.

Tous ces Nielles ont été décrits par Mr Duchesne, *Essai sur les Nielles.*

627 — *Une femme avec trois hommes et un satyre.* Une femme nue, est assise entre deux hommes, dont l'un porte au bout d'une lance une tête de bœuf, accompagnée de celles d'un sanglier et d'un lion ; l'autre homme tient de la main gauche une espèce de bouclier carré. Vers le fond, à droite, parait un satyre qui arrive portant sa femme à califourchon sur ses épaules. P. ronde. D. 243.

> Premier état non terminé. Mr Ottley pense que ce nielle est de François Francia. — Une deuxième épreuve, appartenant à Mr Sykes, a été vendue à Londres en 1824, 14 guinées (350 fr.)

628 — *Allégorie où se voit une vieille femme.* Une vieille femme entièrement nue, vue de profil, assise sur un brancard porté par deux hommes marchant vers la gauche : cette femme a les cheveux épars, et tient élevé en avant d'elle un grand plat sur lequel est un cigne. P. en H. D. 299.

> Beau.

629 — *Bustes d'hommes.* Ce n'est que la partie gauche de l'estampe, elle représente un homme vu par le dos, il a une écharpe par dessus sa cuirasse ; le devant de son casque est formé par une tête d'aigle ; le cimier est un dragon. P. en H. D. 339.

630 — *Arabesques symétriques, avec deux trophées.* Le milieu de ces arabesques symétriques est occupé par un mascaron d'oiseaux, surmonté de deux boucliers de forme singulière, accolés l'un contre l'autre et décorés chacun d'une tête humaine. P. en L. D. 370.

> Cette pièce gravée par Peregrini, est d'une grande précision de travail. — Très belle épreuve d'une parfaite conservation. Voyez Duchesne, *Voyage d'un iconophile*, p. 327.

631 — Z ✳ *Une lame de couteau.* Danse d'enfans, dans laquelle se trouvent environ vingt figures : l'une d'elles est à cheval sur un objet difficile à reconnaître. P. en L. Duchesne, appendix, p. 519.

Comme le fond de cette estampe est blanc, Mr Duchesne pensait que cette pièce n'était pas un nielle, mais plutôt une très ancienne gravure d'Italie.

632 — *Trois médaillons sur une même planche*, dans celui d'en haut on voit une tête de mort, celui du bas à gauche offre une jolie tête de femme, vue de trois quarts, celui du bas, à droite, représente une tête d'homme couronnée, vue de profil. Les fonds sont en tailles croisées.

Duchesne, *Voyage d'un iconophile*, p. 527, décrit cette pièce précieuse ; il ne la croit pas niellée, mais plutôt gravée par un très ancien maitre italien.

633 — *Arabesque symétrique.* Au milieu est placé un mascaron surmonté d'un vase ; deux Amours sont assis de chaque côté, celui à gauche est vu par le dos ; le fond est noir. Sur de petites places réservées, on voit, à gauche, la lettre N, et à droite, la lettre O. P. en L.

Malgré la ressemblance de la marque qui se trouve sur cette estampe, et celle de Nicolas Rosex, on doute qu'elle soit de sa main.

634 — *Quatre pièces diverses.*

1. L'adoration des Mages. P. en H. D. 33.
2. La Vierge entourée d'Anges et de Saintes. P. en H. D. 55.
3. La Résurrection de Jésus-Christ. P. en H. D. 122.
4. L'adoration des Mages. P. en H. D. 33.

Quatre copies de nielles décrits par Duchesne.

635 — *Cinq pièces diverses.*

1. L'Assomption de la Vierge. P. en H. D. 129.
2. La Nativité. P. ronde. D. 29.
3. Trois religieux. P. en L. D. 193.
4. Diomède enlevant le Palladium. P. en H. D. 260.
5. La Vierge entourée d'Anges et de Saintes. P. en H. D. 55.

Cinq copies de nielles décrits par Duchesne.

A

ALBERTI (CHÉRUBIN), peintre et graveur à l'eau forte et au burin, né à Borgo san Sepolcro en 1552, mort à Rome en 1615.

BARTSCH, *le Peintre graveur*, vol. XVII, pag. 49.

656 — *Trois estampes :* Adam et Eve chassés du Paradis, Adam et Eve assujétis au travail, et la pièce allégorique sur les forces maritimes de la maison de Médicis. P. en H.

ANDRÉANI (ANDRÉ), habile graveur en camaieu, né à Mantoue en 1560 et mort en 1623.

657 — *La Vierge entourée de saints.* D'après le Parmesan. P. en H. B. t. XII, p. 65, N° 25.

Clair-obscur de trois planches.

B

BALDINI (BACCIO), orfèvre et graveur, vécut à Florence entre les années 1460 et 1480. Selon Vasari, il fût le premier graveur qui vint après *Finiguerra.*

BARTSCH, *le Peintre graveur*, vol. XIII, pag. 161.

658 — *Amos.* Le profète est assis au milieu de l'estampe tenant un livre sous le bras gauche. P. en H. B. 15.

Première et belle épreuve, avec les huit vers italiens dans la marge inférieure, qui sont quelques fois coupés.

659 — *Vignettes pour l'édition de Dante,* faite à Florence en 1481, par Nicholo di Lorenzo della magna. P. en L.

1. I Chant. Dante à la fleur de son âge, s'étant égaré dans une forêt obscure, au pied d'une montagne, est effrayé par une panthère et un lion. B. 57.

2. II Chant. A la gauche d'en bas, Virgile conseille à Dante de prendre une autre route, s'il veut échapper aux bêtes fauves, et lui propose d'entreprendre avec lui un voyage à travers les royaumes de l'éternité. B. 58.

BARTHOLOZZI, (FRANCESCO), dessinateur et graveur à l'eau forte, au burin et au pointillé, né à Florence en 1728, mort à Lisbonne en 1813.

640 — *Le Portrait de Guido Reni,* d'après Carlo Marratti. P. en H.

641 — *Clytie*, d'après Annibal Carrache. P. en H.

BEATRIZET (NICOLAS), né à Thionville vers 1520, mort vers 1570. Il était élève de *Marc-Antoine*.

BARTSCH, *le Peintre graveur*, vol. XV, pag. 237.

642 — *La Vierge assise au pied de la croix*, au milieu de deux enfans qui soutiennent sur ses genoux le corps mort de Jésus-Christ. P. en H. B. 25.

643 — *Le Sacrifice d'Iphigenie*. Gravé d'après le dessin de Baccio Badinelli ou de Michel Ange. P. en L. B. 43.

Epreuve du premier état.

BONASONE (JULES), peintre, dessinateur et graveur, né à Bologne vers 1510 et mort vers 1580.

BARTSCH, *le Peintre graveur*, vol. XV, pag. 103.

644 — *Dieu créant Eve pendant le sommeil d'Adam*, d'après Michel Ange. P. en L. B. 1.

Très belle.

645 — *Moïse ordonnant aux Hébreux de ramasser la mane*, d'après le Parmesan. P. en L. B. 5.

Belle.

646 — *S. Roch debout, tenant un bourdon de la main gauche*. D'après le Parmesan. P. en L. B. 70.

647 — *Le lever du Soleil représenté d'une manière poétique*. Ce Dieu est assis dans son char, accompagné du Temps et des Heures. Sur la terre est un jeune homme et une jeune femme qui se reveillent l'un et l'autre au retour du jour. P. en L. B. 99.

Epreuve non retouchée. — Très rare.

BORGIANI (HORACE), peintre et graveur à Rome, dont on ignore les dates de sa naissance et de sa mort.

BARTSCH, *le Peintre graveur*, vol. XVII, pag. 315.

648 — *Sujets de la Bible*, peints dans les loges du Vatican sur les dessins de Raphaël d'Urbino. P. en L. B. 1-52.

Adam et Eve, chassés du paradis terrestre. B. 7.

Le Déluge universel. B. 10.

Noé sortant de l'arche après le déluge. B. 11.

Jacob voit en songe une échelle mystérieuse. B. 21.

C

CAMPAGNOLA (DOMINIQUE), peintre et graveur, né à Padoue, vers 1482.

BARTSCH, *le Peintre graveur*, vol. XIII, pag. 377 et suiv.

649 — *La décollation d'une sainte.* Un roi faisant décapiter une jeune sainte. Le roi est assis à droite sur son trône, la sainte est prosternée à genoux au milieu de l'estampe. P. ovale. B. 6.
Très belle.

PIÈCE DANS LE GOUT DE CAMPAGNOLA.

650 — *Le frappement du rocher.* A droite, une femme apporte un vase pour l'emplir de l'eau miraculeuse ; à ses pieds se trouve une petite tablette carrée sur laquelle on aperçoit à peine les lettres D.C. P. ronde.
Morceau non décrit par Bartsch, il a été décrit d'après cette épreuve, par Duchesne, *Voyage d'un iconophile*, p. 528. — Très belle.

CANTARINI (SIMON), dit le **PÉSARÈSE**, naquit à Oropezza, près de Pesaro, en 1612 et mourût à Vérone en 1648.

BARTSCH, *le Peintre graveur*, vol. XIX, pag. 121.

651 — *Adam et Eve.* Les deux premiers hommes mangeant du fruit défendu. P. en H. B. 1.

652 — *Repos en Egypte.* La Vierge est assise sur une butte de terre, et tient entre les bras l'enfant Jésus. P. en H. B. 2.

653 — *Repos en Egypte.* La Vierge assise par terre et dirigée vers la droite. P. en H. B. 3.

654 — *Repos en Egypte.* La Vierge vue de profil est dirigée vers la droite. P. en L. B. 4.

655 — *Repos en Egypte.* La Vierge vue de face, est assise par terre. P. en L. B. 6.
Très belle.

656 — *Sainte famille.* La Vierge vue de profil et dirigée vers la gauche, est assise sur le devant au pied d'un arbre. P. en L. B. 9.

657 — *Sainte famille*. La Vierge vue de face est assise au pied d'un arbre. P. en L. B. 11.

658 — *Deux estampes*. P. en H.

    1. La Vierge, l'enfant Jésus et S. Jean. B. 15.

    2. Sainte famille. La Vierge assise à droite sous une tente, tend les bras vers l'enfant Jésus qui la regarde.
        NON DÉCRITE.

659 — *La Vierge avec l'enfant Jésus*. La Vierge assise dans une gloire soutient l'enfant Jésus, qui se presse contre le sein de sa mère. P. en H. B. 17.
        Belle et première épreuve avant l'adresse du *Pesarèse*.

660 — *La Vierge avec l'enfant Jésus*. La Vierge assise, considère l'enfant Jésus, qui est couché sur ses genoux. P. en H. B. 18.
        Très belle épreuve.

661 — *S. Jean Baptiste dans le désert*. P. en H. B. 23.

662 — *Deux estampes*. P. en H.

    1. S. Sébastien. B. 24.

    2. Le petit S. Antoine de Padoue. B. 26.

663 — *Le grand S. Antoine de Padoue*. Il est dirigé vers la gauche et adore l'enfant Jésus. P. en H. B. 25.
        Première épreuve. — Belle.

664 — *S. Benoit délivrant un possédé*. D'après *Louis Carrache*. P. en H. B. 27.

665 — *Quos ego*. Jupiter, Neptune et Pluton faisant hommage de leurs couronnes aux armes du cardinal Borghèse. P. en L. B. 29.
        Deuxième état, sans l'éléphant dans le petit cartouche à droite d'en bas.

666 — *L'enlèvement d'Europe*. Jupiter transformé en taureau, nage vers la droite de l'estampe, portant Europe sur son dos. P. en L. B. 30.
        Deuxième état.

667 — *Mercure et Argus*. Argus assis par terre sur le devant de la droite, écoute avec attention Mercure qui joue de la flûte. P. en L. B. 31.

668 — *La Fortune*. Elle est représentée sous la figure d'une femme nue. P. en H. B. 34.
        Deuxième état.

CARAGLIO (JEAN JACQUES), peintre-graveur, né à Parme ou à Vérone vers 1500, mort vers 1570.

BARTSCH, *le Peintre graveur*, vol. XV, pag. 61.

669 — *Le mariage de la Vierge avec S. Joseph*, d'après *le Parmesan.* On voit au milieu du fond le grand-prêtre joignant les mains de la Ste Vierge et de S. Joseph, en présence de plusieurs hommes et femmes. P. en H. cintrée. B. 1.

CARPIONI (JULES), peintre et graveur à l'eau forte, naquit en 1611 et mourût à Vérone en 1674. Il était disciple d'*Alexandre Varotari.*

BARTSCH, *le Peintre graveur*, vol. XX, pag. 177.

670 — *La Vierge lisant.* La Vierge est assise au bas d'un piédestal, lisant dans un petit livre qu'elle tient de la main gauche. P. en H. B. 5.
  Première épreuve avant l'adresse de *Cadorin.*

671 — *L'hommage du petit S. Jean.* La Vierge est assise à gauche, tenant devant elle le petit Jésus qui donne la bénédiction à S. Jean. P. en H. B. 7.
  Deuxième état.

CARRACHE (AUGUSTIN), fils d'un tailleur, et cousin-germain de Louis Carrache. Il naquit à Bologne en 1557 et mourût à Parme en 1602.

BARTSCH, *le Peintre graveur*, vol. XVIII, pag. 51.

672 — *S. Jerôme.* Ce saint est représenté de profil, tenant de la main gauche un crucifix et de l'autre une pierre. P. en H. B. 75.
  La marge coupée.

CASTIGLIONE (JEAN BENOIT), peintre et graveur à l'eau forte, naquit à Gênes en 1616 et mourût à Mantoue en 1670.

BARTSCH, *le Peintre graveur*, vol. XXI, pag. 9.

673 — *La fuite en Egypte.* La Vierge est représentée montée sur un âne, et ayant devant elle l'enfant Jésus. P. en H. B. 12.
  Deuxième état.

CORIOLAN (BARTHOLOMÉ), graveur en clair-obscur, travailla à Bologne entre les années 1630 et 1647.

BARTSCH, *le Peintre graveur*, vol. XII, pag. 87.

674 — *Deux estampes.* Clair-obscurs de deux planches. P. en H.
1. Sibylle, d'après le Guide. B. 2.
2. Autre Sibylle, d'après le même. B. 4.
Epreuves de la plus grande fraicheur.

F

FARINATI (PAUL), issu de la famille florentine *degli Ubert i*, naquit à Vérone en 1552 et mourût en 1606.

BARTSCH, *le Peintre graveur*, vol. XVI, pag. 161.

675 — *S. Jean l'évangéliste.* Il est assis sur des nues, tenant de la main gauche un grand livre. P. en H. B. 5.

FIALETTI (OLOARDO), peintre, dessinateur et graveur à l'eau forte. Il naquit à Bologne en 1573 et mourût dans la même ville vers 1638. Elève du *Tintoret.*

BARTSCH, *le Peintre graveur*, vol. XVII, pag. 263.

676 — *Pan assis sur une pierre,* tenant sa flûte de la main gauche. P. en L. B. 22.

G

GATTI (OLIVIER) de Parme, peintre et graveur, élève d'Augustin Carrache et de Jean Louis Valerio.

BARTSCH, *le Peintre graveur*, vol. XIX, pag. 1.

677 — *S. Jerôme* embrassant étroitement un crucifix. P. en H. B. 28.

GHISI (JEAN BAPTISTE), peintre, architecte et graveur ; les dates de sa naissance et de sa mort sont inconnues.

BARTSCH, *le Peintre graveur*, vol. XV, pag. 573.

678 — *Le fleuve Pô,* appuyé sur des gouvernails et sur son urne portée par un Amour. P. en L. B. 19.
Très belle épreuve mentionnée dans le *Voyage de M. Duchesne*, pag. 528.

GHISI (GEORGES), dit *Mantuan*, peintre, dessinateur et graveur, né à Mantoue vers 1620. On le croit élève de Marc-Antoine.

BARTSCH, *le Peintre graveur*, vol. XV, pag. 374.

679 — *Hercule victorieux* de l'hydre de Lerne renversé à ses pieds. D'après J. B. Bertano. P. en H. B. 44.

> Epreuve de toute beauté.

GHISI (ADAM), dessinateur et graveur au burin, sur le compte duquel on a peu de renseignemens. Il était frère de *George Ghisi*.

BARTSCH, *le Peintre graveur*, vol. XV, pag. 417.

680 — *La servitude*, d'après *Mantegna*, représentée par un jeunne homme qui porte un joug sur ses épaules. P. en H. B. 103.

> Très belle épreuve à grandes marges.

GRIMALDI (JEAN FRANÇOIS), dit *Bolognois*, peintre de paysages et graveur à l'eau forte naquit à Bologne en 1606 et mourût à Rome en 1680. Parent et disciple des *Carrache*.

BARTSCH, *le Peintre graveur*, vol. XIX, pag. 85.

681 — *Le fût de la colonne*. Paysage où l'on voit à gauche deux anciens temples dont l'un est délabré. P. carrée. B. 8.

L

LEONE (GUILLAUME), peintre et graveur à l'eau forte, né à Parme en 1664. Il a gravé d'après ses propres dessins, deux suites d'animaux.

682 — *Un troupeau de différens animaux*. P. en H.

> Belle épreuve.

LONDONIO (FRANÇOIS), graveur, naquit à Milan en 1723.

683 — *Un pâtre avec cheval* et autres animaux en repos. Gravé en 1759. P. en H.

> Sur papier de couleur.

M

MAITRE ITALIEN (VIEUX),

BARTSCH, *le Peintre graveur*, vol. XIII, pag. 69. et suiv.

684 — *Terpsichore XIII.* Terpsichore jouant de la guîtare, son corps est dirigé vers la droite, mais sa tête est un peu retournée vers la gauche de l'estampe. P. en H. B. 50.

Cette pièce fait partie de la dixaine de cartes de tarots, représentant les *neuf Muses.* — Copie gravée par un très ancien maître.

685 — *Aritmeticha XXV.* 25. L'arithmétique représentée par une femme, comptant de l'argent d'une main à l'autre. P. en H. B. 42.

Cette pièce fait partie de la dixaine de cartes de tarots, représentant *les arts libéraux.* — Copie par un très ancien maître.

686 — *Mercurio XXXXII.* 42. Mercure tient son caducée de la main droite et sa flûte de la main gauche. P. en H. B. 59.

Cette pièce fait partie ᵍde la dixaine de cartes de tarots, représentant *les sept planètes.* — Copie par un très ancien maître.

MAITRE ANONYME.

687 — *Le couronnement d'épines.* Jésus-Christ assis sous un portique est couronné d'épines ; au bas un groupe de saints personnages, dont un qui se trouve à droite, tient de la main droite un des clous de la Passion. P. en H.

Pièce très rare et inconnue à Bartsch ; elle paraît être du temps de Baccio Baldini ou de J. De Bresse. NON DÉCRITE.

MAITRE ANONYME.

688 — *Voyage des Hébreux dans le désert.* Sans marque. P. en L.

Cette estampe a beaucoup de rapport avec celle de *Marc san Martino*, décrite par Bartsch, vol. XXI, p. 220, N° 6.

MAITRE AU DÉ (le), vulgairement nommé *Béatrizet.* Cet artiste paraît être né à Venise vers 1512.

BARTSCH, *le Peintre graveur*, vol. XV, pag. 181.

689 — *S. Sébastien.* Ils est debout au milieu de l'estampe, les mains liées derrière le dos et attachées à un arbre. P. en H. B. 14.

Belle.

690 — *Sacrifice à Priape.* Des Faunes , des Satyres et des Bacchantes offrant un sacrifice à Priape , en ornant sa statue de guirlandes de fleurs. P. en L. B. 27.

Quatrième état de la copie décrite par Bartsch.

691 — *Les tapisseries du Pape.* D'après Raphaël. P. en L. B. 52-35.
Suite complète de quatre pièces, très belle d'épreuve et de conservation.

MAITRE au Monogramme C P P. Ce maître dont on ne connait pas le nom appartenait à l'école du Guide.

BARTSCH, *le Peintre graveur*, vol. XIX, pag. 185.

692 — *S. Michel.* S. Michel armé d'une épée donnant un coup au démon qu'il vient de terrasser. P. en H. B. 2.

695 — *Mars enlevant Vénus.* L'estampe représente l'intérieur de la forge de Vulcain , Vénus est en l'air enlevée par Mars. P. en H. B. 7.

MAITRE au Monogramme I H , qui passe pour être fils d'Holbein.

BARTSCH, *le Peintre graveur*, vol. XV, pag. 492.

694 — *Le soldat frappant l'homme nu.* Un soldat romain frappant d'un coup de sabre un homme nu qu'il foule aux pieds et qu'il tient par les cheveux. P. en H. B. 2.

Pièce rare.

MAITRES DIVERS.

695 — *Deux belles estampes.* P. en H.
1. Sacrifice au dieu Priape. B. VIII , p. 544.
2. S. Jerôme, dans le goût de Benedetto Montagna.

696 — *Cinq estampes diveres.*
1. Jeux d'enfans, d'après *Cipriani*, par *Bartolozzi.* P. en L.
2. Triomphe de Silène, d'après *Jules Romain*, par *P. D'Aquila.* P. en L.
5. Les joueurs de cartes, d'après *Michel Ange*, par *Volpato.* P. en L.
4 et 5. Deux autres pièces gravées par *Jean Dambrun* et *Franc. Lonsing.* P. en H.

MANTEGNA (ANDRÉ). Cet artiste naquit à Padoue en 1431 et mourût à Mantoue, le 15 Septembre 1506.

BARTSCH, *le Peintre graveur*, vol. XIII, pag. 225 et suiv.

697 — *Le sénat de Rome accompagnant un triomphe.* Les sénateurs dirigent leurs pas vers la droite. P. en H. B. 11.

Magnifique de conservation et d'épreuve.

698 — *Les soldats portant des trophées.* Ils dirigent leur marche vers la gauche de l'estampe. P. carrée. B. 15.

Planche non terminée.

MORGHEN (RAPHAEL), célèbre graveur au burin, né à Naples vers 1760, mort à Florence en 1833; élève de *Volpato*.

699 — *Deux portraits.* P. en H.
 1. Francesco Guicciardini.
 2. Antonio Canova.

O

OREFI (J. F. FIORÉTIN), F. M.DXLII.

BARTSCH, *le Peintre graveur*, vol. XV, pag. 502.

700 — *Les noces de Vertumne et de Pomone.* Les Nymphes des jardins apportant des présens pour célébrer les noces de Vertumne et de Pomone. P. en L. B. 1.

Très belle épreuve de l'estampe originale, dont le dessin est attribué à *Baccio Bandinelli*.

P

POLLAJUOLO (ANTOINE), orfèvre, ciseleur, peintre et graveur au burin, naquit à Florence en 1426, et mourût à Rome en 1498. Les estampes de ce maître sont très rares, Bartsch n'en décrit que trois.

BARTSCH, *le Peintre graveur*, vol. XIII, pag. 204.

701 — *Les gladiateurs.* Dix hommes nus combattant dans un bois, ils sont armés de haches, de sabres et de poignards. P. en L. B. 2.

Estampe très rare et pure.

R

RAIMONDI (MARC ANTONIO), dessinateur et graveur, né à Bologne vers 1488, mort en 1546.

Bartsch, *le Peintre graveur*, vol. XIV, pag. 5 et suiv.

702 — *Adam et Eve s'enfuyant du Paradis terrestre*. Ils dirigent leurs pas vers la droite. P. en H. B. 2.

703 — *Le massacre des innocens*. Une place publique où les bourreaux poursuivent des mères, pour leur arracher leurs petits enfans qu'ils massacrent. P. en L. B. 20.

Copie gravée par *Jean Baptiste de Cavaleriis*, avec l'adresse d'*Ant. Lafrery*.

704 — *La même estampe*. P. en L.

Autre copie avec l'adresse d'*Ant. Salamanca*.

705 — *La descente de croix*. Quatre disciples descendent le corps de Jésus-Christ de la croix, à laquelle il est encore attaché par sa main droite. P. en H. B. 32.

706 — *Notre Dame à l'escalier*. Jésus-Christ assis à droite, entre deux colonnes, à l'entrée du temple, au quel on monte par un grand escalier; il tend la main droite vers deux saintes femmes qui s'approchent de lui. P. en L. B. 45.

707 — *La même estampe*.

Copie A, gravée dans le sens de l'original et décrite par Bartsch.

708 — *La Vierge au palmier*. La Vierge assise à terre auprès de Ste Elisabeth, et ayant sur ses genoux l'enfant Jésus, qui bénit S. Jean Baptiste. P. en H. B. 62.

Superbe épreuve mentionnée par Duchesne, pag. 328.

709 — *La Vierge au palmier*. P. en H. B. 62.

Copie en contre partie, gravée par un anonyme dans le goût de Philippe Sericius.

710 — *Alexandre faisant serrer les livres d'Homère*. Alexandre, debout à droite, fait serrer dans les coffres de Darius, les livres d'Homère. P. en L. B. 207.

Belle.

711 — *Mars, Vénus et l'Amour.* Mars nu, assis à gauche, menace de la main droite Vénus, qu'il repousse de la gauche. P. en H. B. 345.
> Très belle.

RAVENNE (MARC DE), un des meilleurs élèves de *Marc Antoine;* les dates de sa naissance et de sa mort sont inconnues.

BARTSCH, *le Peintre graveur*, vol. XIV, pag. 3 et suiv.

712 — *Entellus et Darès.* Combat à coup de ceste entre deux fameux gladiateurs Darès de Troye et le vieux Entellus de Sicile. P. en H. B. 195.
> Une des meilleures estampes de Marc de Ravenne. — Magnifique épreuve.

713 — *Un sacrifice d'un bouc à Bacchus.* P. en L. B. 220.

714 — *Bataille.* Combat de quelques cavaliers et fantassins romains. P. en L. B. 420.

RENI (GUIDO), peintre et graveur célèbre, naquit à Bologne en 1575 et mourût dans la même ville en 1642.

BARTSCH, *le Peintre graveur*, vol. XVIII, pag. 277.

715 — *Portrait de Guido Reni,* dans un ovale, par Floriano del Buono. P. en H.

716 — *La Vierge avec l'enfant Jésus.* La Vierge, vue presque de profil et dirigée vers la gauche de l'estampe. P. en H. B. 1.
> Belle et toute première épreuve avant l'adresse de *Nic. Van Aelst;* état non indiqué par Bartsch.

717 — *La même estampe.* P. en H. B. 1.
> Première épreuve.

718 — *La Vierge avec l'enfant Jésus.* En rond. B. 3.
> Belle.

719 — *La Vierge avec l'enfant Jésus.* Morceau gravé dans le même goût que la pièce précédente. P. en H. B. 4.
> Estampe originale.

720 — *La Vierge, l'enfant Jésus et S. Jean Baptiste.* La Vierge vue de profil est dirigée vers la droite. P. en H. B. 6.
> Pièce rare.

721 — *La même estampe.* P. en H. B. 6.

722 — *Sainte Famille*. La Ste Vierge assise vers la gauche, soutient l'enfant Jésus, qui donne la bénédiction à S. Jean. P. en H.
B. 8.

723 — *Sainte Famille*. La Ste Vierge, dirigée vers la gauche, est
assise près d'une arcade. P. en H. B. 9.
> Première épreuve avant les mots : *Guido Reni fecit*.

724 — *La même estampe*.
> Même état.

725 — *La même estampe*.
> Deuxième état.

726 — *Sainte Famille*. Le sujet est en contre partie de la pièce
précédente. P. en H. B. 10.

727 — *Sainte Famille*. Le sujet est le même que celui de la pièce
précédente, mais on y a introduit le petit S. Jean. P. en H.
B. 11.
> Très belle.

728 — *S. Christophe*. Il dirige sa marche vers la droite. P. en H.
B. 14.

729 — *Quatre bustes*. P. en H.
1. Buste de vieillard. B. 22.
2. Tête d'homme vu de profil. B. 41.
3. Tête de vieillard à grande barbe, vu de profil. B. 43.
4. Tête de vieillard à grande barbe, vu de trois quarts. B. 44.

730 — *Une gloire d'anges*. D'après Lucas Cambiasi. P. en H. B. 45.
> Belle et rare épreuve avant les travaux au ciel. — Pièce capitale.

731 — *La sainte Famille et Sainte Claire*. D'après Annibal Carrache.
P. en H. B. 50.
> Troisième état avec les mots *Annib. Caracci fecit*.

732 — *S. Roch distribuant son bien aux pauvres*. D'après Annibal
Carrache. P. en L. B. 53.

MAITRE ANONYME de l'Ecole de GUIDO RENI.
BARTSCH, *le Peintre graveur*, vol. XVIII, pag. 314.

733 — *La Vierge avec l'enfant Jésus*. La Vierge vue de face et
assise sur un nuage, soutient de la main gauche l'enfant Jésus
et dans l'autre un rosaire. P. en H. B. 6.
> Belle.

RIBERA (JOSEPH), dit L'ESPAGNOLET, naquit en 1593 à Gallipoli dans la terre d'Otrante, il mourût à Naples en 1656.

BARTSCH, *le Peintre graveur*, vol. XX, pag. 77.

734 — *S. Jerôme.* Le saint saisi de frayeur, croyant entendre une trompette qui l'appelle au jugement universel. P. en H. B. 5.

735 — *S. Pierre.* S. Pierre pleurant son péché. P. en H. B. 7.

ROBETTA. Cet artiste, qui paraît avoir été orfèvre à Florence, florissait vers 1520.

BARTSCH, *le Peintre graveur*, vol. XIII, pag. 392 et suiv.

736 — *L'adoration des Rois.* La Vierge est assise au milieu de l'estampe sur une butte et sous un toit qui repose sur deux troncs d'arbre. P. en H. B. 6.

Belle.

737 — *La vieille et les deux couples d'amoureux.* Au milieu de l'estampe est debout une vieille femme nue, exprimant du chagrin, des caresses que se font deux couples d'amoureux. P. en H. B. 24.

Belle.

ROTA (MARTIN), dessinateur et graveur, naquit à Sebenico en Dalmatie, vers la moitié du XVIe siècle.

BARTSCH, *le Peintre graveur*, vol. XVI, pag. 243.

738 — *Le martyre de S. Pierre de l'ordre des Frères Prêcheurs.* D'après un des tableaux du *Titien.* P. en H. B. 20.

739 — *Le jugement universel,* gravé d'après la célèbre peinture de *Michel Ange Bonarotti,* qui est au Vatican. P. en H. B. 28.

Magnifique épreuve de cette pièce qui est la plus recherchée de l'œuvre de Rota. — Premier état.

740 — *Portrait d'Antoine Abundius.* Il est à mi-corps dans un ovale. P. en H. B. 56.

Belle.

741 — *Portrait d'Arnould van Grunbuelt,* en buste dans un ovale. P. en H. B. 73.

Epreuve avant le N° 32.

742 — *Portrait de Maximilien II,* empereur en buste, vu presque de face. P. en H. B. 82.

Belle épreuve.

S

SCARSELLO (JEROME), peintre et graveur à l'eau forte à Bologne, élève de *Gessi*.

BARTSCH, *le Peintre graveur*, vol. XIX, pag. 249.

743 — *La Fortune*. Cette déesse est représentée sous la forme d'une femme nue, avec une draperie légère et flottante. P. en H. B. 6.

T

TIEPOLO (JEAN DOMINIQUE), peintre d'histoire et graveur à l'eau forte, né à Venise en 1727.

744 — *La fuite en Egypte*. La sainte famille, dirige ses pas vers la droite. P. en H.

V

VENITIEN (AUGUSTIN), cet artiste qui se nommait *Musi*, naquit à Venise, vers 1490. Il fût un des élèves les plus distingués de *Marc-Antoine*. La date de sa mort est inconnue.

BARTSCH, *le Peintre graveur*, vol. XIV, pag. 3 et suiv.

745 — *Le sacrifice d'Abraham*. Abraham prêt à sacrifier son fils qui est assis sur une pierre, les mains liées et croisées sur sa poitrine. P. en H. B. 5.

Estampe gravée d'après Raphaël. — Belle.

746 — *La manne*. Les Israélites ramassant la manne. P. en L. B. 8.

Faible.

747 — *Elymas aveuglé par S. Paul*. S. Paul debout à droite, fait un geste de la main gauche vers Elymas qui marche à tâton au côté opposé. P. en L. B. 43.

748 — *Les quatre Evangélistes*. P. en H.

1. S. Luc. Il est tourné vers la droite, lisant dans un livre qu'il tient de ses deux mains. B. 92.

2. S. Mathieu. Il trempe une plume dans un encrier que lui présente un ange. B. 95.

Cette dernière pièce est la copie décrite par Bartsch.

749 — *L'académie de Baccio Bandinelli.* Baccio Bandinelli assis dans son académie au milieu de ses élèves qui sont occupés à dessiner d'après la bosse. P. en L. B. 418.

> Superbe épreuve de cette estampe gravée par Augustin Venitien; elle est mentionnée par Duchesne, pag. 528.

750 — *Portrait de Barberousse.* Il est à mi-corps, vu presque de face. P. en H. B. 520.

> Belle.

VICO (ENÉE), dessinateur et graveur, né à Parme vers 1520, mort vers 1570.

BARTSCH, *le Peintre graveur,* vol. XV, pag. 275.

751 — *Joseph d'Arimathée*, soutenant le corps mort de Jésus-Christ, à l'entrée du sépulcre, près de la Ste Vierge et des saintes femmes. P. en H. B. 7.

> Epreuve avec l'adresse d'*Ant. Salamanca.*

752 — *Lucrèce*, se perçant le sein avec un poignard qu'elle tient de la main gauche. D'après l'estampe originale de Marc Antoine du dessin de Raphaël. P. en H. B. 16.

753 — *Un pèlerin couché par terre*, présentant à boire à son compagnon qui est assis près de lui. D'après Vasari. P. en H. B. 40.

Z

ZANETTI (Comte ANTOINE MARIE), naquit à Venise en 1610 et mourût dans la même ville à l'âge de 77 ans.

BARTSCH, *le Peintre graveur,* vol. XII, pag. 160 et suiv.

754 — *Son œuvre en trente-neuf pièces.*

> Cet œuvre comprend les N^{os} suivans du catalogue publié par Bartsch: 1-15, 17-23, 23 double, 24-30, 30 double, 32-37, 39 et 65. — *Exemplaire Van Hulthem.*

ÉCOLE FLAMANDE ET HOLLANDAISE.

A

AKEN (JEAN VAN), dessinateur et graveur à l'eau forte, né en Hollande.

BARTSCH, *le Peintre graveur*, vol. I, pag. 273.

755 — *L'œuvre de ce maître* en onze estampes, montées sur grand papier et reliées en 1 vol. pet. in-fol. v. mar.

1-6. Différens chevaux. A l'adresse de *Clément de Jonghe*. P. en L. B. 1-6.

7. Les voyageurs à cheval. P. en L. B. 17.

8. Les paysans en conversation au haut de la colline. P. en L. B. 18.

9. L'homme portant le paquet sur le dos. P. en L. B. 19.

10. La pêche aux écrevisses. P. en L. B. 20.

11. Le repos des voyageurs. P. en L. B. 21.

AUDENAERD (ROBERT VAN), peintre et graveur à l'eau forte et au burin, né à Gand en 1663, mort en 1743.

756 — *Portrait de Louis della Cerda*, d'après *Lesma*. P. en H.
Très belle épreuve.

B

BAILLIU (PIERRE DE), l'un des plus habiles graveurs du dernier siècle, natif d'Anvers.

757 — *L'enlèvement d'Hippodamie*, ou le combat des Lapithes, d'après Rubens. P. en L.
Belle épreuve.

BAKHUIZEN (LOUIS), peintre et graveur à l'eau forte, naquit à Embden en 1631 et mourût à Amsterdam en 1709.

BARTSCH, *le Peintre graveur*, vol. IV, pag. 275.

758 — *L'œuvre de ce maître*, rel. en 1 vol. pet. in-fol. v. mar.

1. Un éloge de L. Bakhuizen en vers hollandais, par Jean Van Broekhuizen.

2. Le portrait de L. Bakhuizen. Avant la lettre.

3. Idem avec la lettre.

4. Titre de l'œuvre.

5-14. Différentes marines. B. 1-10.

> Suite en belles et premières épreuves avant les numéros ; elle provient de la collection de Mr Brentano, à Amsterdam.

BEGA (CORNEILLE), peintre et graveur, naquit à Harlem en 1620, il était fils de Pierre Begyn, sculpteur. Bega mourût dans sa ville natale en 1664.

BARTSCH, *le Peintre graveur*, vol. V, pag. 225.

759 — *L'œuvre du maître*, en 55 pièces ajustées sur de grandes feuilles de papier et reliées en 1 vol. in-fol. v. mar.

> Il ne manque à cet œuvre que le titre et le N° 56, qui, on le sait, est presque introuvable. — Très beau d'épreuve. Voy. Duchesne, *Voyage d'un iconophile*, p. 551.

760 — *Autre exemplaire* de l'œuvre du même maître, également en 55 pièces ajustées sur des feuilles in-fol. et rel. en v. m.

> Il ne manque aussi que le titre et le N° 56. — Les épreuves sont belles et plusieurs sont du premier état, entre autre le N° 22, où les contours du corset et les traces dans la marge sont encore visibles.

761 — *Autre exemplaire* de l'œuvre du même maître, en 22 pièces, montées sur de grandes feuilles.

> Manquent les N°s 1, 3, 4, 6, 8, 14, 15, 21, 22, 24, 52, 53, 55 et 56.

BEMME (JEAN), graveur, né à Rotterdam le 5 Septembre 1775.

762 — *Six estampes*, montées sur grand papier fort et reliées en 1 vol. pet. in-fol. à dos de mar. rouge.

> Belles épreuves.

BERGHEM (NICOLAS), peintre et graveur à l'eau forte, naquit à Harlem en 1624, et mourût en 1683.

BARTSCH, *le Peintre graveur*, vol. V, pag. 253.

763 — *L'œuvre de Berghem*, en 23 estampes, montées sur grand papier et rel. en 1 vol. pet. in-fol. v. mar.

1. La vache qui s'abreuve. P. en L. B. 1.

2. La vache qui pisse. P. en L. B. 2.

3. Les trois vaches en repos. P. en L. B. 3. *Très belle épreuve et rare morceau.*

4. Le joueur de cornemuse. P. en L. B. 4. *Superbe épreuve. Un des morceaux les plus rares de l'œuvre.*

5. L'homme monté sur l'âne. P. en L. B. 5. *Estampe très rare. Belle.*

6. Le pâtre jouant du flageolet. P. en H. B. 6. *Très rare.*

7. Le berger assis sur la fontaine. P. en H. B. 8 (1).

8. Le troupeau traversant le ruisseau. P. en H. B. 9 (2).

9. Le troupeau en repos. P. en H. B. 10 (3).

10. Halte près du cabaret. P. en H. B. 11 (4).

11. Le ruisseau traversé. P. en H. B. 12 (5).

12. La vache couchée près de celle qui est debout. P. en L. B. 13 (1).

13. Les chevaux. P. en L. B. 14 (2).

14. La vache couchée près de la vache qui pisse. P. en L. B. 15 (3).

15. L'âne. P. en L. B. 16 (4).

16. Tête de bouc, gravée à gros traits. P. en H. B. 17 (5).

17. Tête de bouc, au front éclairé. P. en H. B. 18 (6).

Les vaches à la laitière.
Suite de six estampes.

18. Titre. P. en L. B. 23 (1).

19. Une vache marchant vers la droite. P. en H. B. 24 (2).

20. Une vache vue de profil et dirigée vers la gauche. P. en H. B. 25 (3).

21. Une vache marchant vers le devant à gauche. P. en H. B. 26 (4).

22. Une vache vue par derrière. B. 27 (5).

23. Une vache vue de profil. B. 28 (6).

764 — *Le pâtre jouant du flageolet.* Presqu'au milieu de ce morceau, un pâtre vu par le dos, est debout jouant du flageolet. P. en H. B. 6.

Première et rare épreuve avant le numéro. — Très belle.

765 — *Trois estampes diverses.*

1. Le berger assis sur la fontaine. P. en H. B. 8.

2. Le troupeau en repos. P. en H. B. 10.

3. Halte près du cabaret. P. en H. B. 11.

BERNAERT (B.), instituteur à Gand, il a gravé pour son amusement quelques estampes, d'après Rembrandt, Castiglione, Rubens, etc.

766 — *Son œuvre* en 22 estampes, montées sur grand papier et reliées en 1 vol. pet. in-fol. à dos de v. bl.

BOEL (PIERRE), peintre et graveur à l'eau forte, né à Anvers en 1625, mort à Paris à un âge très avancé.

BARTSCH, *le Peintre graveur*, vol. IV, pag. 201.

767 — *L'œuvre complet de Pierre Boel*, en sept estampes, montées sur grand papier et reliées en 1 vol. pet. in-fol. v. mar.
OEuvre très beau d'épreuves, provenant du cabinet de Mr Durand, à Paris.

BOL (FERDINAND), peintre et graveur, né à Dordrecht et mort en la même ville en 1681. Il eût le célèbre Rembrandt pour maître.

BARTSCH, *Catalogue de l'œuvre de Rembrandt et de ses élèves.* pag. 7.

768 — *Un vieillard philosophe.* Il est assis devant une table et lisant dans un livre qu'il tient de ses deux mains. P. en H. B. 6. Cl. 6.

769 — *Armoiries de Hans Bol,* avec une longue note autographe de ce célèbre peintre.
Pièce rare et très curieuse provenant de la vente de Jacq. Koning, faite à Amsterdam en 1833.

BOLSWERT (SCELTE A), naquit à Bolswert en Frise en 1586 et mourût à Anvers dans un âge avancé

770 — *L'Assomption,* où un des disciples lève la pierre, d'après *Rubens.* P. en H. Basan 5.
Première épreuve à l'adresse de *Martin Van den Enden.*

771 — *La Vierge, l'enfant Jésus et sainte Catherine,* d'après *Van Dyck.* P. en H.
Très belle épreuve.

BOOM (A. H. V.), peintre et graveur à l'eau forte. Cet artiste qui florissait au 17e siècle, ne nous a laissé que deux estampes, qui sont très rares.

BARTSCH, *le Peintre graveur,* vol. I, pag. 71.

772 — *L'œuvre du maître* en deux estampes. P. en L.

BOSCH ou BUS (CORNEILLE), graveur au burin et marchand d'estampes, né à Bois-le-Duc en 1506.

773 — *Vulcain forgeant des dards pour les flèches de l'Amour.* P. en L.
Pièce capitale de ce maître.

774 — *Dix sujets de l'histoire Sainte*, avec la marque de l'artiste et les anneés 1546 et 1547. P. en L.

BOTH (JEAN), peintre et graveur à l'eau forte, né à Utrecht vers 1620. Il fût élève d'Abraham Bloemaert.

BARTSCH, *le Peintre graveur*, vol. V, pag. 205.

775 — *L'œuvre complet de Jean Both*, en 15 estampes, montées sur grand papier et reliées en 1 vol. in-fol. v. mar.

1-4. Les paysages en hauteur. B. 1-4.
> Belles et rares épreuves à l'adresse de Matham.

5-10. Les paysages en largeur. B. 5-10.
> Deuxième état avec le nom de *Both*. — Belles.

11-15. Les cinq sens de l'homme. P. en H. B. 11-15.
> Belles épreuves.

BROUWER (CORNEILLE), graveur Hollandais.

776 — *Recueil d'estampes*, gravées par Corneille Brouwer, dans le goût du lavis et du crayon, d'après les dessins originaux des plus fameux peintres et dessinateurs de l'Ecole flamande et hollandaise, formant une partie de la célèbre collection de Mr de Franckenstein à Amsterdam. gr. in-fol. dem. rel. dos v. fauve.
> Il n'a paru de ce recueil que deux livraisons, chacune de quatre estampes.

BRUGGEN (JEAN VAN DER), graveur en manière noire, naquit à Bruxelles en 1649.

777 — *L'opérateur*, dans le goût de Teniers, et le portrait de Prins Robbert, inventeur de la gravure en manière noire, par W. Vaillant. P. en H.

BRUSSEL (HERMANNUS VAN), peintre et graveur à l'eau forte, né à Harlem le 8 Octobre 1763, mort à Utrecht le 28 Février 1815.

778 — *L'œuvre du maître* en treize estampes, plus le portrait de Van Brussel par J. Bagelaar, reliés en 1 vol. pet. in-fol. dem. rel. à dos de mar. rouge.

BRY (THÉODORE DE), le père, naquit à Liège en 1528. Il s'établit à
Francfort sur le Mein, où il mourût en 1598.

779 — *Quatre estampes.* En ronds.

1. L'Orgueil et la Folie, tête à double sens entourée de sujets
grotesques.

2. Le capitaine de la Folie, tête à double sens, représentant d'un
côté le portrait du duc d'Albe et de l'autre le masque de la
Folie.

3. Le capitaine de la Prudence, portrait de Guillaume de Nassau.

4. Pièce en demi rond, sous le nom de *Avaritia.*
Magnifiques épreuves de ces quatre jolies estampes.

780 — *Les Empereurs romains.* En ronds.
Trois estampes dont il serait difficile de trouver de plus belle épreuves. —
A très grandes marges.

BRY (JEAN THÉODORE DE), fils du précédent, graveur au burin
né à Liége en 1561, mort à Francfort en 1623.

781 — *Trois estampes* en forme de frises.

1. Fête de village d'après Hans Sébald Beham.

2. La marche de soldats avec leurs femmes.

3. Autre marche de soldats, un officier commandant le train,
d'après Hans Sébald Beham.
Très belles épreuves.

782 — *Deux estampes* en forme de frises.

1. La Fontaine de Jouvence, dans la quelle se baignent différentes personnes de tout âge et de tout sexe, d'après Hans
Sébald Beham.

2. Le triomphe de Bacchus, d'après Jules Romain.
Très belles épreuves; la dernière provient du cabinet de Mariette et porte
l'année 1677.

C

CABEL (ADRIEN VAN DER), peintre et graveur à l'eau forte, né à
Ryswyck, près La Haye, en 1631, mort à Lyon en 1695.
BARTSCH, *le Peintre graveur,* vol. IV, pag. 227.

785 — *Onze estampes,* gravées à l'eau forte.

1. Le port de mer. P. en L. B. 14.

2. Le bouquet d'arbres au milieu du sujet. P. en L. B. 15.

3. La même estampe.

4. La fille avec son chien. P. en L. B. 17.

5. La même estampe.

6. Le berger. P. en L. B. 18.

7. L'étable. P. en L. B. 26. *Deuxième état.*

8. Le mendiant. P. en L. B. 28.

9. Les deux femmes au bord de l'eau. P. en L. B. 30.

10. La fille poursuivie. P. en L. B. 32. *Premier état avant le numéro.*

11. La vieille. P. en L. B. 41.

CARDON (ANTOINE), graveur, vivait en 1766 ; il a gravé à Naples différentes planches pour le cabinet de Hamilton.

784 — *Portrait du prince George*, fils du roi d'Angleterre. P. en H.
Très belle épreuve avant toutes lettres.

CUYLENBURGH (C. VAN), peintre et graveur à l'eau forte, à La Haye.

785 — *L'œuvre de ce maître* en treize estampes, reliées en 1 vol. in-4. dem. rel. dos de mar. vert.

786 — *Le même œuvre* en quinze estampes.

D

DIAMAER (H. F.)

787 — *Portrait d'Aubertus Miræus*, d'après A. Van Dyck. P. en H.

DUCQ (JEAN LE), peintre et graveur à l'eau forte, né à La Haye en 1636. Il fut élève de Paul Potter. Son œuvre se compose de dix estampes.

Bartsch, *le Peintre graveur*, vol. I, pag. 201.

788 — *Différens chiens*, suite de huit estampes montées sur grand papier fort et reliées en 1 vol. pet. in-fol. v. mar.
Magnifiques épreuves de cette belle suite.

DUJARDIN (CARLE), le plus célèbre élève de Nic. Berchem, naquit à Amsterdam en 1635, et mourût à Venise en 1678. On a cinquante-deux estampes de cet artiste.

BARTSCH, *le Peintre graveur*, vol. I, pag. 165.

789 — *L'œuvre complet de Carle Dujardin*, en cinquante-deux estampes, montées sur grand papier et rel. en 1 vol. in-fol. v. mar.

> Très bel exemplaire en anciennes épreuves, provenant du cabinet de Mr Brentano, à Amsterdam ; les Nos 2, 5, 18, 19, 21, 29 et 52 y sont doubles, le titre est avant l'adresse de *G. Valk et P. Schink ex.* et les Nos 28, 29, 30, 31 et 52 sont des premières épreuves avant les numéros.

790 — *Portrait de Vos, poète hollandais.* P. en H. B. 52.

> Magnifique épreuve de ce rare morceau, elle provient de la riche collection de Mr Debois, vendue à Paris en 1844.

DUSART (CORNEILLE), peintre et graveur, naquit à Harlem en 1665, mourût en 1704. Il fut élève d'Adrien Van Ostade.

BARTSCH, *le Peintre graveur*, vol. V, pag. 463.

791 — *L'œuvre de Corneille Dusart*, en huit estampes, montées sur grand papier et rel. en 1 vol. in-fol. v. mar.

Pièces gravées à l'eau forte.

1. Les crieurs. P. en H. B. 1.
2. Les deux chanteurs. P. en H. B. 3. *Belle.*
3. Le cordonnier renommé. P. en H. B. 14. *Deuxième état, sans l'adresse de J. Gole.*
4. Fête de village. P. en L. B. 16. *Très belle.*

Pièces gravées en manière noire.

5. L'Indien. P. en H. B. 37. *Très belle.*
6. La loterie de Grottenbroeck. P. en H. B. 40.
7. L'âge viril. P. en H. Suppl. à B. W. 43-46).
8. Le couple amoureux. Ibid. I).

DUVIVIER (JEAN), excellent graveur de médailles de la monnaie de France, né à Liège en 1678, où il est mort. Il n'a gravé que deux portraits.

792 — *Portrait de Pierre De Gouges*, avocat au parlement, d'après Tournière. P. en H.

DYCK (ANTOINE VAN), peintre et graveur à l'eau forte, né à Anvers en 1599, mort à Londres en 1641.

793 — *Les portraits*, gravés à l'eau forte par Ant. Van Dyck, 14 estampes, montées sur papier fort et reliées en 1 vol. pet. in-fol. v. mar.

Il ne manque à cette suite précieuse que les portraits de Philippe Le Roi et de Paul De Vos, toutes ces estampes ont deux lignes de titre, à l'exception de celle qui représente le portrait d'Erasme, et celui d'Antoine Triest. On y a joint un portrait de Van Dyck, gravé par Neefs. — Belles épreuves.

794 — *Jésus-Christ insulté par un de ses bourreaux*. Gravé à l'eau forte. P. en H.

Estampe connue sous le nom de *Christ au roseau*. — Très belle.

E

EDELINCK (GÉRARD), graveur au burin, né à Anvers en 1639, mort à Paris, aux Gobelins, le 2 Avril 1707.

795 — *La sainte Famille*, d'après Raphaël. P. en H.
Les armes sont effacées.

796 — *La sainte Famille*, d'après Raphaël. P. en H.
Magnifique épreuve avant les armes de Colbert.

797 — *Portrait de Martin Van den Bogaert*, célèbre sculpteur. P. en H.
Superbe épreuve.

798 — *Portrait d'Antoine Coypel*, à mi-corps. P. en H.
Belle.

799 — *Portrait d'Egide Sadeler*, à mi-corps. P. en H.
Très belle.

F

FABER (FRÉDERIC THÉODORE), né à Bruxelles en 1782. Elève d'Ommeganck, il a gravé à l'eau forte une suite de 41 sujets, d'après son maître, de Roy, Van Assch, Legillon et ses propres ouvrages.

800 — *L'œuvre complet du maître*, en 41 estampes, reliées en 1 vol. pet. in-fol. à dos de mar. vert.

FREY (JACQUES DE), né à Amsterdam en 1770.

801 — *Zes studie beeltjes*, naer 't leeven geteekend **door J. Lauwers,** en geëtst door **J. De Frey. P. en L.**

> Suite de six estampes.

802 — *Vingt-huit estampes diverses*, parmi les quelles quelques doubles.

803 — *Trente-six estampes*, parmi les quelles il y a aussi quelques doubles.

FRUYTIERS (PHILIPPE), peintre en miniature et graveur à l'eau forte et au burin, né à Anvers en 1625.

804 — *Deux portraits.* **P. en H.**
  1. Godefroid Windelin, à mi-corps.
  2. Innocent de Calatayerine, général des Capucins.

805 — *Portrait de Marie Ambroise Capello*, évêque d'Anvers. **P. en H.**

> Très belle épreuve.

806 — *Portrait de Jacques Edelheer*, de Louvain, député aux états de Brabant. **P. en H.**

> Très belle épreuve.

FYT (JEAN), peintre d'animaux et graveur à l'eau forte, né à Anvers vers 1625.

> BARTSCH, *le Peintre graveur*, vol. IV, pag. 209.

807 — *L'œuvre complet du maître*, en deux suites de huit pièces chacune, ajustées sur grand papier fort et reliées en 1 vol. pet. in-fol. v. mar.

> Cet exemplaire ne laisse rien à désirer, tant pour le choix et l'éclat des épreuves, que pour leur parfaite conservation.

G

GHEYN (JACQUES DE), le vieux, peintre, dessinateur et graveur au burin, naquit à Anvers, en 1565 et mourût en 1615. Il fût élève de Goltzius.

808 — *Portrait d'Abraham Gokevius*, fameux antiquaire, à Amsterdam. P. en H.

> Belle épreuve à grandes marges.

GOLTZIUS (HENRI), peintre et graveur au burin, né à Mulbrech dans le duché de Juliers en 1558, mort à Harlem en 1617, apprit la peinture de son père et la gravure de Théodore Coornhert.

BARTSCH, *le Peintre graveur*, vol. III, pag. 11.

809 — *L'œuvre de Henri Goltzius*, en 22 estampes, montées sur grand papier et reliées en 1 vol. pet. in-fol. v. mar.

1. Portrait d'Henri Goltzius, par Edelinck.

2. La Ste Vierge et S. Joseph, montrant aux bergers l'enfant Jésus qui vient de naître. B. 21. *Troisième état.*

3. La Vierge pleurant sur le corps de Jésus-Christ. B. 41. *Premier état.*

4. La même estampe. *Deuxième état.*

5. Mercure jouant de la flûte à côté d'Argus qui s'endort. B. 157.

6. Thisbé se jettant sur une épée, près de Pyrame étendu mort B. 158.

7. Léandre prêt à passer l'Hellespont, pour voir Héro, sa maîtresse. B. 159.

8. Vénus debout, regardant l'Amour. B. 160.

9. Portrait de Jean Bol. B. 161.

10.   id.   de Jean Broeckhor. B. 163.

11.   id.   de François d'Egmont. B. 168. *Deux épreuves avant et avec l'adresse.*

12.   id.   de Philippe Galle. B. 170.

13.   id.   de Jean Stradan, peintre de Bruges. B. 187. *Première épreuve.*

14.   id.   d'Adrien Van Westcappelle. B. 188.

15.   id.   de Jean Zurenus. B. 189. *Deux épreuves avant les armes et avec les armes.*

16. Une femme en buste. B. 191.

17. Un général d'armée. B. 212.

18. Une dame, l'épouse du précédent. B. 213.

19. Vénus assise au pied d'un arbre. B. 257.

20. Un enfant assis près d'une tête de mort. B. 10.

21. Un autre enfant assis sur une tête de mort. B. 11.

22. L'apôtre S. Paul. B. 43.

Toutes les épreuves de ce recueil sont très belles.

810 — *Portrait de Théodore Cornhert*, d'Amsterdam, peintre, graveur, musicien, etc. En ovale. B. 164.

> Très belle épreuve du premier état.

811 — *Un jeune homme, fils de Theodoric Frisius*, peintre hollandais, représenté avec un grand chien de chasse. P. en H. B. 190.

> Il serait impossible de trouver une plus belle épreuve de cette estampe, qui est regardée comme une des plus rares de l'œuvre de Goltzius. Duchesne en fait une mention toute particulière, dans son *Voyage d'un iconophile*, pag. 551.

H

HACKAERT (JEAN), peintre et graveur, né en Hollande en 1635.
> Ce maître n'a gravé que six estampes.

BARTSCH, *le Peintre graveur*, vol. IV, pag. 269.

812 — *Différens paysages.* P. en L. B. 1-6.
1. Le bourg. B. 1.
2. Le chemin serpentant. B. 2.
3. Le ruisseau étroit. B. 3.
4. L'arbre incliné. B. 4.
5. Les quatre arbres. B. 5.
6. Le rocher baigné par la rivière. B. 6.
> Belles épreuves.

HAER (VAN DER), graveur à l'eau forte.

813 — *Deux paysages*, gravés à l'eau forte, d'après Ruysdael. P. en L.

HAERT (VAN DER), peintre et excellent dessinateur, mort récemment à Gand, où il était directeur de l'académie.

814 — *Portrait de Kluyskens*, professeur à l'université de Gand. P. en H.

HECKE (JEAN VAN DEN), peintre et graveur à l'eau forte, naquit à Quaremond, près d'Audenarde, vers 1629; il s'établit à Anvers, où il vivait encore en 1660.

BARTSCH, *le Peintre graveur*, vol. I, pag. 103.

815 — *Différens animaux.* P. en L. B. 1-12.
> Suite complète en douze estampes.

HEYLBROECK (MICHEL), peintre et graveur, natif de Gand ; il travailla à Vérone et mourût en 1733.

816 — *Trois estampes* en H.
1. S. Jérôme en pénitence dans le désert, d'après Testa.
2. Diogène et Alexandre, d'après Salvator Rosa.
3. Apollon permet de surpasser d'autant d'années que la vierge peut tenir des grains dans sa main.

HOOGHE (ROMYN DE), peintre, dessinateur et graveur à l'eau forte, naquit à La Haye vers 1638 ; il vivait encore en 1708.

817 — *Le siège de la ville de Vienne par les Turcs et sa délivrance*, par Jac. Peeters. P. en L.
Suite de neuf pièces.

818 — *Le triomphe de l'entrée de la reyne mére et l'arrivée de Son Altesse dans la ville de Mons.* P. en H.

819 — *Charles II, roi d'Espagne*, descendu de son carrosse pour rendre hommage au Saint Sacrement. P. en L.
Très belle épreuve de cette estampe connue sous le nom de *carosse de R. De Hooghe.*

HOUBRACKEN (JACQUES), dessinateur et graveur au burin, naquit à Dordrecht en 1698, il mourût dans la même ville en 1780.

820 — *Cavaliers en bonne fortune*, d'après *Jean Van Loo.* P. en H.
Belle épreuve sur papier de Chine.

D'HUYVETTER (NORBERT), un des directeurs de l'académie royale de peinture à Gand, il a gravé pour son amusement quelques estampes qui n'ont jamais été dans le commerce.

821 — *Sept estampes*, dont quelques unes tirées sur papier bleu.

J

JONCKHEER (J.), peintre absolument inconnu, qu'on a confondu avec l'artiste qui signait des lettres P. V. H. qu'on a attribués à Paul Van Hecke.
Bartsch, *le Peintre graveur*, vol. I, pag. 140.

822 — *Deux estampes.* P. en L.
1. Le chien enchaîné et couché. B. 9.
Avec l'adresse de *Nicolaus Visscher excudit.*
2. Les trois chiens. B. 10.

823 — *Trois estampes.* P. en L.

1. Les trois levriers. B. 1.
2. La même.
5. Les quatre levriers. B. 2.

JONGEVING (N. F.), né à Amsterdam en 1778, mort dans la même
ville en 1808.

824 — *Un paysage riche*, représentant un troupeau rentrant dans
l'étable. Dessin parfaitement colorié. P. en L.

Magnifique dessin de ce maître dont les œuvres sont très rares.

L

LAER (PIERRE DE), surnommé Bamboche, né à Laaren, village
près de la ville d'Amsterdam, en 1613, mort à Amsterdam en
1674. Cet artiste a gravé seulement vingt estampes.

BARTSCH, *le Peintre graveur*, vol. I, pag. 5.

825 — *L'œuvre de Pierre De Laer*, en dix-neuf estampes, montées
sur grand papier et reliées en 1 vol. in-fol. v. mar.

Il ne manque que le N° 16, pour que l'œuvre soit complet, les épreuves sont
en général belles et vigoureuses, surtout le N° 15. On a joint à cet exemplaire, une très belle épreuve de l'estampe de *Jean Van Noordt*, représentant
un troupeau de moutons, etc.

LAIRESSE (GÉRARD), peintre d'histoire et graveur à l'eau forte,
né à Liège en 1640, mort à Amsterdam en 1711.

826 — *Deux estampes.*

1. Un sacrifice humain devant le portique d'un temple. P. en L.
2. Vénus et l'Amour. P. en H.

LAMBRECHT (JOOS), graveur, typographe et littérateur gantois
du XVIe siècle.

827 — *Le triomphe de la religion*, en deux estampes, avec cette
inscription : *Geprentt te Ghend, teghen over tstadhuus by Joos
Lambrecht Lettersteker ende daer vind men ze te coope int jaer
1545.* P. en H.

LAUWERS (NICOLAS), dessinateur et graveur au burin, né à Leuze
en Hainaut, vers 1620. Il était établi à Anvers.

828 — *Portrait de frère Lelio*, d'après Van Dyck. P. en H.
Epreuve à l'adresse de Mart. Van den Enden. — Du cabinet de Mariette.

LEYDE (LUCAS DE), naquit à Leyde en 1494 de Hugues Jacobsz,
peintre, qui lui enseigna les premiers élémens de son art; de
là il passa dans l'école de Corneille Engelbrechtsen. Peintre et
graveur à un âge où d'autres sortent à peine de l'enfance, à
douze ans, Lucas peignit un saint Hubert. Cet excellent artiste
mourût en 1533, âgé de trente-neuf ans. Ces estampes, qu'on
payait de son vivant des prix considérables, sont aujourd'hui
très recherchées.

Bartsch, *le Peintre graveur*, vol. VII, pag. 331.

829 — *Portrait de Lucas de Leyde*, à l'âge de 15 ans. P. en H.

830 — *Autre portrait de Lucas de Leyde*, gravé par H. Hondius.
P. en H.

831 — *L'histoire de la création* et de la chûte du premier homme.
P. en H. B. 1-6.
Suite complète de six estampes.

832 — *Le péché d'Adam et d'Eve*. Eve assise à gauche présente le
fruit défendu à Adam qui est assis à droite sur une butte.
P. en L. B. 10.

833 — *Adam et Eve fugitifs*, *après avoir été chassés du paradis
terrestre*. Ils marchent à côté l'un de l'autre, en dirigeant leurs
pas vers la droite. P. en H. B. 11.
Très belle.

834 — *Caïn tuant Abel*. P. en H. B. 12.
Copie gravée en contre partie.

835 — *Caïn et Abel*. Abel à terre se défend du bras droit contre
Caïn qui le saisit de la main gauche. P. en H. B. 13.

836 — *Caïn tuant Abel*. Abel par terre se défend du bras droit contre Caïn qui le saisit de la main gauche. P. en H. B. 13.
Copie gravée en petit par un anonyme de mérite. Au bas de la gauche
l'année 1526 est gravée sur une tablette.

837 — *Lamech et Caïn*. Lamech est debout à gauche, occupé à bander son arc. P. en H. B. 14.

Ancienne épreuve.

838 — *Abraham et les trois Anges*. Abraham est à genoux, vu de profil et dirigé vers la gauche, où sont les trois anges debout devant lui P. en H. B. 15.

Très belle.

839 — *Loth énivré par ses deux filles*. Loth assis à gauche, embrasse l'une de ses filles qu'il tient sur son genou. P. en L. B. 16.

Superbe épreuve mentionnée dans le *Voyage d'un iconophile*, par Duchesne, pag. 330.

840 — *Abraham renvoyant Agar*. Abraham, sans regarder Agar, l'écarte par un mouvement qu'il fait de sa main gauche. P. en H. B. 18.

841 — *L'histoire de Joseph*. P. en L. B. 19-23.

Suite de cinq estampes. — Belles épreuves.

1. Joseph raconte ses songes à Jacob. B. 19.
2. Joseph et la femme de Putiphar. B. 20.

Exemplaire de Mariette.

3. La femme de Putiphar accusant Joseph. B. 21.
4. Joseph en prison. B. 22.

Exemplaire de Mariette.

5. Joseph interprétant les songes de Pharaon. B. 23.

842 — *Dalila coupant les cheveux de Samson*. Elle est assise sur un coteau et coupe les cheveux à Samson qui dort couché sur son giron. P. en H. B. 25.

Belle.

843 — *David victorieux de Goliath*. Il porte de la main gauche un glaive et de l'autre la tête de Goliath. P. en H. B. 26.

Belle.

844 — *David jouant de la harpe devant Saül*. David debout à gauche, joue d'une petite harpe qu'il tient élevée. P. en H. B. 27.

Belle estampe.

845 — *David en prière*. David priant Dieu de délivrer son peuple du fléau de la peste. P. en H. B. 28.

Très belle.

846 — *David en prière.* David est vu de profil et tourné vers la gauche. P. en H. B. 29.

847 — *Salomon adorant les idoles.* Il est vu presque par le dos et dirigé vers la droite. P. en H. B. 50.

848 — *Esther devant Assuerus.* Le roi est assis à gauche sur un trône, Esther est prosternée devant lui. P. en H. B. 51.
   Faible.

849 — *La même estampe.*
   Avec cette inscription vers la gauche en bas : *Martini Petri excude in insigni aurei fontis prope nostram bussam.* — Etat non indiqué par Bartsch.

850 — *Mardochée mené en triomphe.* Revêtu de la robe royale et tenant un sceptre, il est monté sur un cheval dont la bride est tenue par Aman qui marche à côté. P. en L. B. 52.
   Belle.

851 — *Les deux vieillards apercevant Susanne dans le bain.* Les vieillards placés sur une hauteur à gauche, se cachant derrière deux arbres et un rocher. P. en H. B. 53.
   Belle.

852 — *S. Joachim et Ste Anne.* S. Joachim embrasse Ste Anne à l'entrée d'un bâtiment ouvert. P. en H. B. 54.
   Belle.

853 — *L'annonciation.* La Vierge est à genoux devant un prie-Dieu. P. en L. B. 55.

854 — *L'adoration des Mages.* La Vierge assise à gauche contre un mur, soutient de ses deux mains l'enfant Jésus qui est debout sur les genoux de sa mère. P. en H. B. 57.

855 — *Repos en Egypte.* La Vierge assise sous un bouquet d'arbres, donne le sein à l'enfant Jésus. P. en H. B. 58.
   Superbe épreuve.

856 — *Le baptême de Jésus-Christ.* Cette estampe représente les rives du Jourdain, on y voit S. Jean un genou en terre, baptisant Jésus-Christ. P. en L. B. 40.

857 — *Jésus-Christ tenté par le démon.* Jésus-Christ est debout à gauche, auprès d'un quartier de rocher sur lequel il a les deux bras appuyés. P. en H. B. 41.

858 — *La résurrection de Lazare.* Jésus-Christ debout est représenté levant les yeux au ciel pour rendre grâces au père de l'avoir
exaucé. P. en H. B. 42.

Très belle épreuve provenant de Mr Rechberger, à Vienne.

859 — *La passion de Jésus-Christ.* P. en H. B. 43-56.
Suite de quatorze estampes.

1. La Cène. B. 45.
2. Jésus-Christ à la montagne des Oliviers. B. 44.
5. La prise de Jésus-Christ. B. 45.
4. Jésus-Christ devant le grand-prêtre Anne. B. 46.
5. Jésus-Christ outragé dans le prétoire. B. 47.
6. La flagellation. B. 48.
7. Le couronnement d'épines. B. 49.
8. Jésus-Christ présenté au peuple. B. 50.
9. Le portement de croix. B. 51.
10. La sépulture. B. 54.

Les N° 47, 49, 51 et 54, paraissent être des copies gravées par *Muller.*

860 — *Jésus-Christ présenté au peuple.* Cette pièce, d'une composition riche, contient plus de cent figures. P. en L. B. 71.

Très belle épreuve. Cette estampe recherchée, est une des plus considérables
de l'œuvre de Lucas De Leyde ; elle est citée dans le *Voyage d'un iconophile*
de Duchesne, p. 350.

861 — *Des soldats faisant boire Jésus-Christ avant de le crucifier.*
P. en H. B. 75.

862 — *L'homme de douleurs.* Jésus-Christ est représenté debout
dans le tombeau, et vu jusqu'au dessus des genoux. P. en H. B. 76.
Très belle.

863 — *Jésus-Christ apparaissant à Madelaine*, sous la figure d'un
jardinier. P. en L. B. 77.

864 — *La Vierge avec l'enfant Jésus*, accompagnée de Ste Anne.
P. en H. B. 79.

865 — *La Vierge debout sur un croissant*, dans une gloire. P. en H.
B. 82.
Belle.

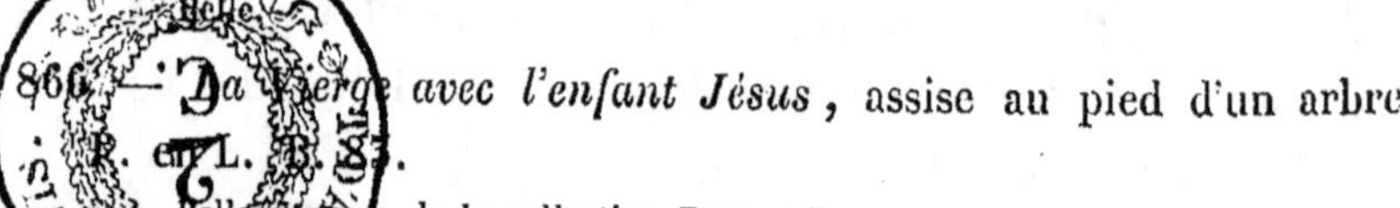

866 — *La Vierge avec l'enfant Jésus*, assise au pied d'un arbre.
P. en L. B. 83.
Belle épreuve de la collection Dumesnil.

867 — *S. Barthélemy.* Il tient un chapelet de la main gauche et de l'autre un couperet. P. en H. B. 94.

868 — *S. Mathieu.* Il est assis devant un pupitre sur lequel est un livre. P. en H. B. 101.

869 — *S. Luc.* Il est représenté ayant la tête couverte d'une calotte, et assis sur le dos d'un bœuf couché. P. en H. B. 104.
> Très belle.

870 — *S. Pierre et S. Paul tenant le suaire.* Les deux figures sont représentées à mi-corps. P. en L. B. 105.

871 — *S. Pierre et S. Paul.* Ils sont assis à terre dans un paysage. P. en L. B. 106.
> Très belle.

872 — *La conversion de S. Paul.* Aveuglé par la lumière du ciel dont il a été frappé, S. Paul marche tête nue, entre deux hommes dont l'un conduit par la bride le cheval qu'il avait monté. P. en L. B. 107.
> Cette pièce est une des plus considérables et des plus rares de l'œuvre.

873 — *S. Christophe.* Il est assis à terre au milieu de l'estampe. P. en H. B. 108.
> Belle.

874 — *S. Christophe.* Il est représenté marchant vers la gauche dans l'eau et tenant fortement des deux mains une longue branche d'arbre. P. en H. B. 109.
> Magnifique épreuve.

875 — *S. Jean Baptiste dans le désert.* Il est assis à terre et montre de la main droite un agneau couché à la droite de l'estampe. P. en L. B. 110.

876 — *S. Jerôme.* Il est assis au pied d'un rocher, tenant des deux mains un livre qu'il est occupé à feuilleter. P. en L. B. 112.

877 — *S. Jerôme.* Le saint est à genoux vu de profil et dirigé vers la droite. P. en H. B. 113.
> Deux épreuves : l'originale et une copie gravée en contre-partie.

878 — *S. Sébastien.* Le saint est attaché à un arbre avec des cordes qui fixent les jambes. P. en H. B. 115.
> Belle.

879 — *S. Antoine l'ermite.* Il est représenté debout, soutenant de la main gauche un livre ouvert. P. en H. B. 116.

> Belle.

880 — *Tentation de S. Antoine.* Le saint est assis sur une motte de terre, et a la main droite levée vers une femme qui est debout vis-à-vis de lui. P. en H. B. 117.

881 — *S. Dominique.* Il est debout et tourné un peu vers la droite. P. en H. B. 118.

882 — *S. Gérard Sagrédius*, évêque et martyr. P. en H. B. 119.

883 — *S. George.* Le saint, vu de profil et tourné vers la gau-che, touche les bras de la princesse qu'il a délivrée. P. en H. B. 121.

> Superbe épreuve.

884 — *Marie Madelaine* se livrant aux plaisirs du monde. P. en L. B. 122.

> Cette belle pièce que Lucas a gravée dans le temps de sa plus grande force, est un de ses ouvrages les plus recherchés et des plus rares. — Belle.

885 — *La même estampe.*

> Copie.

886 — *Sainte Madelaine dans le désert.* Elle est assise au pied d'un roc, et dirigée vers la droite. P. en H. B. 123.

> Très belle.

887 — *Sainte Madelaine debout sur des nuages.* Elle est vue de profil et dirigée vers la gauche. P. en H. B. 124.

> Belle.

888 — *Le moine Sergius tué par Mahomet.* Le moine est étendu à droite près d'un vieillard vêtu à l'orientale. P. en H. B. 126.

889 — *Les sept Vertus.* P. en H. B. 127-133.

> Suite de sept estampes.

1. L'Espérance. B. 128.
2. La Prudence. B. 130.
3. La Justice. B. 131.
4. La Force. B. 132.
5. La Tempérance. B. 133.

890 — *Pyrame et Thisbé.* Vers la droite sur le devant est le corps de Pyrame , et un peu plus loin Thisbé , qui se jette sur une épée. P. en L. B. 135.

>Belle.

891 — *Le poëte Virgile* suspendu dans un panier. P. en H. B. 136.

>Très belle.

892 — *Mars et Vénus*. Vénus est à gauche accoudée sur un piédestal ; elle regarde Mars qui est assis à la droite de l'estampe. P. en L. B. 137.

>Superbe épreuve. Voy. Duchesne, *Voyage d'un iconophile*, pag. 330.

893 — *Vénus et l'Amour*. Vénus est assise sur des nuages et présente une flèche à l'Amour assis à droite. P. en H. B. 138.

894 — *Pallas*. Elle est représentée assise sur des pierres. P. en H. B. 139.

>Exemplaire de la collection R. Dumesnil.

895 — *Un enseigne*. Il porte de la main droite un drapeau déployé et de la gauche il serre la garde de son épée. P. en H. B. 140.

896 — *Un jeune homme à la tête d'une troupe de gens armés*. Il a la main dans le sein , et tient de l'autre une des manches pendantes de sa robe. P. en H. B. 142.

>Très belle épreuve de la collection de Mr Durand.

897 — *La même estampe*, gravée en contre partie par le maître au monogramme N° 290 de Bartsch. P. en H.

898 — *Les gueux*. Un gueux assis à la gauche , tend la main pour recevoir une écuelle que lui présente un autre gueux debout devant lui. P. en H. B. 143.

>Belle.

899 — *La promenade*. Un homme marchant vers la gauche , accompagné d'une femme. P. en H. B. 144.

900 — *La dame au bois*. Un paysan marche dans un bois, à côté d'une dame suivie de sa servante. P. en H. B. 146.

>Copie par Wiericx. — Très belle.

901 — *Un homme et une femme assis dans une campagne*. La femme vue de face , est placée à gauche. P. en H. B. 148.

902 — *Les pélerins*. Une femme couchée à terre a les yeux fixés sur une poire, qu'un homme est occupé à péler. P. en H. B. 149.

903 — *Le fou.* Une femme assise au pied d'un arbre, parait vouloir se défendre de l'embrassement d'un fou. P. en H. B. 150.

Pièce gravée à l'eau forte. — Belle.

904 — *La vieille avec la grappe de raisin.* Une vieille femme, tenant dans la main gauche une grappe de raisin. P. en H. B. 151.

905 — *La femme et le chien.* Une femme nue, assise au pied d'un arbre et cherchant des puces à un chien dont la tête est couchée sur sa cuisse droite. P. en H. B. 154.

Magnifique épreuve.

906 — *Les musiciens.* Un homme assis à gauche est occupé à accorder une guitare au ton d'un violon dont une femme fait resonner les cordes. P. en H. B. 155.

907 — *La même estampe.*

Copie gravée en contre partie.

908 — *Le chirurgien.* Un paysan exprime par le geste la douleur de l'opération que lui fait derrière l'oreille, un homme assis sur un siége à large dossier. P. en P. B. 156.

909 — *L'opérateur.* A gauche un charlatan travaille avec un instrument dans la bouche d'un paysan. P. en H. B. 157.

Belle.

910 — *La laitière.* Une villageoise portant un seau parait s'avancer pour traire une vache qui est placée en travers. P. en L. B. 158.

Belle épreuve du cabinet de Mr Debois.

911 — *L'espiègle.* Cette estampe représente un homme jouant de la cornemuse et cheminant vers le devant de la gauche. P. en H. B. 159.

Copie non indiquée par Bartsch.

912 — *Deux estampes.* P. en H.

1. Tête d'un guerrier. B. 160.
2. Les enfans guerriers. B. 165.

913 — *Deux compositions d'ornemens.*

1. Une composition d'ornemens à la tête de bélier décharnée. P. en H. B. 161.
2. Une composition d'ornemens à l'homme ailé. P. en L. B. 162.

914 — *Deux estampes.*

    1. Un panneau d'ornemens. P. en H. B. 164.

    2. Deux rinceaux d'ornemens. P. en L. B. 169.

915 — *Trois estampes.*

    1. Un écusson vide. P. en L. B. 166.

    2. Un écusson rempli par un mascaron. P. en L. B. 167.

    5. Deux ronds. P. en L. B. 170.

916 — *Les armes de la ville de Leyde* au milieu de quatre ronds. P. en L. B. 168.

917 — *Deux ronds* formés par des rinceaux d'ornemens. P. en L. B. 171.

918 — *Portrait de l'empereur Maximilien I.* P. en H. B. 172.

919 — *Portrait de Lucas de Leyde.* Il est représenté en buste, avec un chapeau sur la tête et un habit de moire doublé de fourrure. P. en H. B. 173.

920 — *Portrait d'un jeune homme.* Il est représenté à mi-corps, tenant sous sa robe une tête de mort. P. en H. B. 174.

> LIEVENS (JEAN), peintre et graveur, né à Leyde en 1607, il apprit d'abord le dessin chez George Van Schooten et entra dans l'école de Pierre Lastman, ensuite il devint élève de Rembrandt.
>
> BARTSCH, *Catalogue de l'œuvre de Rembrandt et de ses élèves,* pag. 23 et suiv.

921 — *Saint François.* Il est assis dans une grotte, et tient les mains croisées. P. en H. B. 6. Cl. 6.

    Très belle épreuve du second état, avec le chiffre de Lievens.

922 — *Saint Antoine.* Il est aissis, vu de trois quarts et tourné vers la gauche de l'estampe. P. en H. B. 7. Cl. 7.

    Second état avec le chiffre du graveur.

923 — *Portrait de Juste Vondel.* Il est vu de face et tourné un peu vers la droite de l'estampe. P. en H. B. 57. Cl. 58.

    Très belle épreuve provenant de Mr Durand de Paris.

924 — *Portrait de Daniel Heinsius.* Il est vu presque de face et tourné vers la droite. P. en H. B. 58. Cl. 57.

    Belle.

M

MAITRES DIVERS.

925 — *Sept estampes diverses*, parmi les quelles le buste d'un Turc, par *Nothnagel*, d'après Rembrandt, Léopold Guillaume, par *De Jode*, etc.

926 — *Deux portraits.* P. en H.
1. Jérôme Duquesnoy, d'après *Van Dyck*, par *Brookshan*. En manière noire.
2. Pierre Breugel, d'après *Spranger*, par *Gilles Sadeler*.

927 — *Deux estampes.* P. en H.
1. Vénus et l'Amour, par *Corn. Galle*, d'après *Rubens*.
2. Samson déchirant le lion, par *Fr. Van den Wyngaerde*, d'après *Rubens*.

928 — *Deux estampes* en L.
1. Un port de mer, par Gilles Sadeler, d'après Jean Breugel.
2. Fête de village, par J. Van de Velde.
   Magnifique épreuve.

MAN (A. W. H. NOLTHENIUS), major au service du roi des Bays-Bas, il a gravé pour son amusement un grand nombre d'estampes.

929 — *L'œuvre de ce graveur en 68 estampes.* Dans un portefeuille.
Don du graveur à Mʳ B.

MARTENASIE (PIERRE), graveur, naquit à Anvers. Elève de Le Bas.

930 — *Le père de famille*, d'après *J. B. Greuse.* P. en L.

MARTSS (JEAN), le jeune, peintre-graveur à l'eau forte, florissait en Hollande en 1632. Ce maître n'a gravé que six estampes.

BARTSCH, *le Peintre graveur*, vol. IV, pag. 49.

931 — *Deux estampes.* P. en L.
1. Au milieu de ce morceau, un homme armé de toutes pièces court à toute bride vers le fond à droite où l'on voit une bataille sanglante. B. 4.
2. Un cheval en repos. B. 5.

MEER (JEAN VAN DER), le jeune, excellent artiste, qui florissait dans les Pays-Bas à la fin du 17ᵉ siècle. Il n'a gravé que deux estampes qui sont très rares.

BARTSCH, *le Peintre graveur*, vol. I, pag. 252.

952 — *La brebis debout.* P. en L. B. 2.
Bartsch assure que ce morceau est extrémement rare.

955 — *La même estampe.*

MIELE (JEAN), peintre et graveur à l'eau forte, naquit en Flandre en 1599; il eût pour maître Ger. Seghers. Cet artiste n'a gravé que neuf estampes.

BARTSCH, *le Peintre graveur*, vol. I, pag. 337.

954 — *Trois grandes estampes.* P. en L.
1. Le siége de Mastricht, par Alexandre de Parme. 1579.
2. La prise de la ville de Mastricht.
5. La prise de la ville de Bonn, par le prince de Chimay, 1588.
Très belles épreuves.

MILET (JEAN FRANÇOIS), connu en France sous le nom de Francisque, peintre, né à Anvers en 1644, mort à Paris en 1680.

BARTSCH, *le Peintre graveur*, vol. V, pag. 323.

955 — *Treize estampes diverses gravées par ce maître.* B. 1-13.

MOOR (CHARLES DE), peintre et graveur à l'eau forte, naquit à Leyde et mourût à La Haye en 1738. Il n'a gravé que trois portraits.

956 — *Portrait de Jean Van Goyen.* P. en H.
Pièce rare provenant de la collection de Mʳ P. Wolterbeek, vendue à Amsterdam en Mai 1845.

957 — *Portrait de F. Mieris.* Il est à mi-corps et tourné vers la gauche. P. en H.
Première et rare épreuve tirée avant que la planche ne fût nettoyée. — De la vente du peintre vénitien Dominique Tiepolo.

MULLER (JEAN), graveur Hollandais, sur le quel on a peu de renseignemens, il a vécu entre les années 1589 et 1625.

958 — *Portrait de Jean Neyen,* de l'ordre de S. François, envoyé de l'archiduc Albert auprès des états généraux des Provinces-Unies, d'après Micrevelt. P. en H. Bartsch Nº 60.

MUNNICKHUYSEN (JEAN), dessinateur et graveur au burin, né en Frise vers 1636.

939 — *Portrait de Henderick Dirkien Spiegel*, d'après Limburgh. P. en H.
> Très belle épreuve.

N

NAIWINCX (HENRI), peintre et graveur à l'eau forte, né à Utrecht, florissait au 17e siècle.
> BARTSCH, *le Peintre graveur*, vol. IV, pag. 81.

940 — *Différens paysages.* P. en H. B. 9-16.
> Suite complète en huit pièces, très belles d'épreuve et de conservation.

NOTER (P. F. DE), peintre de paysages, né à Walhem, près de Malines, le 25 Janvier 1779, mort à Gand en 1842.

941 — *Huit estampes* gravées à l'eau forte, montées sur papier fort et reliées en 1 vol. pet. in-fol. dos de mar. rouge.

O

ONGHENA (CHARLES), excellent graveur gantois.

942 — *Vingt estampes diverses.*

OS (P. G. VAN), peintre, dessinateur et graveur à l'eau forte, né à La Haye le 8 Octobre 1776, mort à La Haye le 28 Mars 1839.

943 — *Suite de six estampes*, représentant des animaux, gravés à l'eau forte.

OSTADE (ADRIEN VAN), peintre et graveur à l'eau forte, naquit à Lubec en 1610 et mourût à Amsterdam en 1685.
> BARTSCH, *le Peintre graveur*, vol. I, pag. 347.

944 — *L'œuvre de ce maître* en 49 estampes, montées sur grand papier fort et reliées en 1 vol. pet. in-fol. v. mar.
> Cet œuvre au quel ne manque que le No 55, est très beau d'épreuve et provient de la collection du comte d'Artois. *Le charcutier* (No 41) est du premier état, le No 2 est en double, et on a ajouté les copies des Nos 28 et 50, de plus on y joint à cet œuvre le portrait de Van Ostade, gravé en manière noire, par le titre et deux pièces douteuses, parmi lesquelles celle décrite par

945 — *OEuvre du même maître* en 49 estampes montées sur grand papier.

Cet œuvre est aussi très beau, au N°s 8 et 11 on a joint des copies, au N° 23 il y a deux épreuves dont une du premier état, la planche non nettoyée autour de la femme, au N° 28 on a joint une copie, le N° 29 y est en double, dont une première épreuve avec des blancs à la corbeille, le N° 38 y est également en double, dont une première épreuve avant que la planche ne fût terminée à gauche, le N° 41, représentant *le charcutier*, est en première épreuve, le N° 46 y est trois fois, la première épreuve avec les marches blanches, l'épreuve ordinaire et une copie, enfin on y a ajouté: le titre, le portrait de Van Ostade, par Van Gole et trois pièces douteuses, dont deux non décrites par Bartsch.

946 — *Huit pièces diverses.*

Ce sont les N°s 11, 19, 25, 29, 52, 47, 48 et 50.

947 — *L'épouilleuse.* Vers la gauche de cette estampe une vieille, épouille un paysan assis à terre devant elle. P. en L. B. 55.

Magnifique épreuve de cette estampe, qui est regardée comme la plus rare de l'œuvre. — De la collection de Mr Debois, dont la vente a eu lieu à Paris en 1844.

948 — *Vingt-deux belles estampes*, gravées d'après Ostade, par Jean et C. Visscher, Suyderhoef, Wille, etc.

P

PEETERS (BONAVENTURE), peintre de marines et graveur à l'eau forte, né à Anvers, où il mourût en 1652, âgé de 38 ans. Bartsch ne paraît pas avoir connu les estampes de ce maître.

949 — *Deux petites marines.* P. en L.

A grandes marges.

PHILIPS (CASPAR), dessinateur et graveur à l'eau forte, né en Hollande en 1766.

950 — *L'œuvre de ce maître* en 20 estampes, montées sur grand papier et reliées en 1 vol. pet. in-fol. v. mar.

On a ajouté à cet œuvre le portrait de Pierre De Laer.

PILSEN (FRANÇOIS), graveur, né à Gand en 1676; il apprit son art chez Robert Van Audenaerd.

951 — *Deux estampes.* P. en H.

1. Portrait de Marie-Thérèse.
2. Portrait du comte de Wynants.

Belles épreuves.

PLOOS VAN AMSTEL (CORNELIS), dessinateur et graveur, né à Amsterdam en 1726, a gravé dans la manière du lavis.

952 — *Son œuvre en 49 pièces.* rel. en 1 vol. gr. in-fol. plano à dos de v. fauve.

Très bel exemplaire en épreuves de choix.

PONTIUS (PAUL), dessinateur et graveur au burin, né à Anvers vers 1596. Il fût élève de Lucas Vorsterman.

953 — *La descente du S. Esprit*, d'après *Rubens.* P. en H. Basan N° 119.

954 — *Le portrait de Ferdinand*, cardinal, infant d'Espagne et gouverneur des Pays-Bas, d'après *Rubens.* P. en H. Basan N° 38.

Très belle.

955 — *Portrait de Gaspard Gevartius*, d'après *Rubens.* P. en H.

Très belle.

956 — *Portrait de Jean baron de Beck*, seigneur de Beaufort, d'après *Fr. De Nys.* P. en H.

Belle épreuve de la collection de Mariette et en dernier lieu de celle de Mr Lousbergs.

POTTER (PAUL), peintre et graveur à l'eau forte, né à Enkhuisen en 1625, mort à Amsterdam en 1654.

BARTSCH, *le Peintre graveur*, vol. I, pag. 41.

957 — *L'œuvre de ce maitre* en 15 estampes montées sur grand papier et reliées en 1 vol. pet. in-fol. v. mar.

1-8. Différens bœufs et vaches. P. en H. B. 1-8.

Deuxième état avec l'adresse de *Cl. De Jonghe.*

9-13. Différens chevaux. P. en L. B. 9-14.

15. Le berger. 1644. Avec l'adresse de *Clément De Jonghe.* P. en L. B. 15.

14. Le vacher. 1649. P. en L. B. 14.

958 — *Deux pièces* faussement attribuées à Paul Potter. P. en L. B. pag. 66 et 67.

R

ROBBE (LOUIS), peintre, dessinateur et graveur à l'eau forte, né à Courtrai.

959 — *Un taureau et une chèvre.* 2. pièces. P. en L.
Epreuves sur papier de soie, les seules qui ont été tirées sur ce papier.

ROGMAN (GERTRUYD), graveur à l'eau forte, probablement de la famille de Roland Rogman, a travaillé en 1597.

960 — *Deux pièces* de la suite de la ménagère en quatre estampes. P. en H.

RYSBRAECK (PIERRE), peintre et graveur, naquit à Anvers. Cet artiste n'a gravé que six estampes.

Bartsch, *le Peintre graveur,* vol. V, pag. 495.

961 — *L'œuvre complet de ce maître,* en six estampes, ajustées sur papier fort et reliées en 1 vol. pet. in-fol. v. mar.
La 6me pièce y est deux fois. — Exemplaire très beau d'épreuve, provenant du cabinet du comte de Fries de Vienne, dont la vente a eu lieu à Amsterdam en 1824.

S

SADELER (EGIDE), neveu et élève de *Jean* et *Raphaël Sadeler,* né à Anvers en 1570, mort à Prague en 1629.

962 — *Buste d'une jeune femme,* d'après Albert Durer. P. en H.

SOUTMAN (PIERRE), peintre et graveur à la pointe et au burin, né à Harlem vers 1580. Il était élève de Rubens.

963 — *Le grand Sultan à cheval,* accompagné de ses principaux officiers. D'après *Rubens.* P. en H. Basan N° 34.
Première épreuve, provenant de la collection de Mr Lousbergs.

STEEN (FRANÇOIS VAN DEN), peintre et graveur à la pointe et au burin, né à Anvers en 1604.

964 — *Portraits de S. Pepin et Ste Begue,* d'après Rubens. P en H.
Epreuve avec l'adresse de *Van den Wyngaerde.*

STOOP (THIERRY), peintre et graveur à l'eau forte, originaire des Pays-Bas, florissait au 17e siècle.

Bartsch, *le Peintre graveur*, vol. IV, pag. 89.

965 — *Différens chevaux.* Suite de douze estampes, montées sur grand papier et reliées en 1 vol. pet. in-fol. dos de mar. rouge.
Epreuves à l'adresse de *F. De Wit.*

966 — *La même suite.* P. en H. B. 1-12.
Epreuves avec les numeros.

SUYDERHOEF (JONAS), dessinateur et graveur au burin et à l'eau forte, né à Leyde en 1613.

967 — *Portrait de Conrard Victor Van Aken,* d'après *Frans Hals.* P. en H.
Belle épreuve.

968 — *Portrait de Jean Claubergius,* d'après *Gasp. Pfeffer.* P. en H.

969 — *Des paysans buvants* à la porte d'un cabaret, d'après *Ostade.* P. en H.
Très belle épreuve.

970 — *La danse au cabaret,* sujet nommé le Bal, d'après *Ostade.* P. en H.

971 — *La querelle des paysans,* pièce dite le coup de couteau, d'après *Ostade.* P. en H.
Belle épreuve.

972 — *Chasse aux lions et aux tigres,* d'après *Rubens.* P. en L.
Très belle et rare épreuve de cette estampe qu'on rencontre difficilement.

973 — *Les plénipotentiaires de la paix de Munster.* P. en L.

SWANEVELT (HERMAN VAN), peintre hollandais, né en 1620 et élève de Ger. Douw; il passa très jeune en Italie, où il se forma sous Claude le Lorrain. Sa mort est fixée vers 1690.

974 — *Suite de quatre paysages.* P. en L. B. 77-80.
 1. Les pêcheurs. B. 77.
 2. La fileuse et les quatre bœufs. B. 78.
 3. Les deux cavaliers. B. 79.
 4. La petite cascade. B. 80.

SWEERTS (MICHEL), graveur dont on a seize estampes.

BARTSCH, *le Peintre graveur*, vol. IV, pag. 515.

975 — *Deux estampes.* P. en H.

   1. Une vieille femme d'une mine riante, vue presque de face. B. 14.

   2. Jeune garçon vu de face et vêtu d'un habit boutonné par devant. B. 16.

T

TROOSTWYK (W. J. VAN), peintre, dessinateur et graveur à l'eau forte, né en Hollande, dans le siècle dernier, mort en 1810. On n'a que douze estampes gravées par ce maître.

Catalogue du comte Rigal, pag. 367.

976 — *Neuf pièces diverses.* P. en L.

   1. Vache que trait une villageoise.
   2. Taureau qui sort d'une mare et se frotte à un tronc d'arbre.
   5. Deux vaches, l'une debout l'autre couchée.
   4. Deux vaches dans un paturage.
   5. Trois vaches.
   6. Bœuf au pâturage.
   7. Bœuf au pâturage marchant vers la gauche.
   8. Chien assis.
   9. Têtes de vache, de beliers et de moutons.

U

UDEN (LUCAS VAN), peintre et graveur à l'eau forte, né à Anvers en 1595.

BARTSCH, *le Peintre graveur*, vol. V, pag. 17.

977 — *L'œuvre du maître* en 20 estampes ajustées sur grand papier et reliées en 1 vol. pet. in-fol. v. mar.

   1. Le portrait du maître, par L. Vorsterman, d'après Ant. Van Dyck. P. en H.

   2-11. Différens paysages. P. en L. B. 1-12.
    Manquent les Nᵒˢ 6 et 12.

12. Paysage où se fait remarquer un terrain élevé, escarpé et surmonté d'un bois. P. en L. B. 19.

13. Paysage où se voit une terrasse escarpée, sur laquelle s'élèvent quatre arbres touffus. P. en L. B. 20.

14. Vue d'un canal, qui du lointain coule en ligne droite, jusqu'au bas de la planche. P. en L. B. 24.

15. Paysage où l'on voit un berger assis sur une butte. P. en L. B. 27.

16. Un village richement orné d'arbres. P. en L. B. 31.

17. Un village garni d'arbres, sur presque toute la largeur de la planche. P. en L. B. 35.

18. Vue d'un pays d'une vaste étendue et couvert de plantations abondantes. P. en L. B. 45.

19. Autre pays très vaste, dont la vue se perd dans le plus grand éloignement. P. en L. B. 46.

20. Paysage coupé à droite par une large rivière. P. en L. B. 47.

PIÈCE NON DÉCRITE PAR BARTSCH.

21. Vue d'un vaste pays, à gauche un villageois appuyé sur son bâton. P. en L.

Voy. le Catal. de Rigal, pag. 378.

978 — *Vue d'un couvent de capucins*, entouré de beaucoup d'arbres à hautes tiges. P. en L. B. 56.

Très belle.

V

VALCK (GEORGE), graveur au burin et en manière noire, né à Amsterdam vers 1626.

979 — *Portrait de Nicolas Jean Honigh*, d'après *Mierevelt*. P. en H.

Superbe épreuve.

VELDE (JEAN VAN DE), peintre et graveur à l'eau forte et au burin, né à Leyde en 1598. Ces gravures ressemblent pour l'effet à celles du comte Goudt.

980 — *La sorcière*. Effet de lumière gravé en manière noire. P. en L.

Très rare.

VELDE (ADRIEN VAN DE), peintre et graveur à l'eau forte, né en Hollande vers 1639.

BARTSCH, *le Peintre graveur*, vol. I, pag. 211.

981 — *L'œuvre de ce maitre*, en 16 estampes, montées sur papier fort et reliées en 1 vol. pet. in-fol. v. mar.

1-12. Différens animaux. Suite de dix estampes. P. en L. B. 1-12.
13. Les deux vaches au pied d'un arbre. P. en L. B. 13.
14. La brebis. 1670. P. en L. B. 14.
15. Les deux moutons. 1670. P. en L. B. 15.
16. Le berger et la bergère avec leur troupeau. P. en L. B. 17. *Très rare.*

Ces seize estampes sont très belles d'épreuve et de conservation.

VERBOECKHOVEN (E. J.), peintre de paysages et d'animaux, et graveur à l'eau forte, né à Warneton, le 8 Juin 1798.

982 — *L'œuvre de ce maitre*, en 21 estampes gravées à l'eau forte, plus 11 estampes, lithographiées par le même. En 1 vol. pet. in-fol. rel. à dos de mar. rouge.

VISSCHER (CORNEILLE), très habile dessinateur et graveur à l'eau forte et au burin, né à Harlem en 1610, mort dans la même ville en 1670.

983 — *Le vendeur de mort aux rats.* P. en H. Basan 16.
Magnifique épreuve à l'adresse de *Clément De Jonghe.*

984 — *La Bohémienne*, ou la nourrice qui donne le sein à un petit enfant. P. en H. Basan 17.
Très belle épreuve à l'adresse de *Clément De Jonghe.*

985 — *Deux portraits d'hommes célèbres* P. en H.
1. Henri Du Booys, d'après Van Dyck.
2. Petrus Scriverius, d'après Corn. Visscher, par Houbraken.
Belle épreuve.

VISSCHER (JEAN), graveur à l'eau forte et au burin, né à Amsterdam
en 1636.

986 — *Diversa animalia quadrupedia.* Une vache buvant à une
fontaine, deux moutons et un bélier, un paysan sur un mulet.
P. en L.

Très belle pièce.

VISSCHER (NICOLAS), graveur appartenant à la famille précédente.

987 — *Une tabagie de six hommes,* dont un tourne le dos au feu,
d'après *Van Ostade.* P. en H.

VLIEGER (SIMON DE), excellent peintre de marines et graveur à l'eau
forte; il travailla à Amsterdam vers 1640.

BARTSCH, *le Peintre graveur*, vol. I, pag. 21.

988 — *L'auberge.* On voit sur la gauche de cette estampe une auberge dans un bâtiment délabré, près de la porte duquel plusieurs
hommes sont assis. P. en L. B. 8.

VLIET (GEORGE VAN), peintre et graveur à l'eau forte, né à Delft,
au commencement du 17e siècle. Il fût élève de Rembrandt.

DE CLAUSSIN, *suppl. au Catalogue de Rembrandt.*

989 — *L'œuvre de ce maître* en 22 estampes, montées sur grand
papier et reliées en 1 vol. pet. in-fol. v. mar.
1-18. Les Arts et Métiers. Suite de 18 estampes. P. en H.
Cl. 32-49.
19. Le mathématicien. P. en H. Cl. 50.
20. Les joueurs de trictrac. P. en H. B. 54.
21. La famille. P. en H. B. 56.
22. Le Goût. P. en H. B. 27.

VLIET (JEAN GEORGE VAN), peintre et graveur à l'eau forte, né
à Delft vers 1610. Il fût élève de Rembrandt.

BARTSCH, *Catalogue de l'œuvre de Rembrandt et de ses élèves,*
pag. 65.

990 — *Loth et ses filles;* d'après Rembrandt. Loth est renversé
par terre, dans l'attitude d'un homme ivre. P. en H. B. 1. Cl. 1.

Très belle épreuve.

991 — *Résurrection de Lazare.* Jésus-Christ est debout au-delà du tombeau, dans le milieu de l'estampe, ayant le bras droit élevé. P. en H. B. 4. Cl. 4.

> Très belle épreuve.

992 — *Jésus-Christ saisi par les Juifs.* Il est au jardin des Olives, et Judas lui donne le baiser. P. en H. B. 6. Cl. 6.

> Belle.

993 — *Saint Jérôme,* d'après Rembrandt. Ce morceau représente un souterain, au milieu du quel S. Jérôme est à genoux, devant un grand livre ouvert. P. en H. B. 13. Cl. 13.

> Très belle épreuve de ce morceau, qui est regardé comme un des plus beaux que Van Vliet ait faits.

994 — *Vendeur de chansons.* Ce morceau représente un homme qui débite des chansons dans une rue de village. P. en H. B. 15. Cl. 15.

> Très belle.

995 — *Les débauchés.* Sur la gauche, un officier est assis ayant sur ses genoux une fille, qu'il soutient de son bras droit. P. en L. B. 16. Cl. 16.

> Première et très belle épreuve avant l'adresse de *Peyenaar.*

996 — *Buste d'un Oriental,* d'après Rembrandt. P. en H. B. 20. Cl. 20.

> Belle épreuve.

VORSTERMAN (LUCAS), dit le Vieux, peintre et graveur à l'eau forte et au burin, né à Anvers en 1578.

997 — *La descente de croix,* d'après Rubens. P. en H. Basan 99.
> Première épreuve avant l'adresse de Corn. Van Merlen.

W

WAES (CORNEILLE DE), peintre de batailles et graveur à l'eau forte, né à Anvers en 1557.

998 — *L'œuvre de ce maître,* en 15 estampes, ajustées sur des feuilles de papier fort et reliées en 1 vol. in-fol. v. mar.
> Ces 15 estampes avec le titre, sont très belles d'épreuve.

WALRAVEN VAN HAEFTEN (NICOLAS), peintre et graveur à l'eau
forte et en manière noire, né à Gorcum pendant le 17ᵉ siècle.

BARTSCH, *le Peintre graveur*, vol. V, pag. 441.

999 — *L'œuvre de ce maître*, en six estampes ajustées sur grand
papier et reliées en 1 vol. pet. in-fol. v. mar.

PIÈCES GRAVÉES EN MANIÈRE NOIRE.

1. Le paysan. P. en L. B. 2.

2. La paysanne. P. en H. B. 3.

PIÈCES GRAVÉES A L'EAU FORTE.

3. Les fumeuses. P. en H. B. 4.

4. Le petit fumeur. P. en H. B. 5.

5. Deux fumeurs à table, un villageois debout semble parler à
l'un deux. P. en H.
Inconnu à Bartsch. Voy. le Cat. de Rigal, p. 166, Nº 354.

6. Les chanteurs. P. en H. B. 8.

WATERLOO, (ANTOINE), peintre et graveur à l'eau forte, né vers
1618, d'après les uns à Amsterdam, d'après d'autres à Utrecht.

BARTSCH, *le Peintre graveur*, vol. II, pag. 3.

1000 — *Le fauconnier et le chasseur*. On voit au milieu de ce
morceau une hauteur d'où un chemin descend à gauche jusqu'au
bord inférieur de la planche. P. en L. B. 104.
Très belle.

WIERICX (JEROME), dessinateur et graveur au burin, né à Amsterdam en 1551.

1001 — *Vingt-trois estampes*, parmi lesquelles : les quatre évangélistes, les mois de l'année, les péchés capitaux.
Sur cinq grandes feuilles.

WYCK (THOMAS), peintre-graveur, naquit à Harlem en 1616. Bartsch
assure que les estampes de ce maître sont si rares qu'il y a peu
de collections dans lesquelles elles se trouvent au complet.

BARTSCH, *le Peintre graveur*, vol. IV, pag. 139.

1002 — *Deux estampes*. P. en H.

1. La fileuse au fuseau. B. 1.
Très rare.

2. Les joueurs. B. 2.

1003 — *La fileuse et le forgeron.* Sur le devant de ce morceau,
à gauche, est assise une femme qui file au fuseau. **P. en II. B. 6.**
 Très belle.

1004 — *Différens paysages ornés de ruines.* **P. en L. B. 7-10.**
 1. La roue ronde. B. 7.
 2. Le puits. B. 10.

1005 — *Les cuisinières près du puits.* **P. en H. B. 13.**

1006 — *Le marchand oriental* **P. en H. B. 15.**
 Belle.

Z

ZEEMAN (REINIER), peintre et graveur de marines, né en Hollande.

BARTSCH, *le Peintre graveur*, vol. V, pag. 121 et suiv.

1007 — *Deux marines.* **P. en L.**
 Deux pièces de la seconde partie des marines. N° 31-38.

ÉCOLE FRANÇAISE ET ANGLAISE.

A

AVRIL (JEAN JACQUES), graveur, naquit à Paris en 1736; il fût élève de J. G. Wille.

1008 — *Portrait de M. Brizard*, d'après *Guiard*. P. en H.

B

BAS (JACQUES PHILIPPE LE), graveur du siècle dernier, demeurait à Paris.

1009 — *Musico Hollandais*, d'après *Brackenburg*. P. en L.

BERVIC (CHARLES CLÉMENT), graveur au burin, né à Paris le 23 Mai 1756, mort le 23 Mars 1822. Elève de J. G. Wille.

1010 — *L'innocence.* Un enfant donne à manger à un serpent, d'après *Mérimée*. P. en H.

BOISSARD (ROBERT), graveur, né à Valence vers l'an 1590.

1011 — *Portrait de Henri de Bourbon.* P. en H.
Très belle épreuve.

BOISSIEU (JEAN JACQUES DE), peintre, dessinateur et graveur à l'eau forte, naquit à Lyon en 1737 et y mourût en 1810.

1012 — *Cinq estampes diverses.*
1. Le portrait de Boissieu. 1796. P. en H. *Première épreuve.*
2. Vue du sépulcre de Cecilia Mentella. P. en L. *Première épreuve seulement l'année* 1780.
3. Pie VII, bénissant les enfans. P. en L.
4. Deux femmes et un jeune garçon près d'un lavoir. P. en L.
   Epreuve sur papier de soie.
5. Le moulin de Ruysdael. P. en L. *Sur papier de soie.*
   Ce sont les Nos 1, 28, 3, 97 et 94 du Catalogue de l'œuvre de De Boissieu, publié par lui-même.

1013 — *Cinq estampes diverses.*

1. Les charlatans sur des tretaux. P. en L. *Epreuve sur papier de soie.*
2. Anesse debout. P. en L.
3. Villageois prêt à passer une rivière à gué. P. en L.
4. Intérieur de ferme. P. en L.
5. Un homme à cheval. P. en L.
   Ce sont les Nos 90 , 82, 87 , 15 et 25 de l'œuvre.

1014 — *Cinq estampes diverses.*

1. Vue du pont et du château de Ste Colombe en Dauphiné. P. en L.
2. Vue d'un lieu champêtre où coule une rivière. P. en L.
3. Vieille chapelle entourée d'arbres. P. en L.
4. Deux rustres et une villageoise dans une campagne. P. en L.
5. Vue près de l'Arbresle en Lyonnais. P. en L. *Première épreuve d'eau forte pure.*
   Ce sont les Nos 52 , 50 , 54 , 46 et 48 de l'œuvre.

1015 — *Cinq estampes diverses.*

1. La digue à la gauche d'une campagne. P. en L. *Première épreuve sur papier de Chine.*
2. Vieillard faisant l'aumône. P. en L. *Epreuve sur papier de Chine.*
3. Deux enfans jouant avec un chien. P. en H.
4. Le repos des faucheurs. P. en L. *Epreuve sur papier de soie.*
5. Les joueurs de boules. P. en L.
   Nos 51 , 10, 9 , 95 et 60 de l'œuvre.

BREBIETTE (PIERRE), peintre et graveur, natif de Mantes-sur-Seine en 1598.

1016 — *Le martyre de S. George*, d'après *Paul de Véronèse*. P. en H.

Belle épreuve.

C

CALAMATTA, excellent graveur moderne.

1017 — *Portrait de George Sand.* P. en H.

CALLOT (JACQUES), dessinateur et graveur à l'eau forte et au burin, né à Nancy en 1593. Elève de Julio Parigii et de Canta Gallina.

1018 — *Les misères et les malheurs de la guerre.* P. en L.
Suite de dix-huit belles pièces avant la lettre et avant les numéros.

1019 — *Capricci di varie figure.* P. en L.
Suite de douze pièces avec titre.

CLAUSSIN (le Chevalier DE), dessinateur et graveur à Paris, auteur du Catalogue raisonné de l'œuvre de Rembrandt.

1020 — *Trois estampes,* gravées à l'eau forte, d'après Bol et Ostade. P. en II.

D

DASSONVILLE (JACQUES), dessinateur et graveur à l'eau forte, naquit au port Saint Ouen, près de Rouen, en 1619.

ROBERT DUMESNIL, *le Peintre graveur français,* vol. I, pag. 167 et suiv.

1021 — *L'œuvre de Dassonville,* en 52 estampes, montées sur papier fort et reliées en 1 vol. pet. in-fol. v. mar.
Parmi ces 52 pièces il y a une épreuve double, avec les mots : *Martinus Van den Enden excud.,* et en tête du volume se trouve un dessin original de ce maitre.

DESMADRIL (N.), graveur moderne.

1022 — *Le lion amoureux,* d'après C^lle Roqueplan. P. en II.
Très belle.

DREVET (PIERRE), graveur au burin, né à Lyon en 1664, mort à Paris en 1739.

1025 — *Portrait de Jacques Bénigne Bossuet,* évêque de Meaux, d'après Rigaud. P. en II.
Belle épreuve.

DUPRE, graveur moderne.

1024 — *Portrait de François Joseph Lonsing,* peintre, natif de Bruxelles. P. en H.

DUVET (JEAN), le maître à la Licorne, né à Langres en 1485, vivait encore en 1561, l'un des plus anciens graveurs français, dont l'histoire de l'art fasse mention.

BARTSCH, *le Peintre graveur*, vol. VII, pag. 496.

1025 — *Le mariage d'Adam et d'Eve.* Dieu joignant les mains d'Adam et d'Eve, et leur donnant la bénédiction nuptiale. P. en H. B. 1.

Belle.

1026 — *S. Sébastien, S. Antoine et S. Roch.* Les bustes de Moïse et de S. Pierre, vus de profil, l'un vis-à-vis de l'autre. P. en H. B. 10.

Ce morceau n'a pas été entièrement achevé. — Belle.

E

ENFANTIN.

1027 — *Suite de six estampes*, gravées à l'eau forte, en 1 vol. in-4. obl. dem. rel. dos et coins de v. fauve d. s. les jonctions.

Magnifiques épreuves montées sur papier jaune.

F

FEBURE (CLAUDE LE), naquit à Fontainebleau, selon les uns en 1633, selon les autres en 1636.

ROBERT DUMESNIL, *le Peintre graveur français*, t. 2, pag. 92.

1028 — *Portrait de Charles Patin.* P. en H. R. D. 3.

Premier état. — Très belle.

FICQUET (ETIENNE), graveur au burin, né à Paris en 1731, mort dans la même ville en 1794.

1029 — *Deux portraits.* P. en H.

1. Portrait de Poquelin de Molière, d'après Coypel.
2. Abraham Heydanus, ministre et professeur à Leyde.

Cette dernière pièce qui n'est pas de Ficquet, est avant le nom du peintre et du graveur. — De la collection de M^r Fr. Lousbergs, vendue à Gand en 1804.

FLAMEN (ALBERT), peintre et graveur à l'eau forte, né dans les Pays-Bas, à la fin du 16e siècle. Mr Robert Dumesnil place cet artiste parmi les peintres-graveurs français.

ROBERT DUMESNIL, *le Peintre graveur français*, vol. V, pag. 155 et suiv.

1030 — *L'œuvre d'Albert Flamen*, en 48 estampes, montées sur grand papier et reliées en 1 vol. gr. in-fol. dem. rel. à dos de v. bl.

Suite complète, très belle d'épreuves et de conservation ; chaque pièce a au moins deux pouces de marges.

FLIPART (JEAN JACQUES), graveur du XVIIIe siècle.

1031 — *Les portraits des comtes de Hollande.* P. en H.

Suite de six estampes.

FORSTER (F.), graveur moderne, originaire d'Allemagne, mais travaille depuis longtemps à Paris.

1032 — *La vierge de la maison d'Orléans*, d'après *Raphaël*. P. en H.

Très belle épreuve.

G

GAUCHER (G. S.), graveur moderne.

1033 — *La danse des Nymphes*, d'après *C. De Crayer*. P. en L.

GEOFFROY (C.), graveur moderne.

1034 — *Le Harem*, d'après *N. Dias*. P. en H.

Epreuve avant la lettre.

GUDIN (T.), peintre et graveur français.

1035 — *Essais à l'eau forte.* P. en L.

Suite de six pièces.

H

HUET (HIPPOLYTE), graveur moderne.

1036 — *Six eaux fortes* représentant des paysages, gravées par P. Huet et publiées à Paris en 1835, par Rittner et Goupil. rel. en 1 vol. in-fol. pl. cart.

Sur papier de Chine.

I

ISABEY (EUG.), graveur moderne.

1037 — *Six marines*, dessinées sur pierre par Eug. Isabey, et publiées par V. Morlot. 1833. in-fol. cart.
Sur papier de Chine.

K

KOENIG, graveur moderne.

1038 — *Les joueurs de palets*, d'après *Decamps*. P. en L.

L

LANGE (J. P.), graveur moderne.

1039 — *Le portrait d'un vieillard assis*, coiffé d'un bonnet fourré, tenant de la main droite une pipe et de la gauche une cannette, d'après *Metzu*. P. en L.
Très belle épreuve sur papier de soie.

LAULNE (ETIENNE DE), dit Stephanus, naquit à Orléans en 1510 et mourût à Strasbourg en 1595.

1040 — *Dix-neuf pièces diverses* la plupart historiques.
Très belles épreuves.

1041 — *Douze frises*. P. en L.
Suite complète, très belle d'épreuves.

LEU (THOMAS DE), dessinateur et graveur au burin, né à Paris en 1562.

1042 — *Quatre portraits*. P. en H.
1. Charlemagne.
2. Henri IV, roi de France.
3. Charles Coutant de Biron.
4. Henri III, roi de France. Cette pièce est gravée par Wicrix.
Très belles épreuves.

M

MAITRES DIVERS.

1043 — *Quatre estampes diverses.* P. en H.

1. Sainte famille, d'après *Vouët*, par *P. Daret.*
2. Jésus-Christ porté au tombeau, par *Jean Denis Lempereur*, d'après *Van Dyck.*
3. Jésus-Christ donnant les clefs à S. Pierre, par *Eisen*, d'après *Rubens.*
4. La renaissance des lettres.

1044 — *Cinq pièces diverses,* parmi lesquelles, S. Nicolas annonçant la parole de Dieu, par Callot, Mons assiégé par le roy, par Séb. Le Clerc, plusieurs bateleurs, d'après Virgile Solis.

1045 — *Cinq estampes de différens maîtres.*

1046 — *Cinq estampes diverses.*

1. Paysage, d'après *Van Huysum.* Avant la lettre.
2. Voyage de la famille pauvre par *Séb. Bourdon.*
   Très belle.
3. L'enclume où on forge des armes en présence des armées par *Bar. Kilian*, d'après *Schmidtner.*
4. Le miracle, d'après *Cazes*, par *Cochin.*
5. Surprise de S. Rombout, voyant le peuple de Malines adorer le dieu Pan, par *Cardon.*

1047 — *Quatre estampes gravées par différens maître.*

1. Clytie, d'après *Carrache*, par *Avril.*
2. L'enfant qui joue avec l'amour, d'après *Van Dyck*, par *Daullé.*
3. Vue de l'Elbe, d'après *Zungg*, par *Barnes.*
4. L'enfant nourri du lait de la chèvre, d'après *Graat*, par *Pool.*

1048 — *Seize portraits d'hommes célèbres,* gravés par Nantueil, Ficquet, Van Schuppen, etc. P. en L.

Montés sur quatre grandes feuilles.

1049 — *Douze portraits d'hommes célèbres,* gravés par Ficquet. P. en H.

Montés sur trois grandes feuilles.

1050 — *Cinq estampes diverses*, parmi lesquelles les portraits de Ribera, par Winslanley, et de Moreau par Michel Lasne, des chevaux par Schiedler, etc.

1051 — *Trois portraits.* P. en H.
  1. Phil. Du Four, trésorier général de France, par *Hainzelman*.
  2. René Fremin, par P. L. Surugue, d'après Latour.
  3. Marie de la Fontaine, par *Petit*, d'après *De la Tour*.

1052 — *Deux portraits.* P. en H.
  1. Portrait d'un anonyme par *Tanjé*, d'après *Rembrandt*.
  2. Une dame filant au rouet, par *Balechou*, d'après *Aved*.
    Belles épreuves.

1053 — *Deux portraits.* P. en H.
  1. Nicolas Mesnager, d'après *Rigaud*, par *Simonneau*.
    De la collection Lousbergs.
  2. Barthelemy Vincent, avocat à Rethel par *Mantaigne*.
    Voy. *le Peintre graveur franc.* vol. 5, pag. 309, N° 19.

1054 — *Trois belles planches publiées* par l'Artiste.
  1. Vitrail de l'église d'Eu, par Wattier.
  2. Ancien charnier de S. Sauveur à Rouen, par André Durand.
  3. Le moine en prière, par Desclaux, d'après Zurbaran.
    Sur papier de Chine.

1055 — *Trois belles planches*, publiées par le même journal.
  1. Ruines de la commanderie de Ste Vaubourg, près Rouen, par André Durand.
  2. La Vierge au croissant, par Toni, d'après Walier.
  3. La reddition.
    Sur papier de Chine.

1056 — *Trois belles planches*, publiées par le même journal.
  1. Vue du grand canal à Venise, par Wyld.
  2. Enfance de Callot, par De Lemud.
  3. La confidence amoureuse. *Avant toutes lettres.*
    Sur papier de Chine.

1057 — *Quatre grandes planches*, publiées par le même journal.
  1. La lecture du roman, par Geoffroy, d'après Diaz.
  2. Le sommeil des Bacchantes, par Gaillard, d'après Boucher.

3, Deux favorites au sérail, par Camille Rogier.

4. Portrait de Mme la comtesse d'Ayoult, par **Lehmann**.
Sur papier de Chine.

MARCENAY (ANTONIE DE), dessinateur et graveur, né a Arnay sur
Arou, en 1722, mort à Paris en 1811.

1058 — *Portrait de Tintoret,* d'après lui-même. P. en H.

MARTINET (ACH.), graveur moderne.

1059 — *La madone du grand duc,* d'après Raphaël. P. en H.
Belle estampe.

MARTINY.

1060 — *Les accords flamands,* d'après *David Teniers.* Terminé au
burin, par le Bas. P. en L.

MASQUELIER (LOUIS JOSEPH), graveur du XVIIIe siècle.

1061 — *Le sacre de Louis XVI,* allégorie, d'après Fragonard.
P. en H.

MASSON (ANTOINE), graveur au burin, naquit à Louvry, près
d'Orléans, en 1636 et mourût à Paris, en 1700.

ROB. DUMESNIEL, *le Peintre graveur français,* t. 2, pag. 98.

1062 — *Portrait d'Emmanuel Théodore de la Tour d'Auvergne.*
P. en H. D. 14.
Deuxième état. — Très belle épreuve.

1063 — *Portrait de Guillaume de Brisacier,* d'après *Mignard.*
P. en H. B. 15.
Quatrième état, avec les fautes corrigées.

1064 — *Portrait de Marin Cureau de la Chambre,* médecin ordinaire
du roi, d'après *Mignard.* P. en H. D. 24.
Très belle épreuve du premier état.

1065 — *Portrait de Fréderic Guillaume,* dit le Grand, électeur
de Brandebourg. P. en H. D. 50.
Très belle épreuve.

MIRE (NOËL LE) graveur au burin, né à Rouen en 1723. Elève de
de Philippe le Bas.

1066 — *Suite de huit gravures*, pour les amours d'Heloïse et
d'Abeillard, gravées par N. Le Mire, d'après Moreau.
Imprimé sur papier bleu, et relié en 1. vol. pet. in-fol. bas.

MORIN (JEAN), né à Paris au commencement du dix-septième siècle,
mourut vers 1666. Il fut élève de Philippe De Champagne.

Rob. Dumesniel, *le Peintre graveur français*, t. 2, pag. 52.

1067 — *Portrait de Christophe De Thon.*
Très belle pièce.

N

NANTUEIL (ROBERT), excellent graveur, né à Reims en 1630,
mort à Paris en 1678.

Robert Dumesnil, *le Peintre graveur français*, vol. IV,
pag. 55.

1068 — *Portrait de Gilles Boileau.* Dans un ovale. P. en H. D. 43.
Superbe épreuve avant l'inscription.

1069 — *Deux portraits de personnages remarquables.* P. en H.
1. De la Chambre. D. 116.
Très belle épreuve.
2. Louise Marie, reine de Pologne. D. 164.

P

POILLY (FRANÇOIS DE), excellent graveur, né à Abbeville en
1623, mort à Paris en 1693.

1070 — *La sainte Vierge, l'enfant Jésus et le petit S. Jean*, d'après
Raphaël Sanzio. P. en H.
Très belle épreuve de cette jolie estampe, connue sous le nom de *la Vierge
au berceau.*

PREVOST (Z.), graveur moderne.

1071 — *Sancho*, d'après *Decamps.* P. en L.

R

REYNOLDS, graveur moderne.

1072 — *Le chant national*, d'après Charlet. P. en L.
Gravé en manière noire.

S

STRANGE (ROBERT), graveur au burin, né aux îles Orcades en 1723, mort à Londres en 1795.

1073 — *Le jugement d'Hercule*, d'après Nic. Poussin. P. en H.
Très belle épreuve.

T

TARDIEU (NICOLAS HENRI), dessinateur et habile graveur au burin, né à Paris en 1674, mort dans la même ville en 1749.

1074 — *Portrait du marquis d'Argenson*. P. en H.
Belle épreuve de la collection de Mr Fr. Lousbergs, vendue à Gand en 1804.

V

VALLÉE (SIMON) graveur au burin, florissait au commencement du XVIIIe siècle.

1075 — *La mort de la Vierge*, d'après Charles Saracino. P. en H.

W

WOERIOT (PIERRE), orfèvre et graveur, né à Bar-le-Duc, en 1510, il alla s'établir à Lyon vers le milieu du XVIe siècle.

1076 — *Une femme se précipitant dans un brasier ardent. Elle tient deux enfans dans ses bras*. P. en H.
Epreuve de la plus grande beauté.

1077 — *Phalaris enfermé dans un taureau embrasé*. P. en H.
Epreuve de la plus grande beauté.

MAITRES DIVERS.

1078 — *Onze estampes* gravées la plupart par d'anciens maîtres allemands.

1079 — *Douze estampes*, en très belles épreuves, gravées par d'anciens maîtres allemands.

1080 — *Dix estampes*, gravées par différens maîtres du XVIe siècle.

1081 — *Quatorze estampes*, gravées par et dans le goût d'Aldegrever, de Hans Sébald Beham, etc.

1082 — *Vingt-trois estampes anciennes*, gravées par des petits maîtres allemands et autres.

Sur huit grandes feuilles.

1083 — *Quinze estampes anciennes*, parmi lesquelles il y en a plusieurs décrites par Bartsch et Bruliot.

Sur huit grandes feuilles.

1084 — *Dix-neuf estampes anciennes*, parmi lesquelles il y en a plusieurs gravées par Abr. De Bruyn, d'après Hans Sébald Beham.

Sur quatre grandes feuilles.

1085 — *Vingt-quatre estampes anciennes*, dont quelques unes de *Marc Antoine*, *D. Teniers* et autres.

1086 — *Recueil d'estampes au nombre de 53*, gravées par Egide Sadeler, Goltzius, Aldegrever, George Pencz, Lucas de Leyde, Albert Durer, Guido Reni, Simon Cantarini, etc. Rel. en 1 vol. gr. in-fol. mar. rouge d. s. tr. et pl.

Recueil très précieux formé par Mr Denon, à la vente duquel il a été acheté. Toutes les estampes dont il se compose, sont très belles d'épreuves et d'une conservation qui ne laisse rien à désirer.

1087 — *Vingt-deux estampes*, gravées par différens maîtres.

1088 — *Sept estampes diverses.*

1. Les portes de la ville d'Amsterdam. Saagmeulens-poortje , par Zeeman , avec l'adresse de C. Danckerts. P. en L. B. t. V , N° 122.
   Belle.

2. La chaumière au grand arbre , par Rembrandt. B. 226.

3. Une ville sur une hauteur, par Jean Almeloveen. B. t. I, N° 23.

4. La nuit , par Loutherbourg.

5. Un ours se défendant contre cinq chiens, par Marc De Byc , B. 58.

6. Un ours se défendant contre six chiens. B. 60.

7. Une porte crenelée , par Coucke.

1089 — *Deux portraits de personnages célèbres.* P. en H.

1. Louis Charondas , jurisconsulte parisien , par Jaspar Isac.

2. Stephanus Paschasius, par L. Gaultier.

1090 — *Trois portraits de personnages célèbres.* P. en H.

1. Balt. Castiglione, d'après Raphaël , par Joach. Sandrart.
   Magnifique épreuve.

2. L'Arioste , d'après Titien , par le même.
   Superbe épreuve.

5. Marcus Ricci , par Aldoni.

1091 — *Cinq pièces diverses.*

1. Le trictrac, par Ostade. Copie du N° 59 de son œuvre.

2. Le charcutier, par le même. Copie du N° 41.

5. Port de mer , par Beaumont , d'après Breugel.

4. La fête de village , par Janisset , d'après Ostade.

5. La bohémienne. Gravé à l'eau forte , épreuve avant toutes lettres , tirée sur papier de Chine.

1092 — *Quatre estampes.* P. en H.

1. La Vierge aux mystères et aux saintes femmes , par Wierix.

2. La Vierge avec l'enfant Jésus , par N. Loir.
   Voy. *le Peintre graveur français* , vol. 5 , pag. 1.

5. La Vierge , l'enfant Jésus et S. Jean Baptiste , par le même.

4. La Vierge et l'enfant Jésus , d'après N. Loir , par Alexis Loir.

1093 — *Une collection de caricatures* relatives à Manneken-pis, Kiekenpoost, etc.

1094 — *Dix-sept estampes anciennes et modernes*, parmi lesquelles quelques pièces relatives à la ville de Gand.

1095 — *Cinq estampes diverses*, parmi lesquelles : les bains à Scheveningen, par Goedgebuer, plan de la citadelle d'Anvers, le chapeau de paille de Rubens, le portrait du peintre J. Odevaere.

1096 — *Dix estampes*, la plupart relatives à la ville de Gand.

1097 — *Plan de l'ancienne ville de Gand*, d'après un tableau de 1554, par Onghena.

1098 — *Portrait de Mr Van Crombrugghe*, ancien bourgmestre de Gand.

1099 — *Inauguration des chemins de fer belges*, par Lauters et Fourmois, lith. par De Wasme. P. en II.
> Sur papier de Chine.

1100 — *La chasse de Sainte Ursule* de Hans Hemling, par Manche et Ghemar, lith. par Degobert.
> Suite de 15 belles planches sur papier de Chine.

1101 — *L'hôtel de ville de Louvain*. P. en L.
> Gravé en manière noire.

1102 — *Quatre estampes*, pour l'ouvrage de Mr Schrant, intitulé : *Lofrede op Godfried van Bouillon*, et un paysage lithographié.

1103 — *Seize estampes diverses*.

1104 — *Cinq estampes*, parmi lesquelles : les portraits de Hans Hemling, Lens, etc.

TABLE ALPHABÉTIQUE DES GRAVEURS.

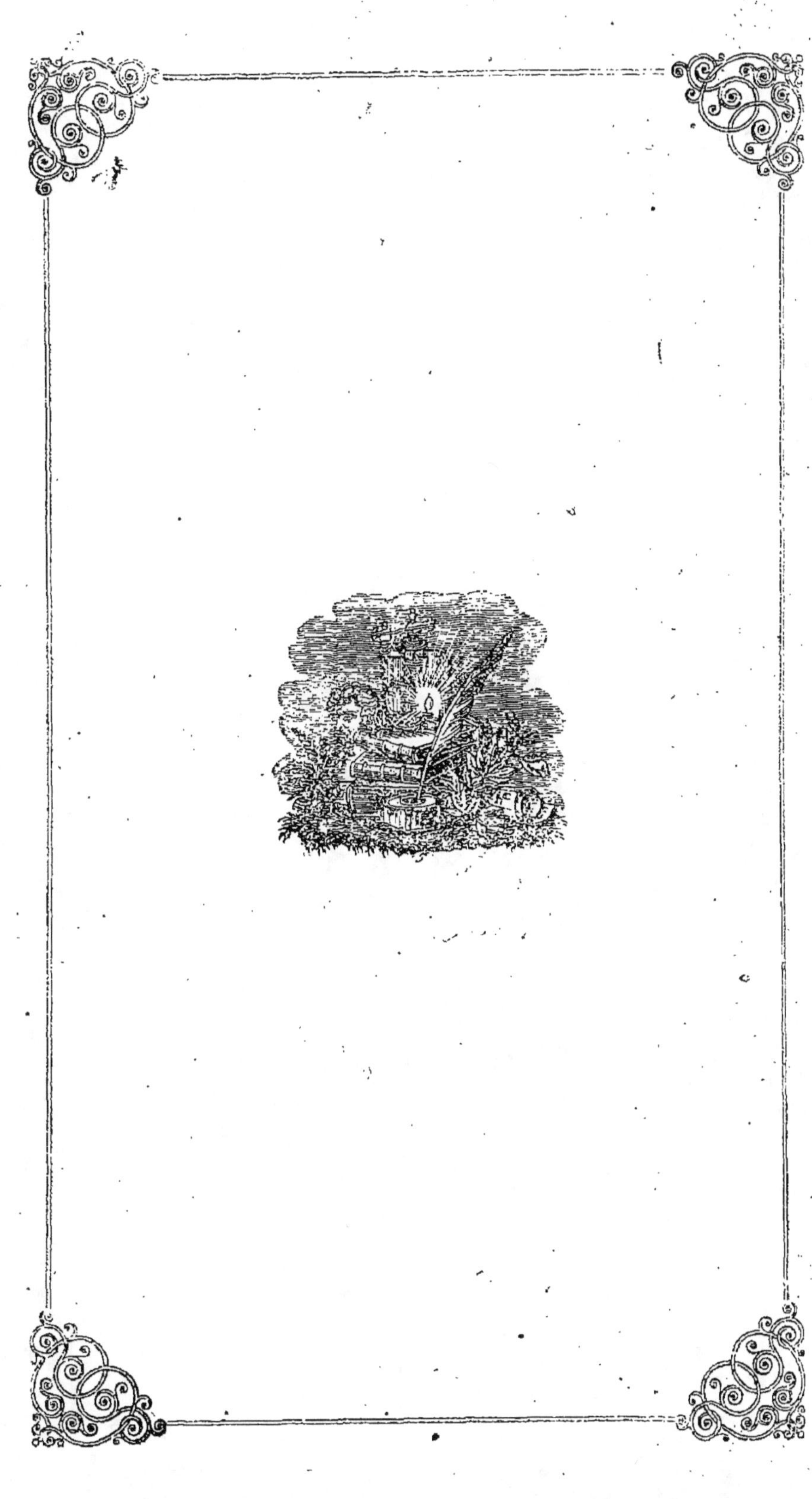